Stoll

TEMPORA

HISTORISCH-POLITISCHE WELTKUNDE

Kursmaterialien Geschichte
Sekundarstufe II/Kollegstufe

Vom Ancien Régime zur modernen Welt

Revolution in Amerika und Europa

Von Arnulf Moser,
Joachim Rohlfes, Erhard Rumpf

Ernst Klett Schulbuchverlag

HISTORISCH-POLITISCHE WELTKUNDE

Herausgegeben von
Priv.-Doz. Dr. Hans-Jürgen Pandel und Prof. Dr. Joachim Rohlfes
unter Mitwirkung
der Verlagsredaktion für Geschichte und Politische Bildung,
Helmut Heuß, Verlagsredakteur

Entwurf der Karten S. 122, 136: Dr. Eberhardt Schwalm

Reinzeichnung von Karten und Grafiken: Rudolf Hungreder, Karl-F. Harig, Michael Hermes

Einband: Manfred Muraro

Titelfoto: Freiheit oder Tod. Gemälde von J. B. Regnault, 1794/95. Jakobinische Allegorie der Devise der Verfassung des Jahres II (1793): Freiheit, Gleichheit, Brüderlichkeit oder der Tod. Der Genius Frankreichs schwebt über der Erdkugel zwischen den Gestalten der Freiheit und des Todes. Jakobinermütze, Winkelmaß mit Lot und Liktorenbündel versinnbildlichen die drei Forderungen der Revolution.
(Foto: Elke Walford, Fotowerkstatt Hamburger Kunsthalle)

1. Auflage 1 5 4 3 2 1 | 1994 93 92 91 90

Alle Drucke dieser Auflage können im Unterricht nebeneinander benutzt werden, sie sind untereinander unverändert. Die letzte Zahl bezeichnet das Jahr dieses Druckes.

Fotosatz: G. Müller, Heilbronn
Druck: KLETT DRUCK H. S. GmbH, Korb
ISBN 3-12-456060-4

Inhalt

Einleitung

Der vorliegende Band ist thematisch angelegt. Er behandelt die Geschichte der zweiten Hälfte des 18. und des beginnenden 19. Jahrhunderts nicht in ihrer ganzen Breite, sondern nimmt nur die Aufklärung genannte Revolution des Denkens, die Amerikanische Revolution sowie die Französische Revolution einschließlich der aus ihr hervorgehenden Herrschaft Napoleons in den Blick. Um Revolution also handelt es sich in allen Fällen, Revolution im Sinn von Umkehrung der bisherigen Verhältnisse. In diesem weitgefaßten Sinne kann man die Ausbreitung der Gedanken des Rationalismus und der Aufklärung eine Revolution nennen. Denn auf nahezu allen Gebieten, dem der Religion, der Philosophie, der Naturwissenschaften, der Bildung und Erziehung und schließlich des Staates und der Gesellschaft, kam es zu einer grundlegenden Neuorientierung, aus der sich die Welt entwickelt hat, in der wir heute leben. Von heute aus gesehen war die Aufklärung sicher kein schneller Prozeß. Nehmen wir die Jahreszahlen in der Tabelle auf Seite 7 unseres Buches, so umfaßt das Zeitalter der Vernunft und der Aufklärung etwa 270 Jahre, allerdings mit einer eindeutigen Tendenz zur Beschleunigung. Ihre gesellschaftlichen, wirtschaftlichen und politischen Folgen zeigen sich erst im letzten Drittel des 18. Jahrhunderts. Bis dahin – und auch für die meisten fortgeschrittenen Länder noch viel länger – merkte der weitaus größte Teil der Bevölkerung nichts von Vernunft und Aufklärung: dürftige Wohnung, ärmliche Kleidung, mangelhafte Hygiene und ärztliche Versorgung, Aberglaube und der Übermut der Herrschenden waren ihre tägliche Erfahrung. Die meisten lebten nicht viel anders als ihre Ururgroßeltern, Hungersnöten, Krankheiten und den Verheerungen der Kriege erbarmungslos ausgeliefert. Es ist nötig, hier auf diesen Abstand zwischen dem Denken einiger und der historischen Wirklichkeit des Lebens hinzuweisen, weil wir uns im ersten Abschnitt unseres Buches auf die – wenn auch noch so langsamen und winzigen – Fortschritte des Denkens der Vernunft und der Aufklärung beschränken. Dieser die politischen und sozialen Realitäten ausblendende, das Phänomen isolierende Zugriff hat uns auch veranlaßt, den Prozeß der Aufklärung nach Sachgebieten zu systematisieren und auf einen Gesamtüberblick über die Vernetzung der Teilaspekte zu verzichten. Die Gleichzeitigkeiten etwa des Bewußtseinswandels mit den Fortschritten in den Naturwissenschaften und den neuen Ideen über Staat und Gesellschaft sowie mit dem realen Lebenshintergrund müssen im Unterricht immer wieder hergestellt werden, wenn man das Thema von der Revolution des Denkens in einen geschichtlichen Zusammenhang einordnen will.

Für das Verständnis der Amerikanischen und der Französischen Revolution sind mit dem ersten Abschnitt wichtige Voraussetzungen geschaffen. Deshalb haben wir uns auch für die Überschrift „Amerikanische Revolution“ entschieden und den revolutionären Aspekt der Schaffung einer neuen republikanischen Verfassung stärker betont als die Tatsache der Lösung der dreizehn englischen Kolonien in Amerika vom Mutterland. Zwar spielt der Gedanke, „das gute, alte Recht“ wiederherzustellen, beim Ausbruch des Unabhängigkeitskrieges eine große Rolle. Doch wird dieser, der Tradition verpflichtete Gedanke sehr schnell im Sinne der Aufklärung umgestaltet, wie die Unabhängigkeitserklärung von 1776 eindrucksvoll dokumentiert: Alle Menschen sind gleich geschaffen und haben gewisse unveräußerliche Rechte, darunter „life, liberty and the pursuit of happiness“. Das sind ebenso in die Zukunft gerichtete, neue Verhältnisse schaffende Ideen wie Volkssouveränität und Gewaltenteilung, die in der Verfassung der nun „Vereinigten Staaten von Amerika“ von 1787 verwirklicht sind. Diese Verfassung, der ein ganzes Kapitel gewidmet ist, hat sich als so zweckmäßig und an veränderte Verhältnisse anpassungsfähig erwiesen, daß sie bis heute – also über 200 Jahre – Bestand hat und in ihrer bundesstaatlichen Konzeption Vorbild für viele Verfassungen geworden ist.

Zum Inbegriff einer Revolution ist die Französische Revolution geworden. In den Jahren 1789 bis 1799 versuchte man, die politischen und gesellschaftlichen Ideen der

Aufklärung in verschiedenen Varianten und mit unterschiedlicher Radikalität bis hin zur Pervertierung des Gedankens der Humanität in der Schreckensherrschaft in die Wirklichkeit umzusetzen. Der Zusammenhang der Französischen mit der Amerikanischen Revolution war schon den Zeitgenossen sehr bewußt: Die Ereignisse in Amerika beflügelten die Reformer und Revolutionäre, und sie schwächten den Staat des Ancien Régime, dessen verzweifelte Finanzlage durch die Unterstützung der dreizehn Kolonien gegen das englische Mutterland zusätzlich belastet wurde. Der im Unabhängigkeitskrieg bewährte französische General La Fayette spielte in der ersten Phase der Französischen Revolution eine bedeutende Rolle. Dennoch zeigt der sehr unterschiedliche Charakter und Verlauf der beiden Revolutionen, welchen Einfluß Tradition, historische Erfahrung, Mentalität, geographische, gesellschaftliche und wirtschaftliche Verhältnisse auf vergleichbare historische Prozesse haben, die nur wenige Jahre auseinander liegen. Die französischen Revolutionäre mußten ernsthaften Widerstand und Opposition im eigenen Land bekämpfen und ließen sich außerdem mit den alten europäischen Mächten auf einen Entscheidungskampf ein, was zu Extremen der revolutionären Entwicklung führte, die den Amerikanern fremd blieben.

In Frankreich wurden von 1791 bis 1799 fünf Verfassungen durchprobiert, Erfahrungsmaterial gewissermaßen für Theoretiker und Praktiker der Politik bis ins 20. Jahrhundert. Wie das 7. Kapitel zeigt, ist die Diskussion um die Französische Revolution, um ihre Bewertung und Einordnung bis in die Gegenwart immer wieder und zuletzt gerade auch durch die 200-Jahr-Feier 1989 neu entfacht worden.

Die Revolution ist auch Geburtsakt des französischen Nationalgefühls: „Vive la nation" löst den Ruf „Vive le roi" ab. Sie weckt aber auch das Nationalgefühl anderer Völker, als aus den revolutionären Befreiern die napoleonischen Besatzer werden. Denn Napoleon ist ohne die Französische Revolution nicht denkbar, aus der er aufsteigt, die er beendet, deren Errungenschaften er teils unterdrückt – Volkssouveränität, Gewaltenteilung, Bürgerrechte –, teils vollendet und in Europa verbreitet: Abschaffung alter Privilegien, Säkularisation, Chancengleichheit und ein fortschrittliches bürgerliches Gesetzbuch, den Code civil. Mit dem Sturz Napoleons endet die vorwiegend chronologische Darstellung. Doch schien die Frage nach der Verwirklichung der von der Aufklärung und in der Französischen Revolution geforderten Gleichheit so wichtig, daß wir ihr das vorletzte Kapitel gewidmet haben, zumal das Thema in vieler Hinsicht auch heute noch aktuell ist.

I. Die Revolution des Denkens im Zeitalter der Vernunft und der Aufklärung

Mit dem Ausklingen der konfessionellen Auseinandersetzungen um die Mitte des 17. Jahrhunderts wurde die Bahn für einen folgenschweren Bewußtseinswandel frei. Eine zunächst kleine Schicht von Gelehrten, Schriftstellern, „Gebildeten", vornehmlich in England, den Niederlanden, Frankreich, Italien und Deutschland, löste sich aus der Vorherrschaft des theologischen Denkens, stützte sich auf Vernunft und Erfahrung statt auf die biblische Offenbarung oder die Autorität der Antike und schickte sich an, die Wahrheit in der sie umgebenden Wirklichkeit statt in den überlieferten Büchern zu finden. Die Revolution des Denkens und der Wissenschaften, die sie einleiteten und die in der Aufklärung des 18. Jahrhunderts eine gewisse Breitenwirkung entfalteten, war ohne die realhistorischen Veränderungen im wirtschaftlichen, gesellschaftlichen, politischen Leben jener Zeit nicht denkbar; dennoch war sie wohl nicht einfach deren Resultat, sondern eine geistige Bewegung, deren wirklichkeitsverändernde Kraft ihren Ursprung „in den Köpfen" hatte.

1532	Niccolo Machiavelli: Il Principe (Der Fürst)
1543	Nikolaus Kopernikus: De Revolutionibus Orbium Coelestium Libri VI (Sechs Bücher über die Umdrehungen der Himmelssphären)
1637	René Descartes: Discours de la Méthode pour bien conduire sa Raison et chercher la Verité dans les Sciences (Erörterung der Methode der rechten Verwendung der Vernunft und der Erforschung der Wahrheit in den Wissenschaften)
1638	Galileo Galilei: Discorsi e Dimostrazioni Matematiche (Gespräche und mathematische Demonstrationen)
1651	Thomas Hobbes: Leviathan
1687	Isaac Newton: Philosophiae Naturalis Principia Mathematica (Mathematische Prinzipien der Naturlehre)
1690	John Locke: Two Treatises of Government (Zwei Abhandlungen über die Regierung)
1695–97	Pierre Bayle: Dictionnaire Historique et Critique (Historisches und kritisches Wörterbuch)
1737	Gründung der Reformuniversität Göttingen
1748	Leonhard Euler: Introductio in Analysim Infinitorum (Einführung in die Analysis)
	Charles de Montesquieu: De l'Esprit des Lois (Vom Geist der Gesetze)
1751–65	Denis Diderot/Jean d'Alembert: Encyclopédie
1756	François-Marie Arouet de Voltaire: Essai sur l'Histoire Générale et sur les Mœurs et l'Esprit des Nations (Essay über die Universalgeschichte und die Sitten und den Geist der Völker)
1762	Jean-Jacques Rousseau: Du Contrat Social (Vom Gesellschaftsvertrag) – Émile ou sur l'Éducation (Emile oder Über die Erziehung)
1776	Adam Smith: An Inquiry into the Nature and Causes of the Wealth of Nations (Eine Untersuchung über das Wesen und die Ursachen des Wohlstands der Völker)
1781	Immanuel Kant: Kritik der reinen Vernunft
1801	Johann Heinrich Pestalozzi: Wie Gertrud ihre Kinder lehrt

1. Wandel des Bewußtseins und der Erkenntnis

Mittelalterliche Wissenschaft

Denken und Wissenschaft, das Verständnis von Mensch und Welt standen im christlichen Europa bis zum 16. Jahrhundert im Banne der geoffenbarten Glaubenswahrheiten. Mittelalterliche Wissenschaft war Bewahrung und Weitergabe, Kommentierung und Systematisierung eines aus der Bibel und der kirchlichen Lehrtradition gespeisten, aus der Literatur des griechisch-römischen Altertums ergänzten Wissens, das in seinen wesentlichen Zügen ein für allemal feststand und an dessen Verbindlichkeit zu rütteln unter das todeswürdige Verbrechen der Ketzerei fiel. Die Wissenschaftler des christlichen Mittelalters waren Buchgelehrte, die sich an die als Autoritäten anerkannten Schriftsteller hielten; ihre Maßstäbe für Wahrheit und Unwahrheit waren nicht die eigene Erfahrung oder das von allen Vorgaben unabhängige Nachdenken, sondern die Feststellungen und Auffassungen, die sie in den für gültig erklärten („kanonischen") Texten vorfanden.

Erschütterung des mittelalterlichen Weltbildes

Dieses statische, seiner ewigen Wahrheiten sichere Wissenssystem geriet im 16. Jahrhundert ins Wanken, und zwar vor allem durch folgende Vorgänge:
– Die 1492 durch Kolumbus eingeleitete Entdeckung und Erschließung der „Neuen Welt": Sie beendete, so wie die zeitgleiche Begegnung der Europäer mit den asiatischen Hochkulturen, die Vorstellung der Einzigartigkeit der europäisch-christlichen Kultur.
– Die durch die Reformation seit 1517 verursachte Kirchenspaltung: Sie untergrub die Gewißheit einer allgemeinverbindlichen christlichen Glaubenswahrheit.
– Kopernikus' 1543 veröffentlichte Entdeckung, nicht die Sonne kreise um die Erde, sondern die Erde um die Sonne: Sie widerlegte das antike wie biblische Weltbild von der Erde als dem Mittelpunkt des Kosmos.
– Die in Italien, den Niederlanden und England sich ausbreitende kapitalistische Wirtschaftsweise: Sie lockerte die Bindungen der feudalen Gesellschaft und förderte Neuerungen in Technik, Produktion und Handel.

Säkularisierung

Die Kirche verlor nach und nach ihr Monopol der Welterklärung und Menschenführung. Zwar ging bis zum 19. Jahrhundert – von einigen „materialistischen" französischen Philosophen (Lamettrie, Holbach) abgesehen – kein „Aufklärer" so weit, die christlichen Glaubenswahrheiten selbst in Zweifel zu ziehen; aber die „Intellektuellen" stellten sich immer unbefangener auf die eigenen Füße und ließen die kirchlichen Dogmen auf sich beruhen. Glaube und Denken, kirchliche und weltliche Wissenschaft rückten auseinander, und es begann ein alle Lebensbereiche erfassender Prozeß der „Säkularisierung" (Verweltlichung).

Traditionskritik

War früher der Blick der Gelehrten vornehmlich auf die Vergangenheit und die „Alten" gerichtet gewesen, die alle gültigen Maßstäbe für das Wahre, Gute und Schöne geschaffen zu haben schienen, so schaute man jetzt auf die Gegenwart und die Zukunft. Der französische Schriftsteller Fontenelle verwarf in seiner Abhandlung „Digression des anciens et des modernes" (Abstand zwischen den Alten und den

Säkularisierung. Zu unterscheiden sind eine staats- und kirchenrechtliche und eine kultur- und geistesgeschichtliche Begriffsbedeutung. Rechtlich meint der Begriff die Überführung kirchlicher Besitz- und Herrschaftsrechte in die Verfügungsgewalt der „weltlichen" (säkularen), hauptsächlich staatlichen Machtträger. Solche Umwandlungen begannen im evangelischen Deutschland während der Reformation und fanden in den katholischen Gebieten ihren Höhepunkt und Abschluß im Reichsdeputationshauptschluß von 1803. Kultur- und geistesgeschichtlich gesehen, war die Säkularisation jener sich über mehrere Jahrhunderte hinziehende Wandlungsprozeß, der die das Mittelalter prägende Vorherrschaft religiös-theologischer Daseinsauslegung und -gestaltung durch weltlich profane Denk- und Handlungsmuster ersetzte. Im Unterschied zum religiösen Welt- und Menschenbild kommt das säkularisierte Bewußtsein ohne die Annahme einer allgegenwärtigen göttlichen Schöpfung, Fügung und Lenkung aus. Diese Loslösung aus christlichen Vorstellungen erreichte mit dem Aufkommen atheistischer Weltanschauungen und einer allgemeinen Entkirchlichung des Lebens im 19. Jahrhundert einen gewissen Endpunkt.

1 Holzschnitt von Mathias Holtzwart, 1581. Unterschrift: Studium in faustis et adversis invictissimum (Wissen ist in Glück und Unglück unbesiegbar). *Inwiefern spiegelt dieser Text neuzeitliches Denken? Wie hätte ein mittelalterlicher Künstler dieses Bild ausgelegt?*

Modernen) von 1688 die traditionelle Annahme einer grundsätzlichen Überlegenheit der antiken und frühchristlichen Geistesgrößen und behauptete die Ebenbürtigkeit der zeitgenössischen Wissenschaftler, Schriftsteller und Künstler. Er kehrte die Verherrlichung eines vergangenen „goldenen Zeitalters", dessen Größe nie wieder zu erreichen sei, in die optimistische Erwartung eines gegenwärtigen und zukünftigen Fortschritts um. Das neue Selbstbewußtsein gründete sich auf das Vertrauen in die Kräfte der menschlichen Vernunft. Es war durch wissenschaftliche Entdeckungen bestätigt worden, die den Kenntnisstand der Antike weit übertrafen. Man vermochte viele, durch die Tradition geheiligte „Wahrheiten" als Irrtümer zu entlarven, indem man sich ausschließlich auf die eigenen Beobachtungs-, Untersuchungs- und Denkergebnisse stützte und nicht auf das überkommene Buchwissen. So wurde die Kritik, die schonungslos-skeptische Infragestellung des traditionellen oder des naiven Wissens, zum methodischen Grundsatz des neuen „wissenschaftlichen Zeitalters".

Neue Wege der Erkenntnis

Es waren hauptsächlich drei Wege, auf denen die Philosophen, Gelehrten und Wissenschaftler zu zuverlässigen Einsichten zu kommen versuchten:

– Der rationalistische Ansatz eines René Descartes (1596–1650): In seinem „Discours de la méthode" (1637) beschrieb er die „klaren und distinkten" Vorstellungen des menschlichen Bewußtseins als die einzig zuverlässige Quelle aller Erkenntnis (cogito ergo sum = ich denke, also bin ich); für ihn führte der Weg der menschlichen Erkenntnis von den in der Vernunft des Menschen angelegten Prinzipien und Ideen zu den daraus abzuleitenden Gesetzen und Tatsachen des Seins (Deduktion).

– Der empiristische Ansatz eines Francis Bacon (1561–1626): Ihm zufolge beruhte alle Erkenntnis auf der Erfahrung, auf Wahrnehmungen, Eindrücken, Beobachtungen von Einzelnem, die zu Regeln und Gesetzen verallgemeinert werden (Induktion).

Am Ende des 18. Jahrhunderts fügte der Königsberger Philosoph Immanuel Kant (1724–1804) beide Ansätze in seiner „kritischen Philosophie" zusammen. Er kam zu dem Ergebnis, daß zuverlässige Erkenntnis nur möglich ist, wenn jeweils zweierlei zu seinem Recht kommt: das Denken und die Erfahrung, die dem menschlichen Geist innewohnenden Vernunftbegriffe („Kategorien") und die sinnlich-anschauliche Wahrnehmung, die deduktive Ableitung aus obersten Prinzipien und die induktive Schlußfolgerung aus gegebenen Tatsachen.

– Der historisch-philologische Ansatz des französischen Theologen Richard Simon (1638–1712): In seiner „Histoire critique du Vieux Testament" (Kritische Geschichte des Alten Testaments) von 1678 unternahm er es, mit den Mitteln der sprachlichen und sachlichen Textkritik die zuverlässige und die falsche Überlieferung voneinander zu trennen, d.h. durch Ausmerzung des Unzutreffenden zu der Rekonstruktion der wirklichen Vergangenheit zu gelangen.

Wissenschaft als Aufklärung

Ziel aller Bemühungen war es, die eigentliche Natur der Dinge, der Lebewesen, des Menschen und seiner Welt zu erfassen; dazu war es nötig, die von Herkommen, Aberglauben, Vorurteilen, selbstsüchtigen Interessen oder erstarrten Institutionen verbauten Zugänge zum wirklichen Sein und zu einer vernünftigen Lebensordnung aufzudecken und zu öffnen. Dazu sollte die „Aufklärung" verhelfen, die Befreiung der Menschen von den Fesseln überlebter Traditionen und Auffassungen, ihre Hinführung zu selbständigem Vernunftgebrauch. Von solcher Aufklärung erwarteten die Aufklärer die Entfaltung aller im Menschen angelegten Kräfte, die Verwirklichung aller Rechte, auf die sie, als Menschen, Anspruch hatten, ja selbst die allgemeine Glückseligkeit.

Geschichtsbewußtsein und Toleranz

Freilich zeigte ein Blick auf die Geschichte, zumindest für die Besonnenen unter den Aufklärern, daß ein solcher Fortschritt nicht von heute auf morgen zu erwarten war, sondern großer Ausdauer bedurfte, und daß die Natur und die Bestimmung des Menschen und seiner Einrichtungen weder ein für allemal feststand, noch für alle Menschen gleich war. Die Erfahrung der historischen Entwicklung und der Verschiedenheit der Menschen, Völker, Staaten, Kulturen legte die Schlußfolgerung einer nur begrenzten Geltung, einer Relativität vieler Überzeugungen, Werte, Glaubensgewißheiten nahe und war eine Aufforderung zur Toleranz; wenn es keine absoluten Wahrheiten gab, war Glaubens-und Gewissensfreiheit geboten.

2 **Die Richtschnur der Vernunft.** Aus René Descartes, „Discours de la méthode" (1637):

Weil ich später auf meinen Reisen festgestellt hatte, daß Leute, deren Gesinnungen den unseren geradewegs zuwiderlaufen, deswegen noch nicht Barbaren oder Wilde sind, sondern daß mancher von ihnen ebensoviel oder gar mehr Vernunft gebraucht als wir; weil ich mir überlegt hatte, wie ein und derselbe Mensch mit denselben geistigen Anlagen ein ganz anderer wird, wenn er von Kind auf unter Franzosen oder Deutschen aufgewachsen ist, als er es sein würde, hätte er immer nur unter Chinesen oder Kannibalen gelebt, und wie - bis hin zur Kleidermode - dasselbe Ding, das uns vor zehn Jahren gefiel und das uns vielleicht in zehn Jahren wieder gefallen wird, uns jetzt unpassend und lächerlich erscheint, so daß es viel mehr Gewohnheit und Beispiel ist, was unser Urteil bestimmte, als irgendeine sichere Einsicht, und Stimmenmehrheit gleichwohl kein Beweis ist, der für schwer zu entdeckende Wahrheiten die geringste Kraft hat - denn es ist weit wahrscheinlicher, daß ein Mensch allein sie findet als ein ganzes Volk –: deshalb konnte ich mir niemanden wählen, dessen Überzeugungen mir einen Vorzug vor anderen zu verdienen schienen, und fand mich gleichsam gezwungen, es selbst zu übernehmen, mich zu leiten. Ich entschloß mich aber, wie ein Mensch, der sich allein und in der Dunkelheit bewegt, so langsam zu gehen und in allem so umsichtig zu sein, daß ich, sollte ich auch nicht weit kommen, mich doch wenigstens davor hütete zu fallen. [...]

So wie die Menge der Gesetze häufig als Entschuldigung für Laster dient, so daß ein Staat weit besser eingerichtet ist, wenn es in ihm nur wenige gibt, diese aber sehr genau befolgt werden, ebenso glaubte auch ich statt jener großen Zahl von Vorschriften, aus denen die Logik besteht, an den vier folgenden genug zu haben, vorausgesetzt, ich faßte den festen und unabänderlichen Entschluß, sie nicht ein einziges Mal zu übertreten. Die erste besagte, niemals eine Sache als wahr anzuerkennen, von der ich nicht evidentermaßen erkenne, daß sie wahr ist: d.h. Übereilung und Vorurteile sorgfältig zu vermeiden und über nichts zu urteilen, was sich meinem Denken nicht so klar und deutlich darstellte, daß ich keinen Anlaß hätte, daran zu zweifeln. Die zweite, jedes Problem, das ich untersuchen würde, in so viele Teile zu teilen, wie es angeht und wie es nötig ist, um es leichter zu lösen. Die dritte, in der gehörigen Ordnung zu denken, d.h. mit den einfachsten und am leichtesten zu durchschauenden Dingen zu beginnen, um so nach und nach gleichsam über Stufen, bis zur Erkenntnis der zusammengesetztesten aufzusteigen. [...] Die letzte, überall so vollständige Aufzählungen und so allgemeine Übersichten aufzustellen, daß ich versichert wäre, nichts zu vergessen. [...] Was mich aber an dieser Methode am meisten befriedigte, war die Gewähr, die sie mir bot, in allem meine Vernunft zu gebrauchen, wenn nicht vollkommen, so doch wenigstens so gut, wie es in meiner Macht stand.

R. Descartes: Discours de la méthode. Französisch-deutsch, hrsg. von L. Gäbe. Hamburg 1960. S. 25 ff.

a) Warum will sich Descartes nur auf die eigene Vernunft verlassen?
b) Welche Rolle spielt bei seinen Überlegungen die „Methode"?

3 „Schritt vor Schritt zu dem aufsteigen, was aus der Natur sich ergibt".

Aus Francis Bacon, „Neues Organon der Wissenschaften" (1620):

Zwei Wege gibt es zur Untersuchung und Auffindung der Wahrheit - es kann nicht mehrere geben. Der eine ist ein Sprung von der sinnlichen Wahrnehmung und von Einzelnen zu höchst allgemeinen Grundsätzen; aus diesen höchsten Wahrheiten werden sodann die Mittelsätze aufgefunden; dieser Weg ist der jetzt gewöhnliche. Der andere leitet von der sinnlichen Wahrnehmung und vom Einzelnen ebenfalls Grundsätze her; aber er steigt dann allmählich und stufenweise höher, bis er erst ganz zuletzt zu den allgemeinsten, höchsten gelangt - das ist der wahre Weg, aber noch unbetreten. Denselben erstbezeichneten Weg geht der Verstand, sich selbst überlassen, ebenso wie nach der dialektischen Methode. Der Geist nämlich wird der Erfahrung bald überdrüssig und sucht seiner Bequemlichkeit wegen das Gebiet des Generellen. [...] Der sich selbst überlassene Verstand pflegt bei einem nüchternen, ruhigen, ernsten Kopfe (besonders wenn nicht schon aufgenommene Ansichten ihn eingenommen haben) jenen zweiten, richtigen Weg einzuschlagen; allein nicht gar lange, da der Verstand ohne Hilfe und Leitung ein unbeständiges Ding ist und gänzlich unvermögend, dunkle Gebiete zu durchdringen. Beide Wege gehen von der sinnlichen Wahrnehmung und einzelnen Fällen aus und endigen in den höchst abstrakten Sätzen; aber beide unterscheiden sich doch darin unendlich, daß der eine das Gebiet der Erfahrung und das Einzelne nur flüchtig durchstreicht, der andere es aber bedächtig und ordnungsgemäß durchzieht; der eine gleich von vornherein unnütze allgemeine Abstraktionen aufstellt, der andere Schritt vor Schritt zu dem aufsteigt, was aus der Natur sich ergibt. [...] Man soll also den menschlichen Geist nicht mit Schwingen beflügeln, sondern mit bleiernem Gewichte ihn zurückhalten von allem Sprunge. Geschieht dies (bisher geschah es nicht), so darf die Wissenschaft hoffen. Bei Feststellung der Grundsätze aber muß eine ganz andere Induktionsmethode als bisher ausgemittelt werden, wodurch nicht nur die sogenannten Prinzipien, sondern alle Sätze, auch die mittleren und niederen, erprobt und erwiesen werden. [...] Eine für Kunst und Wissenschaft fruchtbringende Induktion muß zuerst trennen und sondern, alsdann nach hinreichender Anzahl von Negativa auf die übriggebliebenen Positiva schließen. Das ist bis jetzt nicht geschehen, außer etwa von Plato.

F. Bacon: Neues Organ der Wissenschaften. Übers. von A. Th. Brück. Leipzig 1830. S. 28 f., 79

a) Was versteht Bacon unter Induktion?
b) Äußern Sie sich zu den Unterschieden zwischen der deduktiven und der induktiven Methode.

4 Ausgang aus selbst verschuldeter Unmündigkeit.

Aus Immanuel Kant: „Beantwortung der Frage: Was ist Aufklärung?" (1783):

Aufklärung ist der Ausgang des Menschen aus seiner selbst verschuldeten Unmündigkeit. Unmündigkeit ist das Unvermögen, sich seines Verstandes ohne Leitung eines anderen zu bedienen. Selbstverschuldet ist diese Unmündigkeit, wenn die Ursache derselben nicht am Mangel des Verstandes, sondern der Entschließung und des Mutes liegt, sich seiner ohne Leitung eines andern zu bedienen. Sapere aude! Habe Mut, dich deines eigenen Verstandes zu bedienen! ist also der Wahlspruch der Aufklärung. Faulheit und Feigheit sind die Ursachen, warum ein so großer Teil der Menschen, nachdem sie die Natur

längst von fremder Leitung freigesprochen, dennoch gerne zeitlebens unmündig bleiben; und warum es anderen so leicht wird, sich zu deren Vormündern aufzuwerfen. Es ist so bequem, unmündig zu sein. Habe ich ein Buch, das für mich Verstand hat, einen Seelsorger, der für mich Gewissen hat, einen Arzt, der für mich die Diät beurteilt, usw.: so brauche ich mich ja nicht selbst zu bemühen. [...]
Daher gibt es nur wenige, denen es gelungen ist, durch eigene Bearbeitung ihres Geistes sich aus der Unmündigkeit heraus zu wickeln und dennoch einen sicheren Gang zu tun. Daß aber ein Publikum sich selbst aufkläre, ist eher möglich; ja es ist, wenn man ihm nur Freiheit läßt, beinahe unausbleiblich. Denn da werden sich immer einige Selbstdenkende [...] finden, welche, nachdem sie das Joch der Unmündigkeit selbst abgeworfen haben, den Geist einer vernünftigen Schätzung des eigenen Werts und des Berufs jedes Menschen, selbst zu denken, um sich verbreiten werden. [...] Daher kann ein Publikum nur langsam zur Aufklärung gelangen. Durch eine Revolution wird vielleicht wohl ein Abfall von persönlichem Despotismus und gewinnsüchtiger oder herrschsüchtiger Unterdrückung, aber niemals wahre Reform der Denkungsart zu Stande kommen; sondern neue Vorurteile werden, eben sowohl als die alten, zum Leitbande des gedankenlosen großen Haufens dienen. Zu dieser Aufklärung aber wird nichts erfordert als Freiheit; und zwar die unschädlichste unter allem, was nur Freiheit heißen mag, nämlich die: von seiner Vernunft in allen Stücken öffentlichen Gebrauch zu machen.

I. Kant: Werke in zehn Bänden. Hrsg. von Wilhelm Weischedel. Bd. 9. Darmstadt 1975. S. 53 ff.

a) Erörtern Sie die von Kant genannten Haupthindernisse für eine aufgeklärte Denkweise.
b) Wie fügen sich seine Vorschläge zur Verbreitung von Aufklärung in die Staats- und Gesellschaftsordnung seiner Zeit ein?

5 **Religiöse Toleranz.** In Gotthold Ephraim Lessings Drama „Nathan der Weise" (1779) erzählt der Jude Nathan dem muslimischen Sultan Saladin die sog. „Ringparabel": In einer Familie „im Osten" ist seit Generationen ein Ring, der „die geheime Kraft" hatte, „vor Gott und den Menschen angenehm zu machen", vom Vater auf den ihm jeweils liebsten Sohn vererbt worden. Schließlich sah sich ein Vater außerstande, von seinen drei Söhnen einen als den liebsten auszuwählen, ließ darum zwei weitere gleich aussehende Ringe anfertigen und schenkte vor seinem Tod jedem Sohn einen der drei Ringe.

Nathan.
Kaum war der Vater tot, so kömmt ein jeder
Mit seinem Ring, und jeder will der Fürst
Des Hauses sein. Man untersucht, man zankt,
Man klagt. Umsonst; der rechte Ring war nicht
Erweislich. – Fast so unerweislich, als
Uns itzt – der rechte Glaube.
Saladin.
Wie? das soll
Die Antwort sein auf meine Frage?
Nathan.
Soll
Mich bloß entschuldigen, wenn ich die Ringe
Mir nicht getrau' zu unterscheiden, die
Der Vater in der Absicht machen ließ,
Damit sie nicht zu unterscheiden wären.
Saladin.
Die Ringe! – Spiele nicht mit mir! – Ich dächte,
Daß die Religionen, die ich dir
Genannt, doch wohl zu unterscheiden wären.
Bis auf die Kleidung; bis auf Speis' und Trank!
Nathan.
Und nur von seiten ihrer Gründe nicht. –
Denn gründen alle sich nicht auf Geschichte?
Geschrieben oder überliefert! – Und
Geschichte muß doch wohl allein auf Treu'
Und Glauben angenommen werden? – Nicht? –
Nun wessen Treu' und Glauben zieht man denn
Am wenigsten in Zweifel? Doch der Seinen?
Doch deren Blut wir sind? doch deren, die
Von Kindheit an uns Proben ihrer Liebe
Gegeben? die uns nie getäuscht, als wo
Getäuscht zu werden uns heilsamer war? –
Wie kann ich meinen Vätern weniger
Als du den deinen glauben? – Oder umgekehrt.
Kann ich von dir verlangen, daß du deine
Vorfahren Lügen strafst, um meinen nicht
Zu widersprechen? Oder umgekehrt.
Das nämliche gilt von den Christen. Nicht?

Die zerstrittenen Söhne gehen vor den Richter und erhalten diesen Rat:

Nathan.
Geht nur! – Mein Rat ist aber der: ihr nehmt
Die Sache völlig, wie sie liegt. Hat von
Euch jeder seinen Ring von seinem Vater:

So glaube sicher jeder seinen Ring
Den echten. - Möglich: daß der Vater nun
Die Tyrannei des einen Rings nicht länger
In seinem Hause dulden wollen! - Und gewiß:
Daß er euch alle drei geliebt, und gleich
Geliebt: indem er zwei nicht drücken mögen,
Um einen zu begünstigen. - Wohlan!
Es eifre jeder seiner unbestochnen
Von Vorurteilen freien Liebe nach!
Es strebe von euch jeder um die Wette,
Die Kraft des Steins in seinem Ring an Tag
Zu legen! komme dieser Kraft mit Sanftmut,
Mit herzlicher Verträglichkeit, mit Wohltun,
Mit innigster Ergebenheit in Gott,
Zu Hilf'! Und wenn sich dann der Steine Kräfte
Bei euren Kindes-Kindeskindern äußern:
So lad ich über tausend tausend Jahre
Sie wiederum vor diesen Stuhl. Da wird
Ein weisrer Mann auf diesem Stuhle sitzen
Als ich; und sprechen. Geht!

G. E. Lessing: Nathan der Weise. 3. Aufzug, 7. Auftritt

a) Wofür stehen der Ring, der Vater, die drei Söhne?
b) Äußern Sie sich zum Sinn der Parabel.

2. Fortschritt in den Naturwissenschaften

Experimente, Beobachtung, Mathematisierung

Im 17. und 18. Jahrhundert vollzog sich der Übergang von der Naturphilosophie und Naturgeschichte, die sich ihres Gegenstands spekulativ oder beschreibend zu versichern suchten, zu den exakten Naturwissenschaften, die sich allein auf das Experiment und die Beobachtung verließen und ihre Befunde möglichst in mathematischer Form erfaßten und verallgemeinerten. In dieser strikten Beschränkung auf das empirisch Feststellbare ermittelten Forscher wie Galileo Galilei (1564–1642), Johannes Kepler (1571–1630), Christian Huygens (1629–1695) und Isaac Newton (1642–1727) die Bewegungsgesetze der Körper oder die Eigenschaften des Lichts. William Harvey (1578–1657) kam dem Blutkreislauf auf die Spur, Robert Boyle (1627–1691) erkannte, daß die Materie aus kleinsten Teilchen zusammengesetzt ist, und wurde mit der Auffindung der Elemente zum Begründer der Chemie. Robert Hooke (1635–1703) entdeckte mit dem von ihm vervollkommneten Mikroskop die Zelle als den Baustein der belebten Natur; George Buffon (1707–1788) begriff die Lebewelt als Ergebnis langer Entwicklungsprozesse und stellte damit die biblische Schöpfungslehre in Frage.

Technik und Mathematik

Viele dieser Erkenntnisse wären ohne die Entwicklung leistungsfähiger Beobachtungs- und Untersuchungsinstrumente nicht möglich gewesen; das Fernrohr, das Mikroskop, die Pendeluhr, das Thermometer oder das Barometer bezeugten die enge Verquickung von technischem und wissenschaftlichem Fortschritt. Unentbehrlich waren auch die neuen Errungenschaften der Mathematik: John Napier (1550–1617) entwickelte die Logarithmen, Descartes begründete die Analytische Geometrie, Isaac Newton (1643–1727) und Gottfried Wilhelm von Leibniz (1646–1716) schufen die Infinitesimalrechnung, Jakob Bernoulli (1654–1705) gab der Wahrscheinlichkeitsrechnung eine verläßliche Grundlage, Leonhard Euler (1707–1783) brachte die Analysis in ihre bis heute gültige Form.

6 Die Welt der Sinne statt einer Welt von Papier.

Aus Galileo Galileis „Dialog über die beiden hauptsächlichen Weltsysteme" (1632):

Simplicio: Wenn man sich aber von Aristoteles lossagt, wer soll Führer in der Wissenschaft sein? Nennt Ihr irgendwelchen Autor!

Salviati: Des Führers bedarf man in unbekannten wilden Ländern, in offener ebener Gegend brauchen nur Blinde einen Schutz. Wer zu diesen gehört, bleibe besser daheim. Wer aber Augen hat, körperliche und geistige, der nehme diese zum Führer! Darum sage ich nicht, daß man Aristoteles nicht hören soll, ja, ich lobe es, ihn einzusehen und ihn fleißig zu studieren. Ich tadele nur, wenn man auf Gnade oder Ungnade sich ihm ergibt, derart, daß man blindlings jedes seiner Worte unterschreibt und, ohne nach anderen Gründen zu forschen, diese als ein unumstößliches Machtgebot anerkennen soll. Es ist das ein Mißbrauch, der ein anderes schweres Übel im Gefolge hat: man bemüht sich nicht mehr, sich von der Strenge seiner Beweise zu überzeugen. Was kann es Schmählicheres geben als zu sehen, wie bei öffentlichen Disputationen, wo es sich um beweisbare Behauptungen handelt, urplötzlich jemand ein Zitat vorbringt, das gar oft auf einen ganz anderen Gegenstand sich bezieht, und mit diesem dem Gegner den Mund verstopft? Wenn Ihr aber durchaus fortfahren wollt, auf diese Weise zu studieren, nennt Euch fernerhin nicht Philosophen, nennt Euch Historiker oder Doktoren der Auswendiglernerei; denn wer niemals philosophiert, der darf den Ehrentitel eines Philosophen nicht beanspruchen. Doch wir tun gut, dem Ufer wieder zuzusteuern, um nicht in ein unendliches Meer zu geraten, aus dem wir den ganzen heutigen Tag über nicht wieder herausfänden. Darum, Signore Simplicio, bringt uns Eure Beweise oder des Aristoteles Gründe und Beweise, nicht aber Zitate und bloße Autoritäten; denn unsere Untersuchungen haben die Welt der Sinne zum Gegenstand, nicht eine Welt von Papier.

Werner Heisenberg: Das Naturbild der heutigen Physik. Reinbek 1955. S. 73 f.

a) Wodurch unterscheiden sich die Welt der Sinne und die Welt von Papier?

b) Was verlangt Galilei von einem wirklichen Wissenschaftler (Philosophen)?

7 Titelkupferstich zu Galileis Buch ‚Dialogus de systemate mundi', 1700. Dargestellt sind (von links) Aristoteles, Ptolemäus, Kopernikus.
Um welches wissenschaftliche Problem geht es hier? Beachten Sie die Lichtverteilung.

8 „Hypothesen erdenke ich nicht".

Aus Isaac Newtons „Mathemathischen Prinzipien der Naturlehre" (1687):

1. Regel. An Ursachen zur Erklärung natürlicher Dinge nicht mehr zuzulassen, als wahr sind und zur Erklärung jener Erscheinungen ausreichen. Die Physiker sagen: Die Natur tut nichts vergebens, und vergeblich ist dasjenige, was durch vieles geschieht und durch weniger ausgeführt werden kann. Die Natur ist nämlich einfach und schwelgt nicht in überflüssigen Ursachen der Dinge. – 2. Regel. Man muß daher, soweit es angeht, gleichartigen Wirkungen dieselben Ursachen zuschreiben. So dem Atem der Menschen und der Tiere, dem Falle der Steine in Europa und Amerika, dem Lichte des Küchenfeuers und der Sonne, der Zurückwerfung des Lichtes auf der Erde und den Planeten. – 3. Regel. Diejenigen Eigenschaften der Körper, welche weder verstärkt noch vermindert werden können und welche allen Körpern zukommen, an denen man Versuche anstellen kann, muß man für Eigenschaften aller Körper halten. Die Eigenschaften der Körper werden nämlich nur durch Versuche bekannt, und man muß daher diejenigen für allgemeine halten, welche im allgemeinen mit den Versuchen übereinstimmen und die weder vermindert noch aufgehoben werden können. Offenbar kann man weder, dem Verlauf der Versuche zuwider, Träume ersinnen, noch sich von der Analogie der Natur entfernen, da diese einfach und mit sich

übereinstimmend zu sein pflegt. Die Ausdehnung der Körper wird nur durch die Sinne erkannt und nicht bei allen wahrgenommen; weil man sie aber bei allen wahrnehmbaren Körpern antrifft, nimmt man sie bei allen an. [...] – 4. Regel. In der Experimentalphysik muß man die aus den Erscheinungen durch Induktion erschlossenen Sätze, wenn nicht entgegengesetzte Voraussetzungen vorhanden sind, entweder genau oder sehr nahe für wahr halten, bis andere Erscheinungen eintreten, durch welche sie entweder größere Genauigkeit erlangen oder Ausnahmen unterworfen werden. Dies muß geschehen, damit nicht das Argument der Induktion durch Hypothesen aufgehoben werde. [...] Ich habe noch nicht dahin gelangen können, aus den Erscheinungen den Grund dieser Eigenschaften der Schwere abzuleiten, und Hypothesen erdenke ich nicht. Alles nämlich, was nicht aus den Erscheinungen folgt, ist eine Hypothese, und Hypothesen, seien sie nun metaphysische oder physische, mechanische oder diejenigen der verborgenen Eigenschaften, dürfen nicht in die Experimentalphysik aufgenommen werden. In dieser leitet man die Sätze aus den Erscheinungen ab und verallgemeinert sie durch Induktion.

I. Newton: Mathematische Prinzipien der Naturlehre. Hrsg. von J. Wolfers. Berlin 1872. Drittes Buch, S. 380 f., 511

a) Erläutern Sie Newtons Begriffe der Induktion und der Hypothese. Warum befürwortet er erstere und verwirft letztere?

b) Wie gelangt nach Newton der Naturwissenschaftler zu seinen Erkenntnissen?

9 Meßbarkeit als Fundament naturwissenschaftlicher Erkenntnis.

Aus Jean d'Alemberts „Einleitung zur Enzyklopädie" (1751):

Nach dieser neuen Betrachtungsweise sehen wir die Körper nur noch als Teile des Raumes mit bestimmter Form und Ausdehnung. Damit haben wir den allgemeinsten und abstraktesten Gesichtspunkt, unter dem wir sie ins Auge fassen können. [...] Auf diese Weise entkleidet unser Geist planvoll durch Abstraktionen die Materie aller sinnfälligen Eigenschaften, um gleichsam nur ihr Schattenbild ins Auge zu fassen. Von vornherein wird man erkennen, daß die im Verlauf unserer Untersuchungen erzielten Entdeckungen jedesmal dann bedeutenden Nutzen bieten werden, wenn eine Berücksichtigung der Dichtigkeit des Körpers nicht erforderlich ist, so z. B., wenn es sich um das Studium ihrer Bewegung handelt, wobei sie als geformte, bewegliche und voneinander entfernte Teile des Raumes angesehen werden. Diese Untersuchung des gestalteten Raumes veranlaßt uns zu einer großen Zahl von Kombinationen, und es bedarf der Erfindung irgendeines Mittels, um diese zu erleichtern. [...] Auf allgemeine Formeln gebracht, sind die Ergebnisse dieser Kombinationen tatsächlich nur vorschriftsmäßige arithmetische Berechnungen, vorgelegt in der einfachsten und kürzesten Gleichung, die ihr allgemeiner Charakter überhaupt zuläßt. Die Wissenschaft oder Kunst, die Beziehungen auf solche Art aufzuzeigen, führt den Namen Algebra. Obgleich also überhaupt keine Rechnung ohne Zahlen möglich ist und keine Größe ohne Ausdehnung meßbar ist [...], gelangen wir durch fortschreitende Verallgemeinerung unserer Vorstellungen zum Grundbestandteil der Mathematik und aller Naturwissenschaften, nämlich zur allgemeinen Größenlehre. Sie bildet die Grundlage aller Entdeckungen, die in bezug auf Quantität möglich sind. [...]

Meist ist die Erkenntnis oder das Aufspüren dieser Beziehungen das letzte Ziel, zu dem wir vordringen können, und es sollte infolgedessen auch unser einziges sein. Nicht auf unbewiesene oder willkürliche Annahmen gründen wir also die Hoffnung auf Erkenntnis der Natur, sondern auf ein durchdachtes Studium der Erscheinungen, auf Vergleiche, die wir mit diesen anstellen, auf die Kunst, eine große Zahl von ihnen nach Möglichkeit auf eine einzige zurückzuführen und diese eine Eigenschaft dann als Ursprung aller anzusetzen. [...] Nur die Algebra, die Geometrie und die Mechanik, also die sich mit der Berechnung der Größen und der allgemeinen räumlichen Eigenschaften befassenden Zweige kann man, genau genommen, als beglaubigt und bewiesen anerkennen.

J. d'Alembert: Einleitung zur Enzyklopädie von 1751. Hamburg 1955. S. 33 ff.

a) Wie verhalten sich nach d'Alembert in den Naturwissenschaften sinnliche Wahrnehmungen und abstraktes Denken zueinander?

b) Erörtern Sie die Rolle der Mathematik.

3. Diskussion von Staats- und Gesellschaftslehren

Machtpolitik und Staatsräson

Im 16. Jahrhundert hatte der Florentiner Niccolo Machiavelli (1469–1527) unter dem Eindruck der blutigen Auseinandersetzungen in und zwischen den italienischen Stadt- und Territorialstaaten den puren Machttrieb als das Hauptmotiv politischen Handelns zu erkennen vermeint und daraus das Prinzip der „Staatsräson" abgeleitet, die Unterordnung aller Politik unter den Zweck der Sicherung und Ausdehnung staatlicher Macht. Zwei Menschenalter später definierte der Franzose Jean Bodin (1530–1596), als Antwort auf die Erfahrung der Hugenottenkriege, die „Souveränität", also die Fähigkeit der Staatsgewalt, ihren Willen im Innern und ihre Unabhängigkeit nach außen durchzusetzen, als den eigentlichen Daseinsgrund des Staates; für Bodin war der Fürst diejenige Instanz, die zwar Recht setzte, aber selbst diesem Recht nicht unterworfen („legibus absolutus") war.

Naturrecht und Gesellschaftsvertrag

Dieser Rechtfertigung des Machtstaates um seiner selbst willen stellten die Staatsphilosophen des 17. und 18. Jahrhunderts die Lehre vom Naturrecht entgegen, die schon in der Antike und in der mittelalterlichen Scholastik vertreten worden war. Die Naturrechtstheorie schrieb allen Menschen einen „natürlichen", aus ihrem Menschsein ableitbaren Anspruch auf Recht und Gerechtigkeit, persönliche Freiheit und Selbstbestimmung zu. Daraus entwickelte sich die Lehre vom „Gesellschaftsvertrag": Ihr zufolge war der Staat durch eine Vereinbarung seiner Mitglieder entstanden, um der Sicherung der eigenen Existenz, der Aufrechterhaltung von Recht und Ordnung, des Schutzes des Eigentums willen die Ungebundenheit des „Naturzustandes" aufzugeben und sich der Staatsmacht samt ihren Leistungsanforderungen (Gehorsam, Kriegsdienst, Steuern) freiwillig unterzuordnen. Die Schlußfolgerungen, die aus dieser Theorie gezogen wurden, gingen freilich auseinander. Thomas Hobbes (1588–1679), der die Wirren des englischen Bürgerkriegs erlebte und deshalb eine starke Staatsgewalt schätzen lernte, verstand den Gesellschaftsvertrag als eine unwiderrufliche Übertragung der gesamten Staatsgewalt auf einen einzigen Herrscher und seine Nachfolger; damit rechtfertigte er die absolute Monarchie, die in seinen Augen die einzige Staatsform waar, die den in der menschlichen Natur angelegten „Kampf aller gegen alle" zu unterbinden in der Lage war. John Locke dagegen (1632–1704), der das Ende der Bürgerkriege in der „Glorious Revolution" von 1688 erlebte, verstand die Herrschaftsübertragung an die Regenten als ein Mandat auf Zeit, das widerrufbar war, wenn die Regierenden die Rechte und Freiheiten der Regierten mißachteten. Er wurde zu einem Wegbereiter der Volkssouveränität, des Widerstandsrechtes und der liberalen Demokratie.

Machtkontrolle und Gewaltenteilung

Als deren gemeinsames Grundprinzip hob er die Zähmung und Kontrolle der politischen Macht hervor; ihr sollte eine Verteilung der staatlichen Hoheitsrechte der Gesetzgebung (Legislative) und der Regierung (Exekutive) auf zwei Institutionen, das Parlament und die Krone, dienen. Lockes Ansatz wurde von Charles de Montesquieu (1689–1755) weiterentwickelt. In seinem Hauptwerk „Geist der Gesetze" (1748) entwarf er das Modell eines Idealstaates, der durch die Aufteilung der gesetzgebenden, ausführenden und richterlichen Gewalt auf drei voneinander unabhängige Instanzen sowie durch die Übertragung von Hoheitsbefugnissen auf lokale und regionale Zwischengewalten einen Mißbrauch politischer Herrschaft zu verhindern versprach.

Die „totale" Demokratie

In ausdrücklichem Gegensatz dazu entwarf Jean-Jacques Rousseau (1712–1778) in seinem „Contrat social" von 1762 die Theorie eines Gemeinwesens, in dem Politik wirklich im Namen des Volkes geschehen sollte; die Politik hatte dem „Gemeinwillen" (volonté générale) zu dienen. Diese volonté générale war freilich nicht mit dem Willen aller (volonté de tous) und nicht einmal mit dem Willen der Mehrheit identisch, wie er in Abstimmungen zu ermitteln war, sondern sie stellte eine Art höherer Vernunft dar, die durchaus auch von einer Minderheit der Wissenden und Weitblickenden vertreten werden konnte und der sich im Zweifelsfall auch die Mehrheit zu fügen hatte. Rousseau war nicht nur der Fürsprecher einer direkten Demokratie (in der alle wichtigen Entscheidungen von der Gesamtheit der Bürger zu treffen waren), sondern auch einer absoluten, „totalen" Demokratie, gegen deren „Gemeinwillen" (dessen Zustandekommen Rousseau niemals eindeutig beschrieben hat) Opposition oder gar Widerstand nicht statthaft war. Insofern war Rousseaus Demokratie nicht dagegen gefeit, in eine Diktatur umzuschlagen, die sich – zu Recht oder Unrecht – auf den Willen des Volkes berief.

Wirtschaftsliberalismus

Zu den dem Menschen von Natur zukommenden Freiheitsrechten zählte das 18. Jahrhundert auch das Recht auf freie wirtschaftliche Betätigung. Zu dessen Herold und zum Begründer der liberalen Wirtschaftstheorie wurde der schottische Professor Adam Smith (1723–1790) mit seinem Hauptwerk „Reichtum der Nationen" (1776). Er entwarf das Bild einer Gesellschaft, in der die Kräfte des Marktes sich ungehindert entfalteten, Produktion und Handel ohne staatliche oder zünftische Regulierung abliefen, ein Höchstmaß an Arbeitsteilung herrschte. Smith propagierte die Freisetzung des individuellen Erwerbs und Gewinnstrebens zum Nutzen der Gesamtheit: indem jeder die Chance erhielte, alle seine Kräfte und Fähigkeiten um des eigenen Vorteils willen einzusetzen, käme ein solches Wirtschaftswachstum in Gang, daß am Ende alle Bürger davon profitierten.

10 Titelblatt des ‚Leviathan' von Thomas Hobbes, 1651.
Erläutern Sie die diesem Bild zugrundeliegende Staatsauffassung.

11 Gehorsamspflicht der Untertanen.
Aus Thomas Hobbes' „Leviathan" (1651):

Die Absicht und Ursache, warum die Menschen bei all ihrem natürlichen Hang zur Freiheit und Herrschaft sich dennoch entschließen konnten, sich gewissen Anordnungen, welche die bürgerliche Gesellschaft trifft, zu unterwerfen, lag in dem Verlangen, sich selbst zu erhalten und ein bequemeres Leben zu führen; oder mit anderen Worten, aus dem elenden Zustande eines Krieges aller gegen alle gerettet zu werden. Dieser Zustand ist aber notwendig wegen der menschlichen Leidenschaften mit der natürlichen Freiheit so lange verbunden, als keine Gewalt da ist, welche die Leidenschaften durch Furcht vor Strafe gehörig einschränken kann und auf die Einhaltung der natürlichen Gesetze und der Verträge dringt. [...] Indem die Menschen sich freiwillig vereinigen und sich insgesamt dahin vertragen, dem einen oder mehreren gemeinschaftlich zu gehorchen, welchem oder welchen die Stimmenmehrheit das Recht überträgt, ihr allgemeiner Stellvertreter zu sein, wird ein Staat errichtet. Jeder von ihnen wird dadurch verpflichtet, er mag demselben seine Stimme gegeben haben oder nicht, dem zu gehorchen, den die größere Anzahl gewählt hat; und er muß von der Zeit an dessen Handlungen als seine eigenen ansehen. [...]
Wegen schlechter Verwaltung des Staates kann die höchste Gewalt ihrem Besitzer nicht genommen werden. Denn einerseits stellt derselbe den gesamten Staat dar, und folglich sind seine Handlungen als Handlungen des ganzen Staates anzusehen; wer kann aber dabei den Staat als schuldig anklagen?

Andererseits schließt ja der, welchem die höchste Gewalt übertragen wird, mit denen, welche sie ihm übertrugen, eigentlich keinen Vertrag, und folglich kann er keinem Unrecht tun, weshalb ihm die höchste Gewalt genommen werden dürfte. [...] Mit der höchsten Gewalt ist auch das Recht verbunden zu entscheiden, was zur Erhaltung oder zur Störung des Friedens dienen kann; folglich auch zu bestimmen, zu welcher Zeit, unter welchen Bedingungen und wem es erlaubt sei, das Volk aufzuklären; welche Bücher verboten werden müssen und wer darüber die Aufsicht führen soll. Handlungen haben ihren Grund in Meinungen; folglich müssen diese unter Aufsicht genommen werden, wenn man Frieden und Einigkeit in einem Staat erhalten will. [...]
Die Meinung derer, welche öffentlich behaupteten, die Rechte des englischen Reiches seien zwischen dem Könige, dem Ober- und Unterhause geteilt, wurde die Ursache des darauffolgenden Bürgerkrieges. Ein gleiches gilt von den Staats- und Religionsstreitigkeiten, durch welche indes das Volk von den Rechten des Königs jetzt unterrichtet ist, so daß es in England wahrscheinlich nur sehr wenige gibt, welche die Untrennbarkeit jener höheren Rechte nicht einsehen. [...] Weil nun der höchsten Gewalt diese Rechte wesentlich und untrennbar zukommen, folgt, wenn diese voneinander getrennt und jemandem überlassen zu werden scheinen, mit welchen Worten auch immer, so ist diese Übertragung ungültig, wenn nicht auch ausdrücklich auf die höchste Gewalt zugleich verzichtet wurde: Vielmehr bleibt alles, was abgetreten worden ist, untrennbar beieinander, wenn die höchste Gewalt oder die Stellvertretung des Staates weiter gilt.

Th. Hobbes: Leviathan. Übers. u. hrsg. von Jacob Peter Mayer. Stuttgart 1974. S. 151 ff.

a) Wie beurteilen Sie Hobbes' These, der Inhaber der Staatsgewalt repräsentiere den gesamten Staat?
b) Warum lehnt Hobbes die Gewaltenteilung ab?

12 Das Prinzip der Volkssouveränität. Aus John Lockes „The Second Treatise of Government" (1690):

Obwohl es in einem verfaßten Staatswesen, welches auf eigener Grundlage steht und der eigenen Natur gemäß handelt, d.h. zur Erhaltung der Gemeinschaft, nur eine höchste Gewalt geben kann, die Legislative, der alle übrigen Gewalten untergeordnet sind und sein müssen, ist doch die Legislative nur eine Gewalt, die treuhänderisch zu bestimmten Zwecken handelt, und es verbleibt dem Volk dennoch die höchste Gewalt, die Legislative abzuberufen oder zu ändern, wenn es der Meinung ist, daß sie dem in sie gesetzten Vertrauen zuwiderhandelt. Denn aller Gewalt, die im Vertrauen auf ein bestimmtes Ziel verliehen wird, sind durch jenes Ziel die Grenzen gesetzt, und immer, wenn dieses Ziel offenkundig vernachlässigt oder ihm zuwider gehandelt wird, ist dieses Vertrauen notwendigerweise verwirkt, und die Gewalt fällt zurück in die Hände derjenigen, die sie verliehen haben und die sie dann von neuem so vergeben können, wie es ihnen für ihren Schutz und ihre Sicherheit am besten erscheint. So behält sich die Gemeinschaft beständig die höchste Gewalt vor, um sich vor den Angriffen und Anschlägen jeder Körperschaft, selbst ihrer Gesetzgeber, zu sichern, sooft diese so töricht oder verwerflich sein sollten, Anschläge gegen Freiheit und Eigentum der Untertanen zu planen und zu unternehmen. Da kein Mensch und keine menschliche Gesellschaft die Macht hat, ihre Erhaltung oder folglich auch die Mittel dazu dem absoluten Willen und der willkürlichen Herrschaft einem anderen auszuliefern, werden sie, sooft sich jemand anschicken sollte, sie in einen derartigen sklavischen Zustand zu versetzen, immer das Recht haben, zu verteidigen, worauf zu verzichten sie nicht die Macht haben – und sich von solchen Menschen zu befreien, die sich gegen dieses grundlegende, heilige und unwandelbare Recht der Selbsterhaltung, um dessentwillen sie in die Gesellschaft eingetreten waren, zu vergehen. Unter diesem Gesichtspunkt kann man folglich die Gemeinschaft immer als die höchste Gewalt bezeichnen, außer wenn man sie unter irgendeiner Regierungsform betrachtet – denn diese Gewalt des Volkes kann erst dann wirksam werden, wenn die Regierung aufgelöst ist.

J. Locke: Über die Regierung. Übers. von Dorothee Tidow. Stuttgart 1974. S. 114 f.

a) Wie sieht Locke das Verhältnis zwischen Regierungsgewalt und Volkssouveränität?
b) Nennen Sie die Unterschiede zu Hobbes.

13 **Gewaltenteilung.** Aus Charles de Montesquieu, „Geist der Gesetze“ (1748):

Demokratie und Aristokratie sind nicht freie Staaten auf Grund ihrer Natur. Die politische Freiheit ist nur unter maßvollen Regierungen anzutreffen. Indes besteht sie selbst in maßvollen Staaten nicht immer, sondern nur dann, wenn man die Macht nicht mißbraucht. Eine ewige Erfahrung lehrt jedoch, daß jeder Mensch, der Macht hat, dazu getrieben wird, sie zu mißbrauchen. Er geht immer weiter, bis er an Grenzen stößt. Wer hätte das gedacht: Sogar die Tugend hat Grenzen nötig. Damit die Macht nicht mißbraucht werden kann, ist es nötig, durch die Anordnung der Dinge zu bewirken, daß die Macht die Macht bremse. Ein Staat kann so aufgebaut werden, daß niemand gezwungen ist, etwas zu tun, wozu er nach dem Gesetz nicht verpflichtet ist, und niemand gezwungen ist, etwas zu unterlassen, was das Gesetz gestattet. [...]
Es gibt in jedem Staat drei Arten von Vollmacht: die legislative Befugnis, die exekutive Befugnis in Sachen, die vom Völkerrecht abhängen, und die exekutive Befugnis in Sachen, die vom Zivilrecht abhängen. [...]
Diese letztere soll richterliche Befugnis heißen und die andere schlechtweg exekutive Befugnis des Staates. [...] Sobald in ein und derselben Person oder derselben Beamtenschaft die legislative Befugnis mit der exekutiven Befugnis verbunden ist, gibt es keine Freiheit. Es wäre nämlich zu befürchten, daß derselbe Monarch oder derselbe Senat tyrannische Gesetze erließe und dann tyrannisch durchführte. Freiheit gibt es auch nicht, wenn die richterliche Befugnis nicht von der exekutiven Befugnis geschieden wird. Die Macht über Leben und Freiheit der Bürger würde unumschränkt sein, wenn diese mit der legislativen Befugnis gekoppelt wäre, denn der Richter wäre Gesetzgeber. Der Richter hätte die Zwangsgewalt eines Unterdrückers, wenn jene mit der exekutiven Gewalt gekoppelt wäre. Alles wäre verloren, wenn ein und derselbe Mann bzw. die gleiche Körperschaft entweder der Mächtigsten oder der Adligen oder des Volkes folgende drei Machtvollkommenheiten ausübte: Gesetze erlassen, öffentliche Beschlüsse in die Tat umsetzen, Verbrechen und private Streitfälle aburteilen. [...]
Stets gibt es im Staat Leute, die durch Geburt, Reichtum oder Auszeichnungen hervorragen. Wenn sie aber mit dem Volk vermengt würden und wie die andern bloß eine Stimme besäßen, so würde die gemeinsame Freiheit für sie Sklaverei bedeuten. Sie hätten keinerlei Interesse an der Verteidigung der Freiheit, denn die meisten Beschlüsse würden zu ihren Ungunsten gefaßt. Ihre Teilnahme an der Gesetzgebung muß daher ihrer anderweitigen Vorrangstellung innerhalb des Staates angemessen sein. Das trifft zu, wenn sie eine Körperschaft bilden, die das Recht hat, Unternehmungen des Volkes auszusetzen, genauso wie das Volk das Recht hat, die ihrigen auszusetzen. Auf diese Weise wird die legislative Befugnis sowohl der Adelskörperschaft als auch der gewählten Körperschaft der Volksvertreter anvertraut. Jede hat ihre Versammlungen und Abstimmungen für sich sowie getrennte Gesichtspunkte und Interessen.

Montesquieu: Vom Geist der Gesetze. Übers. v. Kurt Weigand. Stuttgart 1965. S. 211 ff.

a) Welchem Übel soll die Gewaltenteilung vorbeugen?
b) Warum befürwortet Montesquieu für die Legislative das Zwei-Kammer-System? Halten Sie seine Gründe für stichhaltig?

14 **Unterordnung unter den „Gemeinwillen“.** Aus Jean-Jacques Rousseaus „Contrat social“ (1762):

Befreit man also den Gesellschaftsvertrag von allem Unwesentlichen, so wird man finden, daß er sich auf folgende Formel zurückführen läßt: Jeder von uns stellt seine Person und seine ganze Kraft gemeinschaftlich unter die oberste Leitung des allgemeinen Willens; wir nehmen jedes Mitglied in einen Körper als untrennbaren Teil des Ganzen auf. An Stelle der einzelnen Person jedes Vertragschließenden entsteht jetzt durch diesen Akt der Vergesellschaftung ein sittlicher und gemeinschaftlicher Körper, [...] der durch eben diesen Akt seine Einheit, sein gemeinschaftliches Ich, sein Leben und seinen Willen empfängt. [...]
Aus jener Formulierung erkennt man, daß der Akt der Vergesellschaftung eine gegenseitige Verpflichtung zwischen dem Gemeinwesen und dem Einzelnen einschließt und daß jeder Einzelne, da er sozusagen mit sich selbst einen Vertrag abschließt, in doppelter Beziehung gebunden ist, nämlich als Mitglied des Staatsoberhauptes in bezug auf die Einzelnen und als Mitglied des Staates in bezug auf das Staatsoberhaupt. [...] Man muß ferner beachten,

daß der öffentliche Beschluß, der alle Untertanen dem Staatsoberhaupt gegenüber verpflichtet, und zwar in der doppelten Hinsicht, in der jeder gebunden ist, nicht seinerseits das Staatsoberhaupt gegen sich selbst verpflichten kann, und daß es folglich gegen die Natur des Staates ist, wenn das Staatsoberhaupt sich Gesetze auferlegt, die es nicht selbst überschreiten kann; [...] woraus sich ergibt, daß es für den Volkskörper kein zwingendes Grundgesetz gibt noch geben kann, nicht einmal in dem Vertrage der Gesellschaft. [...] Da nun das Staatsoberhaupt nur aus den Einzelnen besteht, aus denen es zusammengesetzt ist, hat es und kann es kein ihnen selbst entgegengesetztes Interesse haben; demzufolge bedarf die oberste Gewalt gegenüber den Untertanen keiner Bürgschaft, weil der Körper seine Glieder unmöglich schädigen will, und er kann keinen, auch nicht einen Einzelnen schädigen. Das Staatsoberhaupt ist allein dadurch, daß es ist, auch immer schon das, was es sein soll. [...] Damit also der Vertrag der Gesellschaft keine leere Form sei, enthält er stillschweigend die Verpflichtung, daß, wer sich weigert, dem allgemeinen Willen zu gehorchen, durch die Gesamtheit dazu gezwungen werden kann. Das bedeutet nichts anderes, als daß er gezwungen wird, frei zu sein.

J.-J. Rousseau: Der Gesellschaftsvertrag. München 1948. S. 61 ff.

a) Wie bestimmt Rousseau das Verhältnis zwischen Individuum und Staat?
b) Wodurch unterscheidet sich Rousseaus Staatsverständnis von dem Lockes oder Montesquieus? Setzen Sie sich mit den Stärken und Schwächen dieser drei Staatstheorien auseinander.

15 „Das einfache System der natürlichen Freiheit".

Aus Adam Smith, „Wohlstand der Nationen" (1776):

So wird in jeder Wirtschaftsordnung, in der durch besondere Förderung mehr volkswirtschaftliches Kapital in einzelne Erwerbszweige gelenkt werden soll, als von selbst dorthin fließen würde, oder durch außerordentliche Beschränkung Teile des Kapitals von Branchen ferngehalten werden, in denen sie sonst investiert worden wären, in Wirklichkeit das Hauptziel unterlaufen, das man zu fördern vermeint. Sie verzögert den Fortschritt des Landes zu Wohlstand und Größe, anstatt ihn zu beschleunigen, und sie verringert den wirklichen Wert des Jahresprodukts aus Boden und Arbeit, statt ihn zu vergrößern. Gibt man daher alle Systeme der Begünstigung und der Beschränkung auf, so stellt sich ganz von selbst das einsichtige und einfache System der natürlichen Freiheit her. Solange der einzelne nicht die Gesetze verletzt, läßt man ihm völlige Freiheit, damit er das eigene Interesse auf seine Weise verfolgen kann und seinen Erwerbsfleiß und sein Kapital im Wettbewerb mit jedem anderen oder einem anderen Stand entwickeln oder einsetzen kann. Der Herrscher wird dadurch vollständig von seiner Pflicht entbunden, bei deren Ausübung er stets unzähligen Täuschungen ausgesetzt sein muß und zu deren Erfüllung keine menschliche Weisheit oder Kenntnis jemals ausreichen könnte, nämlich der Pflicht und Aufgabe, den Erwerb privater Leute zu überwachen und ihn in Wirtschaftszweige zu lenken, die für das Land am nützlichsten sind. Im System der natürlichen Freiheit hat der Souverän lediglich drei Aufgaben zu erfüllen, die sicherlich von höchster Wichtigkeit sind, aber einfach und dem normalen Verstand zugänglich: erstens die Pflicht, das Land gegen Gewalttätigkeit und Angriff anderer unabhängiger Staaten zu schützen; zweitens die Aufgabe, jedes Mitglied der Gesellschaft soweit wie möglich gegen Ungerechtigkeit oder Unterdrückung durch einen Mitbürger in Schutz zu nehmen oder ein zuverlässiges Justizwesen einzurichten; und drittens die Pflicht, bestimmte öffentliche Anstalten und Einrichtungen zu gründen und zu unterhalten, die ein einzelner oder eine kleine Gruppe aus eigenem Interesse nicht betreiben kann, weil der Gewinn ihre Kosten niemals decken könnte, obwohl er häufig höher sein mag als die Kosten für das ganze Gemeinwesen.

A. Smith: Der Wohlstand der Nationen. München 1978. S. 582

a) Analysieren Sie Smith' „System der natürlichen Freiheit".
b) Aus welchen Gründen hält er die staatliche Lenkung der Wirtschaft für eine unlösbare Aufgabe? Nehmen Sie dazu unter Berücksichtigung heutiger Erfahrungen Stellung.

4. Verbesserung der Bildung und Kommunikation

Allgemeine Schulpflicht

Um die Mitte des 18. Jahrhunderts konnten selbst in den fortgeschrittensten europäischen Ländern nicht mehr als 10 bis 20 Prozent der Menschen lesen und schreiben. Zwar hatte eine Reihe von Staaten längst eine gesetzliche Schulpflicht eingeführt, aber von deren ernsthafter Durchsetzung blieb man bis ins frühe 19. Jahrhundert weit entfernt. Erst dann erkannte der sich modernisierende Staat die Wichtigkeit einer gediegenen Schulbildung: Er investierte, zusammen mit den Gemeinden, mehr Geld für den Bau und die Unterhaltung von Schulen, verbesserte die Ausbildung und Besoldung der Lehrer und regelte den Unterricht durch Lehrpläne und Prüfungsbestimmungen. Um 1800 erhielten in Deutschland etwa die Hälfte aller schulpflichtigen Kinder regelmäßigen Unterricht in öffentlichen Schulen.

Pädagogische Reformen

Schon die Reformpädagogik des 17. Jahrhunderts – ihr bekanntester Vertreter war Johann Amos Comenius (1592–1670) – war bemüht, die jungen Menschen statt nur mit Wörtern und Büchern mit den Dingen und ihren Abbildungen selbst in Berührung zu bringen, die Anschauung zum Fundament des Lernens zu machen und sich auf die altersbedingten Lernfähigkeiten und -bedürfnisse ihrer Schüler einzustellen. Diese Entwicklung setzte sich im 18. Jahrhundert fort. Die „Philanthropen" wollten nützliche, lebenspraktische Kenntnisse vermitteln; Rousseau betrachtete es als die eigentliche Aufgabe der Erziehung, den Heranwachsenden zur „natürlichen" Entwicklung und Entfaltung der in ihnen angelegten Gefühle, Charaktereigenschaften, Denkfähigkeiten, Wertempfindungen zu verhelfen; Johann Heinrich Pestalozzi (1746–1827) war bemüht, die „Kräfte" seiner Zöglinge zu wecken und auszubilden, statt ihnen ein abfragbares Gedächtniswissen aufzunötigen.

Universitäten und Akademien

In Halle (1694) und Göttingen (1737) gründeten die Landesherren neue Universitäten, die sich in besonderem Maße der damals modernen Wissenschaftsdisziplinen der Mathematik und der Naturwissenschaften, der Staats-, Polizei- und Kameralwissenschaften, der Geschichte und der Geographie annahmen. Die Hallenser Professoren bedienten sich in ihren Vorlesungen und Publikationen als erste nicht mehr der lateinischen Gelehrtensprache, sondern der deutschen Muttersprache; die Göttinger Professoren durften ihre Arbeiten ohne die sonst üblichen Zensurbeschränkungen veröffentlichen. Nach dem Vorbild der um die Mitte des 17. Jahrhunderts gegründe-

16 Schule im 17. Jahrhundert. Kupferstich von Abraham de Bosse (1602–1678). *Beschreiben Sie die Tätigkeiten der Schüler und die Rolle des Lehrers.*

ten Academie Française in Paris und der Royal Society in London entstanden in einer Reihe europäischer Haupt- oder Universitätsstädte wissenschaftliche Akademien, in denen sich berühmte Gelehrte ihren Forschungen widmen, wissenschaftliche Kontakte mit ihren Kollegen knüpfen und wichtige Anstöße für Forschungsprojekte und Publikationen geben konnten. Überall erschienen wissenschaftliche Zeitschriften und beförderten den Austausch der Kenntnisse und Meinungen über die Staatsgrenzen hinweg. Es bildete sich eine internationale „Gelehrtenrepublik" aus.

Bücher – Zeitschriften – Vereine

Das Zeitalter der Aufklärung ließ einen wahren Lese- und Schreibhunger entstehen. Lag der Anteil der erwachsenen Lesekundigen um 1750 bei etwa 10% der Bevölkerung, so hatte er 1800 schon die 25-Prozent-Marke erreicht. Im 17. Jahrhundert wurden 200000 Buchtitel auf den Markt gebracht, im 18. Jahrhundert 500000. Die Gesamtauflage der deutschen Tageszeitungen (deren erste Mitte des 17. Jahrhunderts erschienen) betrug um 1800 300000, was auf eine Leserzahl von etwa 3 Millionen schließen läßt. 1789 zählte man 2500 Zeitschriften, die unterschiedliche Lesebedürfnisse erfüllten: religiöse Erbauung, moralische Betrachtung, politische Meinungsbildung, berufliche Belehrung, Lebenshilfe aller Art, Unterhaltung. Gegen Ende des 18. Jahrhunderts grassierte in Deutschland ein regelrechtes „Vereinsgründungsfieber" (Wehler): Es entstanden patriotisch-gemeinnützige Gesellschaften, landwirtschaftliche und andere berufsorientierte Vereine, Lese-und Konversationsgesellschaften, Geselligkeitszirkel.

Soziale Grenzen der Aufklärung

Solche Informations-, Lern- und Gesprächsbedürfnisse waren indes nur in jener schmalen Bevölkerungsschicht wirksam, deren Lebensumstände und Bildungsvoraussetzungen die Entstehung und Pflege kultureller Interessen außerhalb des kirchlich-religiösen Lebenskreises begünstigten. Die Masse der Bevölkerung, vor allem auf dem Land, blieb vom Gedankengut der Aufklärung weithin unberührt. Oft waren die „einfachen Leute" geradezu aufklärungsfeindlich und hielten mit besonderer Zähigkeit an den überkommenen Vorstellungen, insbesondere den Lehren der Kirche, aber auch an mancherlei volkstümlichem Aberglauben und Vorurteil fest.

17 **Das Interesse des Staates an der Schule.** Aus Johann Joseph Friedrich Steigentesch, „Abhandlung von Verbesserung des Unterrichts der Jugend in den Kurfürstlichen Mainzischen Staaten" (1771):

Der würdigste Gegenstand der Sorgfalt höchster Landesfürsten, das Schulwesen, konnte jener wachsamen Aufmerksamkeit SR. Kurfürstlichen Gnaden nicht entgehen, mit welcher Höchstdieselben für die wahre Glückseligkeit Dero Unterthanen immer besorgt sind. Das Kurfürstliche oft wiederholte höchste Verlangen, das Schulwesen der Kurfürstl. Lande auf dem erhabensten Grade der möglichsten Vollkommenheit zu sehen, ist der Beweis, wie sehr Höchstdieselben erkennen, daß diese, Dero Unterthanen und des ganzen Staates, Glückseligkeit von einem wohlverfaßten Unterrichte der Jugend abhänge. Die Jugend eines Staates zu ihrer Bestimmung bilden, ist auch wirklich nichts anderes als ein Unternehmen, welches gleichsam mit einem Male den Ackerbau und die Landwirtschaft, die mechanischen Künste, die schönen Künste, die Handelschaft, die Wissenschaften, die guten Sitten und die Religionen auf die leichteste und unfehlbarste Weise befördert. Die öffentliche Erziehung ist allein das Mittel, den Staatskörper in ein wahres Ganzes zu verbinden; eine Seele, einen gemeinsamen Geist durch alle Glieder und Adern desselben auszugießen; alle Vorrichtungen und Wirkungen der Landes-Regierung unendlich zu erleichtern und die innerliche Staatsverwaltung, welche, so wie die Sachen stehen, das mühsamste Geschäft von der Welt ist, zu einer angenehmen Beschäftigung zu machen. Eine Erziehung aller Glieder des Staates nach festen, aus der Natur des Menschen und des gesellschaftlichen Lebens geschöpften Grundsätzen begründet für den höchsten Regenten und seine Bürger einen öffentlichen Schatz, dessen Quellen immer fortfließen und sich unendlich vermehren.

Hans-Michael Elzer (Hrsg.): Zwei Schriften der Kurmainzer Schulreform 1770–1784. Frankfurt 1967. S. 35

a) Vergleichen Sie die hier genannten Ziele des Schulunterrichts mit denen früherer Zeiten.
b) Was ist unter „der Natur des Menschen und des gesellschaftlichen Lebens" zu verstehen?

18 Menschenerziehung, nicht Standeserziehung.

Aus Jean-Jacques Rousseau, „Émile oder Über die Erziehung" (1762):

In der gesellschaftlichen Ordnung, wo alle Stellen genau bestimmt sind, muß jeder für die seinige erzogen werden. Wenn ein für seine Stelle gebildetes Individuum diese aufgibt, taugt es zu nichts mehr. [...] In der natürlichen Ordnung, in der die Menschen alle gleich sind, ist ihr gemeinsamer Beruf, zuerst und vor allem Mensch zu sein, und wer für diesen gut erzogen ist, kann diejenigen, welche mit demselben in Einklang stehen, nicht schlecht erfüllen. Ob man meinen Zögling für die militärische, kirchliche oder richterliche Laufbahn bestimmt, darauf kommt wenig an. Bevor die Eltern ihn für einen Beruf bestimmen, beruft die Natur ihn zum menschlichen Leben. Die Kunst zu leben soll er von mir lernen. Wenn er aus meinen Händen hervorgeht, wird er freilich, das gebe ich zu, weder Richter noch Soldat noch Priester sein, er wird zuerst Mensch sein. [...] Unser wahres Studium ist das der menschlichen Natur. Wer unter uns die Freuden und Leiden dieses Lebens am besten zu ertragen versteht, der ist meines Erachtens am besten erzogen, woraus folgt, daß die wahre Erziehung weniger in Lehren als in Übungen besteht. [...] Wir müssen in unserem Zögling lediglich den Menschen an sich, den allen Wechselfällen des menschlichen Lebens ausgesetzten Menschen betrachten. Wenn die Menschen durch die Geburt an den Boden eines Landes gefesselt wären, wenn die nämliche Jahreszeit das ganze Jahr hindurch dauerte, wenn jeder im unveränderlichen Besitz seines Vermögens bliebe, so würde die eingeführte Methode in gewisser Hinsicht gut sein; das für seinen besonderen Stand erzogene Kind würde, da es denselben niemals aufgäbe, auch nie den Schwierigkeiten eines anderen ausgesetzt sein. Aber kann man wohl, in Anbetracht der Wandelbarkeit der menschlichen Dinge, in Anbetracht des unruhigen und nivellierenden Geistes dieses Jahrhunderts, welcher in jeder Generation einen allgemeinen Umsturz herbeiführt, kann man wohl, frage ich, eine törichtere Methode ersinnen als die, ein Kind so zu erziehen, als ob es einst nie aus der Tür zu kommen brauchte, als ob es unaufhörlich von den Seinigen umgeben sein würde? Wenn der Unglückliche sich nur einen Schritt über den Boden erhebt, wenn er eine einzige Stufe hinabsteigt, ist er verloren. [...] Unsere ganze Weisheit besteht darin, daß wir uns von sklavischen Vorurteilen leiten lassen; alle unsere Gewohnheiten legen uns nur Zwang, Beschränkung und Fesseln auf. Jeder Bürgerliche wird in der Knechtschaft geboren, lebt und stirbt darin: bei seiner Geburt schnürt man ihn in einen Wickel; bei seinem Tode sperrt man ihn in einen Sarg; solange er die menschliche Gestalt bewahrt, ist und bleibt er durch seine Einrichtungen gefesselt. Man erzählt sich, daß sich manche Hebammen nicht scheuen, dem Kopfe der neugeborenen Kinder durch Zusammenpressen eine angemessenere Form zu geben: und man duldet es! Unsere Köpfe sollten so, wie sie aus der Hand des Schöpfers hervorgegangen sind, nichts taugen! Man müßte sie äußerlich erst durch die Hebammen und innerlich durch die Philosophen modeln.

J.-J. Rousseau: Émile oder Über die Erziehung. Leipzig o.J. S. 22ff.

a) Wodurch unterscheidet sich die Erziehung zum Menschen von der zum Bürger?
b) Erklären Sie, gegen welche Auffassung vom Menschen sich Rousseau wendet.

19 Der Nutzen der Wissenschaften.

Aus Kurfürst Friedrichs III. „Generalinstruktion für die Societät der Wissenschaften" in Berlin (1700):

Nachdem zu Ausbreitung der Ehre Gottes, auch zu Erhalt und Fortpflantzung des rechten Glaubens, wahrer Gottesfurcht, guter Sitten, ja des gantzen gemeinen Wollwesens in allerley Ständen höchst nöthig, daß die Gemüter der Menschen durch gute Wissenschaften und nützliche Studien erleuchtet, zur Erkäntnüß und Bewunderung der Vollkommenheiten der Wercke Gottes aufgemuntert, folglich zu dessen Liebe und Furcht als der Quelle alles Guten angeführet, vom Müßiggang aber und Bösen hingegen abgehalten, gebessert und endlich bequem gemacht werden, Gott und dem Vaterlande sowoll, als sich selbst und denen Ihrigen, wie auch anderen Nebenmenschen bestens zu dienen, so haben Wir unter anderen Unsern vielen und wichtigen Regierungssorgen Uns auch landesväterlich angelegen seyn lassen, darauf zu sehen, wie die Studien befordert, gute Wissenschafften, Nachrichtungen, Künste und Erfindungen erhalten, vermehret, unterstützet, woll angewendet, auch nach Gelegenheit in Unsern Landen eingeführet und fortgetrieben, daneben die Jugend woll unterwiesen und aufgemuntert, taugliche Ingenia ausgesondert, gelehrte Leute und gute Künstler herfürgesucht, herbeygebracht und durch Gnadenbezeugungen angefrischet werden möchten, das Ihrige in allerley Arth von Gelehrsamkeit, Experienzen, Künsten , Exercitien, Unternehmungen und Verrichtungen zu gemeinem Besten und Landeszierde mit allem Fleiß und Eifer beyzutragen.

Horst Möller: Vernunft und Kritik. Deutsche Aufklärung im 17. und 18. Jahrhundert. Frankfurt a. M. 1986. S. 253 f.

a) Welche Zwecke verbindet die Instruktion mit der Förderung der Wissenschaften?
b) Arbeiten Sie das aufklärerische Gedankengut der Texte heraus.

20 „Zum Fortschritt der menschlichen Kenntnisse beitragen"

Aus Denis Diderots „Prospekt der Enzyklopädie" (1750):

Die meisten dieser Werke erschienen vor dem vergangenen Jahrhundert und wurden durchaus nicht gering geschätzt. Man fand, daß sie zwar nicht viel Genie aufwiesen, aber zumindest von Fleiß und Wissen zeugten. Was aber könnten uns diese Enzyklopädien noch bedeuten? Welchen Fortschritt hat man seitdem doch in den Wissenschaften und Künsten gemacht! Wie viele Wahrheiten, die man damals nicht ahnte, sind heute entdeckt! Die wahre Philosophie lag damals noch in der Wiege; die Geometrie des Unendlichen existierte noch nicht; die experimentelle Physik zeigte sich kaum; es gab keine Dialektik; die Gesetze der vernünftigen Kritik waren völlig unbekannt. Männer wie Descartes, Boyle, Huyghens, Newton, Leibniz, die Brüder Bernoulli, Locke, Bayle, Pascal, Corneille, Racine, Bourdaloue, Bousuet usw. lebten noch nicht oder hatten noch nicht geschrieben. Der Geist der Forschung und des Wettbewerbs regte nicht die Gelehrten an. Ein anderer Geist, vielleicht weniger fruchtbar, aber auch seltener, nämlich der Geist der Folgerichtigkeit und der Methodik hatte sich die verschiedenen Teile der Literatur noch nicht unterworfen, und die Akademien, deren Arbeit die Wissenschaften und Künste so weit gebracht hat, waren noch nicht gegründet. [...]

Das Reich der Wissenschaften und Künste ist eine eigene und ungewöhnliche Welt, in der man jeden Tag Entdeckungen macht, von der wir aber sehr viele märchenhafte Berichte bekommen. Es kam also darauf an, die wahren Berichte zu bestätigen, vor den unwahren zu warnen, Punkte zu bestimmen, von denen man ausgehen sollte, und so die Erforschung all dessen zu erleichtern, was noch erforscht werden muß. Wir führen Tatsachen an, vergleichen Erfahrungen, denken Methoden aus, aber alles nur, um das Genie anzuregen, sich unbekannte Wege zu bahnen und zu neuen Entdeckungen vorzustoßen, indem es als ersten Schritt denjenigen betrachtet, mit dem die großen Männer ihre Laufbahn beendet haben. Das ist auch das Ziel, das wir uns gesetzt haben, als wir mit den Prinzipien der Wissenschaften und der freien Künste die Geschichte ihrer Entstehung und ihrer allmählichen Fortschritte verbanden; und sobald wir dieses Ziel erreicht haben, werden gescheite Köpfe sich nicht mehr mit der Erforschung von Dingen beschäftigen, die schon vorher bekannt waren. Es wird dann leicht sein, in künftigen Schriften über die Wissenschaften und die freien Künste das, was die Erfinder selbständig vollbracht haben, von dem zu unterscheiden, was sie von ihren Vorgängern übernommen haben. [...] Dieses Werk

Fortschritt. „Fortschritt" ist eine geschichtsphilosophische Kategorie, die die Geschichte als stetige Aufwärtsbewegung zum Besseren und Vollkommeneren deutet. Diese, schon in der Antike begegnende, Sichtweise erlebte im 18. Jahrhundert ihren Aufschwung und im 19. ihren Höhepunkt. Sie gewann ihre Überzeugungskraft zum einen aus dem Blick zurück, aus dem Vergleich der eigenen Zeit mit dem vermeintlich „finsteren Mittelalter", zum anderen aus dem Blick nach vorn, der Erwartung ständig neuer Entdeckungen und Verbesserungen. Der Fortschrittsoptimismus bezog sich gleichermaßen auf technisch-wissenschaftliche, wirtschaftliche, soziale und politische wie auf menschliche, moralische, kulturelle Errungenschaften; er zielte auf den äußeren wie den inneren, den materiellen wie den humanen Fortschritt der Menschheit. Die Katastrophen des Ersten und Zweiten Weltkriegs führten zu einer Erschütterung und Verunsicherung des Fortschrittsdenkens, nicht aber zu seiner Widerlegung: zu eindrucksvoll waren weiterhin die wissenschaftlichen und technischen Erfolge, das wirtschaftliche Wachstum, der steigende Lebensstandard. Erst seit den 1970er Jahren, seit dem Bewußtwerden der „Grenzen des Wachstums", der nuklearen Bedrohung, der Zerstörung der natürlichen Umwelt, wuchsen die Zweifel, und die Zukunft nahm für viele Menschen mehr düstere als helle Farben an.

könnte einem Berufsgelehrten als Bibliothek dienen für alle Fächer, die er nicht selbst betreibt. Es wird die Elementarbücher ersetzen, die wahren Prinzipien der Dinge entwickeln, ihre Beziehungen hervorheben, zur Gewißheit und zum Fortschritt der menschlichen Kenntnisse beitragen, die Zahl der echten Gelehrten, der hervorragenden Künstler und der aufgeklärten Laien vermehren und folglich in der Gesellschaft neue Vorteile verbreiten.

D. Diderot: Enzyklopädie. dtv 4026. München 1969. S. 38, 45, 53

a) Worin besteht für Diderot der Geist des aufgeklärten Zeitalters?
b) Was soll die Enzyklopädie leisten? Äußern Sie sich auch zu den Grenzen des enzyklopädischen Wissens.

Zur Diskussion

Verheißung und Grenzen der Aufklärung

Die Philosophen, Pädagogen, Schriftsteller und Künstler der Aufklärung hatten ein fast unbegrenztes Vertrauen in die Vernunftfähigkeit des Menschen und den Fortschritt der Kultur; sie glaubten an eine stetige Verbesserung der vom Menschen zu schaffenden Lebensbedingungen und die unaufhörliche Vervollkommnung des Menschen selbst. Dieser Zukunftsoptimismus war von einem Menschenbild getragen, das die aus dem Christentum stammenden positiven Bestimmungen des Menschen (seine Geistnatur und Gottesebenbildlichkeit), ohne deren negative Gegenpole (Kreatürlichkeit und Sündhaftigkeit), mit den idealistischen Attributen des klassischen Humanismus (Vernunftwesen) verband. Rousseaus Auffassung von der ursprünglichen Güte und Vortrefflichkeit der menschlichen Natur, deren Schattenseiten ausschließlich den verderblichen Einflüssen der Zivilisation zuzuschreiben seien, ist dafür ein bekannter Beleg.
Der Vernunftoptimismus der Aufklärer ist vielfach in Frage gestellt worden: mit besonderem Nachdruck von den Romantikern, protestantischen und katholischen Theologen, konservativen Historikern und Gesellschaftswissenschaftlern, von der Tiefenpsychologie, biologistischen Weltanschauungen aller Art, politischen Richtungen wie dem Konservativismus, Rassismus, Faschismus. Sie alle bestritten, wenngleich mit höchst unterschiedlichen Argumenten, daß der Mensch primär ein Vernunftwesen sei und daß man Erziehung, Gesetzgebung oder Politik auf die menschliche Vernunftfähigkeit zu gründen habe.

21 Selbstgewißheit und Selbstzweifel der Vernunft

(a) Aus Hans Freyer, Weltgeschichte Europas (1948):

Das rationale Denken weiß sehr wohl, daß es nur diskursiv, das heißt von Schritt zu Schritt, und nur aus eigener Kraft, ohne das Wunder der Vision voranschreiten kann. Doch es weiß auch, daß es mit dieser Beschränkung sicheren Siegen entgegengeht. Darauf beruht von Anfang an sein Selbstvertrauen. In den Zeiten seiner höchsten Leistungen steigert sich dieses Bewußtsein, unablässig fortzuschreiten, zu der stolzen Gewißheit: jetzt sei das Zeitalter angebrochen, in dem die denkende Vernunft reif geworden sei, die Sache der Menschheit souverän in ihre Hand zu nehmen. Denn eine Wahrheit, die einmal gewonnen ist, wird nie wieder verlorengehen, sondern sie wird zum Fundament, nein zur Brutstätte immer neuer Wahrheiten werden. Auch bleibt keine Wahrheit einsam, sondern sie bündelt und verstrebt sich mit anderen, mit allen; so wird ihre Tragkraft immer größer. Und keine Wahrheit ist müßig, sondern jede erhellt ein Stück Dunkel, beherrscht ein Stück Natur, bändigt einen Trieb, gestaltet ein Stück Dasein. [...] Auf dem eigensten Felde der Vernunft, auf dem der Wissenschaft, ist der stetige Fortschritt durch das Ineinandergreifen der Wahrheiten und durch die Kooperation der Gelehrten, die die Probleme und Methoden einander zureichen, also durch das Gesetz der Sache gesichert. Indem aber zugleich die Anwendbarkeit der Wissenschaft erfahren wird, wird der Fortschritt der wissenschaftlichen Erkenntnis zum Vorbild und zur Bürgschaft für den Fortschritt der Menschheit und ihrer Kultur überhaupt.

H. Freyer: Weltgeschichte Europas. Wiesbaden 1948. S. 869f.

(b) Der Politikwissenschaftler Carlo Schmid (1939):

Der Erkenntnistrieb des Menschen greift nun ohne Vermittlung und ohne Vermittler nach den Dingen selbst; er läßt nichts mehr gelten, was sich zwischen sie und ihn schiebt. Alles wird im Licht der Vernunft geprüft, und nur was den kritisch begründeten Methoden des rationalen Denkens standhält, besteht die Probe. Aber wie der Erkenntnistrieb unmittelbar der Dinge habhaft werden will, entwinden sie sich seinem Zugriff, werden beweglich, entweichen in stetigem Wandel der Gestalt in bisher unbekannte Dimensionen und Zonen und geben dem Bestätigung suchenden Sinn immer neue Fragen und Rätsel auf. Die bisherige Vorstellung von der Welt und dem Verhalten des Menschen zu ihr und zu sich selber geht zu Ende. [...] Wo aber die Welt proteisch wird, wo die Menschen an ihr tagtäglich neue Gesichter, Erscheinungen und Konturen entdecken, schwinden die letzten Gewißheiten, die man gefunden zu haben glaubte und in deren Besitz man ganz sicher war. Auf jedem Gebiet menschlicher Tätigkeit spürt man die Fragwürdigkeit der eigenen Existenz und des Wissens darum. Die Krise des Bewußtseins bricht aus.

Paul Hazard: Die Krise des europäischen Geistes. Einführung von C. Schmid. Hamburg 1939. S. 14f.

(c) Die Sozialwissenschaftler Max Horkheimer und Theodor W. Adorno (1944):

Während aber alle früheren Veränderungen, vom Präanimismus zur Magie, von der matriarchalen zur patriarchalen Kultur, vom Polytheismus der Sklavenhalter zur katholischen Hierarchie, neue, wenn auch aufgeklärte Mythologien an die Stelle der älteren setzten, [...] zerging vor dem Licht der aufgeklärten Vernunft jede Hingabe als mythologisch, die sich für objektiv, in der Sache begründet hielt. Alle vorgegebenen Bindungen verfielen damit dem tabuierenden Verdikt, nicht ausgenommen solche, die zur Existenz der bürgerlichen Ordnung selbst notwendig waren. Das Instrument, mit dem das Bürgertum zur Macht gekommen war, Entfesselung der Kräfte, allgemeine Freiheit, Selbstbestimmung, kurz: die Aufklärung, wandte sich gegen das Bürgertum, sobald es als System der Herrschaft zur Unterdrückung gezwungen war. Aufklärung macht ihrem Prinzip nach selbst vor dem Minimum an Glauben nicht halt, ohne das die bürgerliche Welt nicht existieren kann. Sie leistet der Herrschaft nicht die zuverlässigen Dienste, die ihr von den alten Ideologien stets erwiesen wurden. Ihre anti-autoritäre Tendenz [...] macht sie dem etablierten Bürgertum schließlich so feind wie der Aristokratie, mit der es sich denn auch recht bald verbündet hat. Das anti-autoritäre Prinzip muß schließlich ins eigene Gegenteil, in die Instanz gegen die Vernunft selbst umschlagen; die Abschaffung alles von sich aus Verbindlichen, die es leistet, erlaubt es der Herrschaft, die ihr jeweils adäquaten Bindungen souverän zu dekretieren und zu manipulieren. Nach Bürgertugend und Menschenliebe, für die sie schon keine guten Gründe hatte, hat denn auch die Philosophie Autorität und Hierarchie als Tugenden verkündigt, als diese längst auf Grund der Aufklärung zu Lügen geworden waren.

M. Horkheimer/Th. W. Adorno: Dialektik der Aufklärung. Frankfurt: Fischer-TB 1971. S. 84

a) Worin sehen die Autoren die Stärke, worin die Schwäche der aufklärerischen Vernunft und Wissenschaft?

b) Was ist unter der „Dialektik der Aufklärung" zu verstehen? Äußern Sie sich zu den darauf bezogenen Sorgen und Bedenken Horkheimers und Adornos.

1. Sprechen Sie über die Rolle, die die Kritik bei der Entwicklung der modernen Wissenschaften spielte. Inwiefern ist kritisches Denken „modern"?

2. Kennzeichnen Sie die methodischen Grundprinzipien der neuzeitlichen Naturwissenschaft.

3. Was versteht man unter „Naturrecht"? Wie heißt und was besagt der Gegenbegriff dazu?

4. Nennen und erörtern Sie die Veränderungen des politischen Lebens, die die Aufklärung einleitete.

II. Die Amerikanische Revolution 1763–1789

Ob die Vorgänge zwischen 1763 und 1789, die zur Trennung der 13 nordamerikanischen Kolonien vom englischen Mutterland und zur Gründung der Vereinigten Staaten von Amerika führten, die Bezeichnung „Revolution" verdienen, war lange strittig. Viele Historiker sprachen lieber von „Unabhängigkeitskrieg" und „Staatsgründung". Der Streit entstand, weil dem Geschehen in Amerika wesentliche Merkmale einer Revolution fehlten: eine Umwälzung der Gesellschaftsordnung, ein Wandel der Wertüberzeugungen, ein Wechsel der politischen Eliten. Eine grundlegende Veränderung erfuhr nur das politische System. Genügt das, um von einer Revolution reden zu können?

1607	Englische Siedler gründen Virginia, die erste dauerhafte britische Kolonie in Nordamerika.
1765	Der Stempelsteuerkongreß protestiert gegen die von der Londoner Regierung verfügte Stempelsteuer ("No taxation without representation").
1773	Bürger von Boston wehren sich gegen die britische 'Tea Act', indem sie die Teeladung eines englischen Frachtschiffes ins Wasser werfen (Boston Tea Party).
1776 4. Juli	Der Kontinentalkongreß in Philadelphia beschließt die 'Unabhängigkeitserklärung der Vereinigten Staaten von Amerika'.
1783	Im Frieden von Paris erkennt Großbritannien die Unabhängigkeit der Vereinigten Staaten an.
1787	Der Verfassungskonvent von Philadelphia beschließt die noch heute gültige Verfassung der Vereinigten Staaten von Amerika.

1. Die Kolonien am Vorabend der Revolution

Bevölkerung und Wirtschaft

In den 13 zwischen 1607 (Virginia) und 1732 (Georgia) entstandenen britischen Kolonien an der nordamerikanischen Atlantikküste lebten 1774 2,6 Millionen Menschen, darunter 460000 schwarze Sklaven. Nur 7% aller Kolonisten wohnten in Städten (über 3000 Einwohner). Die Kolonien, deren jede eine selbständige politische Einheit bildete, verteilten sich auf drei Regionen. In den vier „Neuengland"-Kolonien im Norden herrschte eine vorwiegend für den Eigenbedarf produzierende Landwirtschaft mit mittelgroßen Familienbetrieben vor. Daneben gab es, vor allem in der größten Stadt Boston, ein bedeutendes Gewerbe, in der Hauptsache Werften, Wollmanufakturen, Rumdestillerien. Die Bevölkerungsschichtung war ausgesprochen mittelständisch. In den beiden größten Kolonien, Connecticut und Massachusetts, hatte der Puritanismus erheblichen Einfluß. Die mittleren Kolonien – die größten waren New York und Pennsylvania – wiesen wirtschaftlich und sozial die meiste Vielfalt auf. In der auch hier dominierenden Landwirtschaft gab es Groß-, Mittel- und Kleinfarmer, darunter nicht wenige Pächter. Die Städte (darunter mit Philadelphia und New York die beiden größten im damaligen Amerika) beherbergten viele Handwerksbetriebe, Manufakturen, Werften, Reedereien, Handelshäuser. Die Einkommensunterschiede waren hier größer als in Neuengland, die Gesellschaft im ganzen mobiler, das kirchliche Leben vielgestaltiger und toleranter. Die südlichen Kolonien – die bedeutendste war Virginia – waren ganz auf die Plantagenwirtschaft und den Export von Baumwolle, Tabak, Reis ausgerichtet. Hier arbeiteten 90% aller Sklaven, hier traf man die krassesten Unterschiede zwischen reichen Großgrundbesitzern und armen Landlosen an, hier war der Anteil der weißen Analphabeten (mit etwa 40–50%) bei weitem

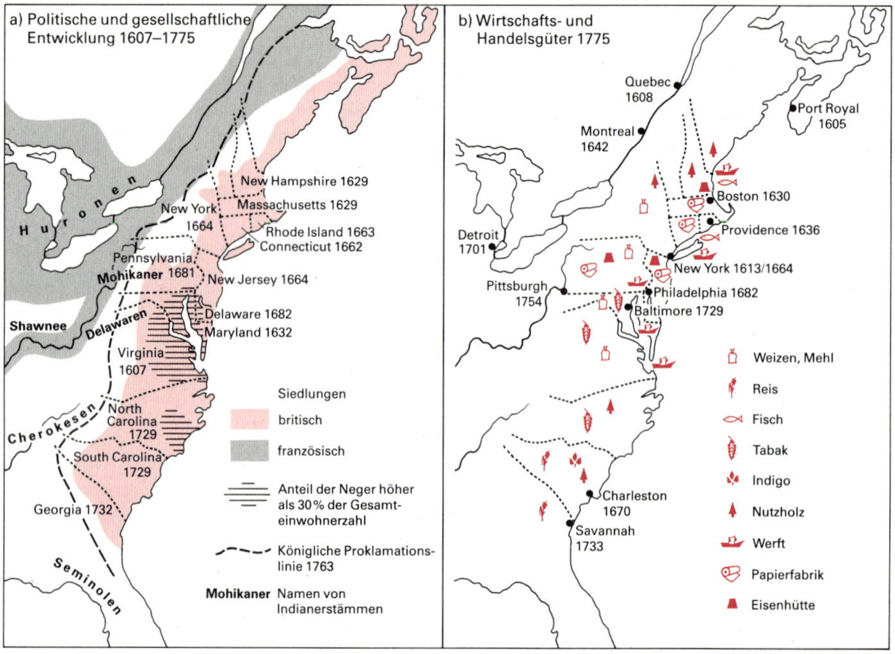

22 Die 13 englischen Kolonien. *Was läßt sich über den Ablauf der Besiedelung ausmachen? – Stellen Sie fest, in welchen Regionen die Agrar-, in welchen die Industrieerzeugnisse überwiegen.*

am höchsten. Die „Pflanzeraristokratie", eine von der übrigen Bevölkerung deutlich abgehobene Oberschicht, beherrschte das gesamte gesellschaftliche und politische Leben. Die Anglikanische Kirche war ihr dabei eine wichtige Stütze.

Gesellschaft

Abgesehen von den Sklaven, lebte in den nordamerikanischen Kolonien eine Gesellschaft ohne Mangel und materielle Not, ohne feudale Ungleichheit und Privilegierung. Der Lebensstandard war besser als in allen europäischen Ländern. Grund und Boden stand reichlich zur Verfügung; Arbeitskräfte waren knapp, entsprechend hoch die Löhne. Wirklich Arme – sie machten im Frankreich des Ancien Régime zwischen einem Drittel und der Hälfte der Bevölkerung aus – waren selten, Sozialneid und -haß, die Triebkraft vieler revolutionärer Bewegungen, wenig verbreitet. Es gab natürlich überall, nicht nur in den Südstaaten, soziale Ungleichheit: zwischen Reichen und Armen, Gebildeten und Ungebildeten, den alteingesessenen Bewohnern der Küstenregionen und den neueingewanderten Siedlern der westlichen Grenzgebiete. Aber die meisten nahmen das soziale Gefälle als selbstverständlich hin. Fast alle lebten in gesicherten wirtschaftlichen Verhältnissen, waren persönlich unabhängig und genossen die gleichen bürgerlichen und politischen Rechte wie ihre Nachbarn. Durchschnittlich zwischen 60 und 70% der freien männlichen Bevölkerung – Frauen blieben ausgeschlossen – besaßen das Wahlrecht für die kolonialen Volksvertretungen und nahmen am politischen Leben ihrer Gemeinde, in den „town meetings", teil. Die amerikanischen Kolonisten bildeten um 1770 eine „Mittelstandsgesellschaft", in der es mehr soziale Gleichheit und politische Mitwirkungsrechte als irgendwo sonst auf der Welt gab.

Politische Kultur

Alle freien Bewohner der 13 Kolonien genossen die in den Gründungsurkunden („Charters") verankerten Rechte eines freien Engländers, wie sie in der Magna Charta (1215) erstmals niedergelegt und in den Revolutionen des 17. Jahrhunderts ausgeweitet und gefestigt worden waren. Zu ihnen zählten das Verbot willkürlicher Verhaftung, der Schutz des Eigentums, die Rechtsprechung in Geschworenengerichten, vor allem aber der Anspruch, persönlich oder durch gewählte Vertreter an der Gesetzgebung, Steuer- und Ausgabenbewilligung teilzunehmen. Dank diesen im Prinzip „demokratischen Rechten" lebte in den Kolonien eine tiefeingewurzelte Tradition des

23 Das Stadthaus von Neu-Amsterdam (später New York). Nach einem zeitgenössischen Gemälde um 1679. *Beschreiben und erklären Sie den Baustil auf diesem Bild.*

„selfgovernment", der Teilnahme der Bürger an den öffentlichen Angelegenheiten, insbesondere in der Gemeinde. Die „Gemeindedemokratie" war von altersher und bis heute die Basis des politischen Denkens und Handelns. Die politischen Wahl- und Mitwirkungsrechte waren bis ins 19. Jahrhundert hinein an Grund- und Hausbesitz gebunden, ein Erfordernis, das die Mehrzahl der Bürger ohne Schwierigkeiten erfüllte. Charakteristisch für das politische Verhalten der meisten Kolonisten war sein pragmatischer, auf historischer Erfahrung gestützter Grundzug; man hielt sich, besonders in der Oberschicht, am liebsten an das Bewährte und Erprobte, an das „gute alte Recht", wie es im „Common Law" vorlag.

Politisches System

Die politische Verfassung der Kolonien entsprach im großen und ganzen der des Mutterlandes. Überall hatten Gouverneure als Statthalter der Krone die höchste politische Gewalt inne. Sie ernannten, im Einvernehmen mit der Londoner Regierung, das Verwaltungspersonal, die Richter und Milizoffiziere sowie die Mitglieder der „Councils", beratender Körperschaften mit Gesetzgebungs-, Verwaltungs- und Rechtsprechungsaufgaben, die dem Gouverneur zur Seite standen und eine Art „Oberhaus" darstellten. Die gewählten Volksvertretungen – mit unterschiedlichen Benennungen wie „assembly" oder „lower house" – hatten das Gesetzgebungs-, Steuerbewilligungs- und Budgetrecht; ihre Beschlüsse bedurften jedoch der Bestätigung des Gouverneurs und konnten überdies von der englischen Regierung aufgehoben werden. Die Volksvertretungen hatten auch über die Gehälter des öffentlichen Dienstes, einschließlich der Gouverneure, zu befinden, womit sie ein nicht unerhebliches Druckmittel besaßen.

Die englische Kolonialpolitik

Bis 1763 mischte sich die britische Regierung denkbar wenig in die inneren Angelegenheiten der amerikanischen Kolonien ein; sie verfolgte eine Politik des „salutary neglect", des wohlwollenden Gewährenlassens. Das galt weithin auch für die nach den Grundsätzen des Merkantilismus betriebene Regulierung der Wirtschaft. Die britische Regierung erließ zwar eine Reihe einengender Vorschriften – Transportmonopole für britische Schiffe, Exportauflagen für amerikanische Güter (die – wie Baumwolle, Tabak, Reis, Indigo – nur nach England verkauft werden durften), Produktionsbeschränkungen für Wolle, Eisen, Hüte –, aber die Kolonisten fanden zumeist Mittel und Wege, die für sie nachteiligen Bestimmungen zu umgehen, und die englische Zollverwaltung drückte oft beide Augen zu. Man schätzt die Einbußen, die die Kolonien durch die merkantilistische Wirtschaftspolitik des Mutterlandes hinnehmen mußten, auf nicht mehr als 1 bis 3 Prozent des Volkseinkommens. Auch die englischen Produzenten und Kaufleute kamen auf ihre Kosten: um 1770 ging ein Viertel aller britischen Ausfuhren nach Nordamerika.

24 **Staatsgründung durch das Volk.** Aus den „Fundamental Orders of Connecticut" (1639):

Sintemal es dem allmächtigen Gott nach dem weisen Ratschluß seiner göttlichen Vorsehung gefallen hat, die Dinge so zu gestalten, daß wir Bewohner und Ansässige von Windsor, Hartefort und Wethersfield nun an dem Flusse Conectecotte und in den daran grenzenden Gebieten leben und wohnen, und da wir wohl wissen, daß, wo ein Volk versammelt ist, das Wort Gottes fordert, daß, um Frieden und Eintracht in solchem Volke zu wahren, eine ordentliche und ehrbare Regierung gemäß Gottes Wort eingesetzt sei, um, je nachdem es Zeit und Gelegenheit erfordern, die Angelegenheiten des Volkes zu ordnen und zu regeln, so tun wir uns zusammen und vereinigen uns, um einen Staat (Publike State) oder ein Gemeinwesen (Commonwealth) zu bilden, und treten für uns selbst und unsere Nachfolger und für alle, die uns zu einer späteren Zeit angegliedert werden sollten, zu einem Bunde und einer Konföderation zusammen, um die Freiheit und Reinheit des Evangeliums unseres Herrn Jesus, zu dem wir uns jetzt bekennen, wie auch die Vorschriften der Kirchen, die gemäß der Wahrheit des erwähnten Evangeliums jetzt bei uns geübt werden, zu erhalten und zu bewahren, wie auch zur Leitung und Lenkung unserer bürgerlichen Angelegenheiten, entsprechend den Gesetzen, Regeln, Verordnungen und Erlassen, die gegeben, verordnet und erlassen werden sollen.

Adolf Rock: Dokumente der amerikanischen Demokratie. Wiesbaden 2. Aufl. 1953. S.53

a) Nennen Sie die Aufgaben, die dem Gemeinwesen zugeschrieben werden. An welche Traditionen knüpft der Text an?
b) Wie verhalten sich die vorliegenden Bestimmungen zur Idee der Religionsfreiheit?

25 **Das Grundrecht der Gewissensfreiheit.**
Aus dem Freibrief des Kolonieeigentümers William Penn (1644–1718) für Pennsylvania (1701):

Weil kein Volk, selbst bei dem höchsten Genuß bürgerlicher Freiheiten, wahrhaft glücklich sein kann, wenn es in seiner Gewissensfreiheit hinsichtlich des religiösen Bekenntnisses und des Gottesdienstes beschränkt wird, [...] so gewähre und erkläre ich hiermit, daß keine Person oder Personen, die in dieser Provinz oder diesen Territorien wohnt oder wohnen und einen allmächtigen Gott als Schöpfer, Erhalter und Herrscher der Welt bekennt und anerkennt oder bekennen und anerkennen und sich als verpflichtet erachtet oder erachten, friedlich unter der Zivilregierung zu leben, in irgendeinem Falle in ihrer Person oder ihrem Eigentum wegen ihrer durch ihr Gewissen vorgeschriebenen Überzeugung oder ihres Brauchtums belästigt oder benachteiligt werden soll oder sollen, noch gezwungen wird oder werden, irgendeinen Kult, einen religiösen Ort oder eine gottesdienstliche Handlung, die ihrem Sinne zuwider sind, zu besuchen oder ihnen anzuhangen, oder irgendeine Handlung oder Sache, die ihrer religiösen Überzeugung zuwiderläuft, zu begehen oder zu dulden, und daß alle Personen, die sich im Glauben an Jesus, den Heiland der Welt, bekennen, berechtigt sein sollen (ungeachtet ihrer sonstigen Überzeugungen und Handlungen betreffs des Gewissens und der Religion), dieser Regierung in jeder Eigenschaft, legislativ wie exekutiv, zu dienen, falls sie, sobald sie rechtmäßig darum ersucht werden, dem König als Souverän Untertanenpflicht und dem Eigentümer der Kolonie sowie dem Gouverneur Treue geloben.

A. Rock: Dokumente der amerikanischen Demokratie. S. 75

a) Welcher Personenkreis soll in den Genuß des Toleranzversprechens, welcher in den der politischen Mitwirkungsrechte kommen?
b) Äußern Sie sich zu der historischen Bedeutung dieser im Jahre 1701 gewährten Garantie der Gewissensfreiheit.

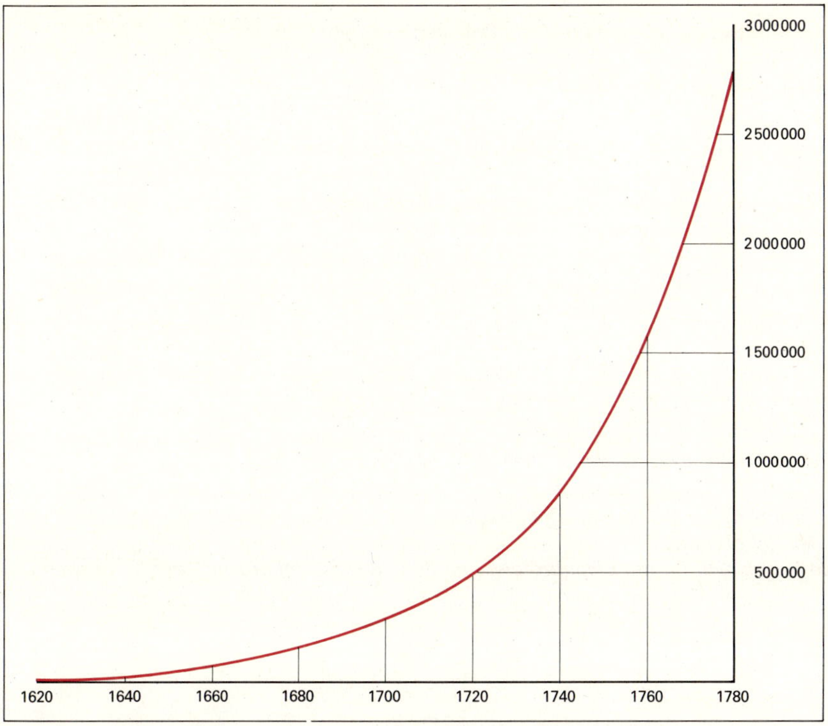

26 Geschätztes Bevölkerungswachstum 1620–1780.
Erläutern Sie die Wachstumskurve und versuchen Sie eine Erklärung.

27 Die Verheißung der Freiheit.

Aus einem Reisebericht des schwedischen Naturforschers Pehr Kalm (1753–1761):

Die Menschen vermehren sich hier schneller als in Europa. Und es scheint auch nicht schwierig, dafür Gründe zu finden. Sobald man alt genug ist, kann man ohne Furcht vor Armut heiraten. Es gibt so viel gutes Land, das noch unbestellt ist, daß ein jungverheirateter Mann ohne Schwierigkeiten ein Stück Grund und Boden erwerben kann, auf dem er mit Frau und Kindern ein zufriedenstellendes Auskommen hat. Die Steuern sind so niedrig, daß er sich darum keine Sorgen machen muß. Die Freiheiten, die er genießt, sind so groß, daß er sich wie ein Fürst auf seinen Besitzungen fühlen kann. Jeder, der Gott als den Schöpfer, Erhalter und Herrscher aller Dinge anerkennt und nichts gegen den Staat oder gegen den allgemeinen Frieden lehrt oder unternimmt, kann sich hier frei niederlassen, kann bleiben und seinem Gewerbe nachgehen, auch wenn seine religiösen Grundsätze noch so merkwürdig sind. Niemand wird hier wegen irriger Lehren, denen er anhängt, belästigt, wenn er die oben genannten Grenzen nicht überschreitet. Und er wird durch die Gesetze so in seiner Person und seinem Eigentum geschützt und genießt solche Freiheiten, daß man von einem Bürger hier geradezu sagen kann, er lebe in seinem Haus wie ein König. Es würde schwerfallen, jemanden zu finden, der nach größerer Freiheit verlangen oder in größerer Freiheit leben kann. Wenn man das eben Gesagte sorgfältig prüft, fällt es leicht, einzusehen, warum eine Stadt wie Philadelphia so plötzlich aus dem Nichts zu Größe und Vollkommenheit aufsteigen konnte, ohne daß ein mächtiger Monarch daran mitwirkte, indem er die Bösen bestrafte oder große Summen Geldes dazu beisteuerte.

Willi Paul Adams und Angela Meurer Adams (Hrsg.): Die Amerikanische Revolution in Augenzeugenberichten. dtv. 1054. München 1976. S. 19 f.

a) Welche im damaligen Europa üblichen Formen der Unfreiheit hat der Berichterstatter in Amerika nicht angetroffen?
b) Worin sieht er den Zusammenhang zwischen Freiheit und Wohlstand?

28 Amerikanischer Partikularismus. Aus dem gleichen Reisebericht Pehr Kalms:

Jede englische Kolonie ist unabhängig von den anderen; jede hat ihre eigenen Gesetze und ihre eigene Währung und kann in verschiedener Hinsicht als ein Staat für sich angesehen werden. Daraus folgt, daß in Kriegszeiten alles sehr langsam und ungeordnet vor sich geht. Die Meinung einer Provinz ist nicht nur häufig der Meinung einer anderen direkt entgegengesetzt, nein, häufig sind sogar die Ansichten des Gouverneurs und des Abgeordnetenhauses der gleichen Provinz sehr verschieden. Es kann leicht vorkommen, daß das Volk sich um die beste und billigste Art der Kriegführung streitet, während es in der Macht eines Feindes steht, einen Ort nach dem andern einzunehmen. Gewöhnlich war es so, daß, während einige Provinzen unter ihren Feinden (z. B. bei Indianerüberfällen) litten, die benachbarten Provinzen ruhig und untätig blieben, als ob sie das nichts anginge. Oft haben sie zwei oder drei Jahre gebraucht, um zu überlegen, ob sie der bedrängten Schwesterkolonie zu Hilfe kommen sollten, und manchmal haben sie sich ausdrücklich dagegen ausgesprochen. Es gibt viele Beispiele für Provinzen, die nicht nur neutral in einer solchen Lage blieben, sondern sogar mit der Macht, die genau zur gleichen Zeit andere Provinzen angriff und verwüstete, umfangreichen Handel trieben.

Adams (Hrsg.): Die Amerikanische Revolution in Augenzeugenberichten. S. 28f.

a) Erklären Sie, warum der Verfasser an den Gegensätzen zwischen Gouverneur und Abgeordnetenhaus Anstoß nimmt.
b) Welche Gründe lassen sich für die Eigenbrötelei und den „Kirchturmhorizont" der Kolonisten angeben?

29 Beschwerden gegen Ungleichheit.
Aus einem Protestschreiben der Grenzbewohner Pennsylvanias (1764):

Wir halten daran fest, daß wir als freie Männer und englische Untertanen einen unbestreitbaren Anspruch auf dieselben Privilegien und Immunitäten haben wie Seiner Majestät andere Untertanen, die im Innern der Grafschaft von Philadelphia, Chester und Bucks wohnen, und deshalb sollten wir nicht zu dem gleichen Anteil, wie diese ihn besitzen, von dem sehr wichtigen Privileg der Gesetzgebung ausgeschlossen sein; nichtsdestoweniger aber und im Gegensatz zur Urkunde des Eigentümers (William Penn) und zu den anerkannten Prinzipien der allgemeinen Gerechtigkeit und Billigkeit ist es unseren fünf Grafschaften unmöglich gemacht, mehr als zehn Vertreter zu wählen: vier für Lancaster, zwei für York, zwei für Cumberland, einen für Berks und einen für Northampton, während die drei Grafschaften und die Stadt Philadelphia, Chester und Bucks 26 wählen. In aller Ergebenheit bezeichnen wir das als zurücksetzend, ungleich und ungerecht, als den Grund vieler unserer Bedrängnisse und Verletzung unserer natürlichen Anrechte auf Freiheit und auf Gleichheit. Darum bitten wir höflich, daß wir nicht länger mehr der gleichen Zahl von Vertretern in der Versammlung, wie die drei vorgenannten Grafschaften sie haben, beraubt werden.

Wolfgang Lautemann/Manfred Schlenke (Hrsg.): Amerikanische und Französische Revolution. Geschichte in Quellen (Bd. 4). München 1981. S. 65f.

a) Auf welche Rechtsprinzipien berufen sich die Beschwerdeführer?
b) Wie erklärt sich die Ungleichbehandlung von Küsten- und Grenzgebieten?

Tafel 1 Ein Abend im Salon der Madame Geoffrin (1699–1777) in Paris (▷ M 47). Anlaß ist die Rezitation einer Tragödie durch einen Schauspieler. Unter den Gästen, die sich um die Büste Voltaires versammelt haben, Rousseau, Turgot, Diderot, Quesnay, Buffon, d'Alembert. Gemälde von Anicet-Charles-Gabriel Lemonnier (1743–1824).
Beschreiben Sie die „Kultur des Salons" und deren soziale Bedingungen. – Charakterisieren Sie die Rolle, welche die Frauen im Salon gespielt haben.

Tafel 2 Der von Thomas Jefferson geleitete Redaktionsausschuß übergibt dem Plenum des Kontinentalkongresses in Philadelphia den Entwurf der Unabhängigkeitserklärung. Gemälde von John Trumbull (1756–1843).
Charakterisieren Sie das Erscheinungsbild des Kontinentalkongresses, wie es der Historienmaler darstellt.

Tafel 2

2. Revolution und Unabhängigkeit

Der 1763 nach vielen Anstrengungen und Opfern siegreich beendete Krieg mit Frankreich, der mit der britischen Inbesitznahme Kanadas die seit Generationen anhaltende französische Bedrohung beseitigte, hatte in den Kolonien die Hoffnung auf eine großzügige Erweiterung ihrer politischen Rechte und wirtschaftlichen Entfaltungsmöglichkeiten erweckt. Stattdessen war die von Schulden geplagte englische Regierung entschlossen, die wirtschaftlich blühenden Kolonien stärker als bislang zu den Kosten und Lasten des Empire heranzuziehen und die Prärogativrechte der Krone konsequent in Anspruch zu nehmen.

Erste Eingriffe

Unruhe kam auf, als eine königliche Proklamation 1763 den Kamm der Appalachen als westliche Siedlungsgrenze festlegte und die von vielen Kolonien betriebene weitere Ausdehnung nach Westen untersagte. Empört waren nicht nur die kapitalkräftigen Bodenspekulanten, denen gute Geschäfte zu entgehen drohten, sondern auch die Kolonialparlamente, die mit beträchtlichen Einnahmen aus Landverkäufen geliebäugelt hatten, und vor allem die landsuchenden Farmer, denen die Bodenpreise im Osten zu hoch waren. 1764 folgte die „Sugar Act", eine vom Londoner Parlament beschlossene Besteuerung der amerikanischen Rohzucker-(Melasse-)Einfuhren. Die Zölle sollten zwar auf die Hälfte des seit 1733 gültigen Satzes ermäßigt, aber, im Unterschied zu den bisherigen Gepflogenheiten, mit aller Strenge eingezogen werden. Besonders aufgebracht waren die Kolonisten darüber, daß Verstöße gegen das Gesetz vor einem zentralen Vize-Admiralitätsgericht, nicht mehr vor den örtlichen Geschworenengerichten zu verhandeln waren. Der Ärger wuchs, als ein Währungsgesetz vom selben Jahr den Kolonien die Ausgabe von Papiergeld und Schuldverschreibungen untersagte und damit die ohnehin schon lästige Geld- und Kreditknappheit verschärfte.

"No taxation without representation"

Das Maß war voll, als 1765 zwei weitere Gesetze in Kraft traten, die, nach der Meinung vieler Kolonialbewohner, die verbürgten politischen Freiheiten und Rechte verletzten: das Einquartierungsgesetz, das die Kolonien verpflichtete, englisches Militär unterzubringen und zu versorgen; und das Stempelsteuergesetz (Stamp Act), das Druckerzeugnisse mit einer Steuer belegte, deren Erträge die Stationierungskosten für die Soldaten decken sollten. Der Zorn war groß, weil das englische Parlament den Kolonien eine Sonderlast aufgebürdet hatte, ohne sie an der Beschlußfassung zu beteiligen, und weil die Steuer dem Unterhalt eines stehenden Heeres diente, dessen Aufstellung in Friedenszeiten dem Herkommen widersprach und nur mit Zustimmung der Volksvertretung erfolgen durfte.

Im Oktober 1765 trafen sich in New York 27 Delegierte aus neun Kolonien, um gegen die verhaßten Gesetze vorzugehen. Dieser „Stamp Act Congress" war die erste gemeinsame politische Aktion einer Mehrheit der Kolonien. Er berief sich auf den Grundsatz „No taxation without representation", erklärte die Gesetze für rechtswidrig und verlangte ihren Widerruf. Während der Kongreß tagte, kam es an vielen Orten zu Gewalttätigkeiten gegen Steuereinnehmer und andere Repräsentanten der britischen Krone. Dabei taten sich die „Sons of Liberty" hervor, eine unter dem Eindruck des Steuerstreites entstandene Geheimorganisation. Ihre Straßenaktionen hatten durchschlagenden Erfolg: Bevor die „Stamp Act" in Kraft trat, hatten alle Steueragenten ihr Amt niedergelegt. Gute und schnelle Wirkung zeitigte auch der Käuferstreik gegen englische Waren, zu dem vielerorts die Honoratioren aufriefen. Auf Eingabe der Londoner Kaufmannschaft, die erhebliche Verkaufseinbußen beklagte, hob das Parlament die Stempelsteuer auf und ermäßigte den Zuckerzoll nochmals. In einer, in der allgemeinen Genugtuung in Amerika wenig beachteten offiziellen Erklärung, der „Declaratory Act", stellte es jedoch fest, daß es selbstverständlich und grundsätzlich das Recht habe, Gesetze auch für die amerikanischen Kolonien zu erlassen, und zwar in jeder Hinsicht („in all cases whatsoever").

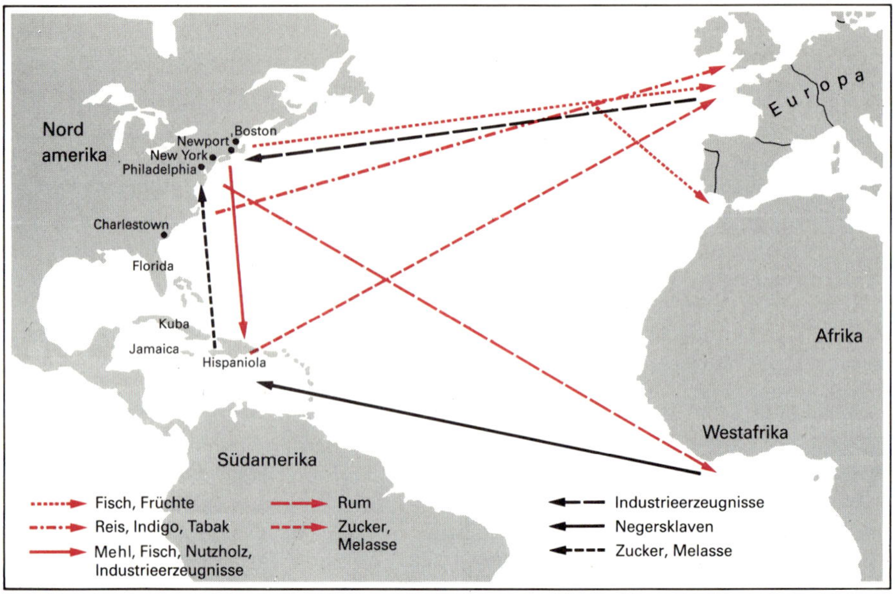

30 Überseehandel der 13 amerikanischen Kolonien. *Erklären Sie die Handelsströme und ihre wirtschaftlichen Hintergründe.*

Streit und Verstimmung

Der nächste Vorstoß folgte 1767. Die vom Schatzminister Townshend verfügten Zölle auf Glas, Blei, Farben, Papier, Tee („Townshend Acts") trugen dem Argument der gemäßigten Kolonisten Rechnung, nur eine „externe", der Handelsregulierung dienende Besteuerung, nicht eine „interne" sei statthaft. Dennoch flammte der Widerstand in Amerika augenblicklich wieder auf. Die bewährten Mittel des Boykotts englischer Waren und der teils spontanen, teils „von oben" gelenkten Gewalttätigkeiten des „Mobs" nötigten die englische Regierung, erneut einen Rückzieher zu machen. Der Politik Londons fehlte in jenen Jahren jede Klarheit und Stetigkeit. Die einander schnell ablösenden Kabinette entwickelten wenig Gespür für die Beweggründe und Sorgen der Kolonisten und verspielten leichtfertig die immer noch beträchtliche Loyalität der Amerikaner. Auf der anderen Seite war auch jener Teil der amerikanischen Führungsschicht, der den Protest artikulierte und den Widerstand organisierte, nicht gewillt, in den Grundsatzfragen auch nur einen Schritt zurückzuweichen. Beide Seiten hatten sich so festgelegt, daß es kaum noch eine Verständigung zu geben schien. Auch in den etwas ruhigeren Jahren nach 1770 verstärkten die politisch aktiven Kreise in den Kolonien ihre Zusammenarbeit. Es entstand ein Netz von „Korrespondenzkomitees", das den überörtlichen Austausch von politischen Informationen und Stellungnahmen erleichterte. Die Zahl der Zeitungen verdoppelte sich zwischen 1760 und 1775 von 17 auf 37. Langsam entstand ein Bewußtsein gemeinsamer Betroffenheit über die Koloniengrenzen hinweg, auch wenn der Geist lokaler und provinzieller Selbstbezogenheit weiterhin sehr lebendig blieb.

Boston Tea Party

Die entscheidende Eskalation des englisch-amerikanischen Konflikts begann am 16. Dezember 1773. An diesem Tage bemächtigten sich Bostoner Bürger eines im Hafen liegenden englischen Frachtschiffes und warfen dessen Teeladung ins Wasser. Auf drastische Weise widersetzten sie sich damit der kurz zuvor erlassenen „Tea Act", die der in finanzielle Schwierigkeiten geratenen Ostindischen Gesellschaft das Recht einräumte, Tee zollfrei in Amerika zu verkaufen. Obwohl damit für die amerikanischen Konsumenten eine Herabsetzung des Teepreises verbunden war, gelang es den radikalen Wortführern in Boston (der bekannteste war Samuel Adams, 1722–1803) mit einem Appell an den Patriotismus, ihre Mitbürger zu aktivem Widerstand zu bewegen. Die englische Regierung antwortete mit strengen Strafmaßnahmen. Sie schloß den Hafen von Boston und setzte wichtige Bestimmungen der Charter von Massachusetts

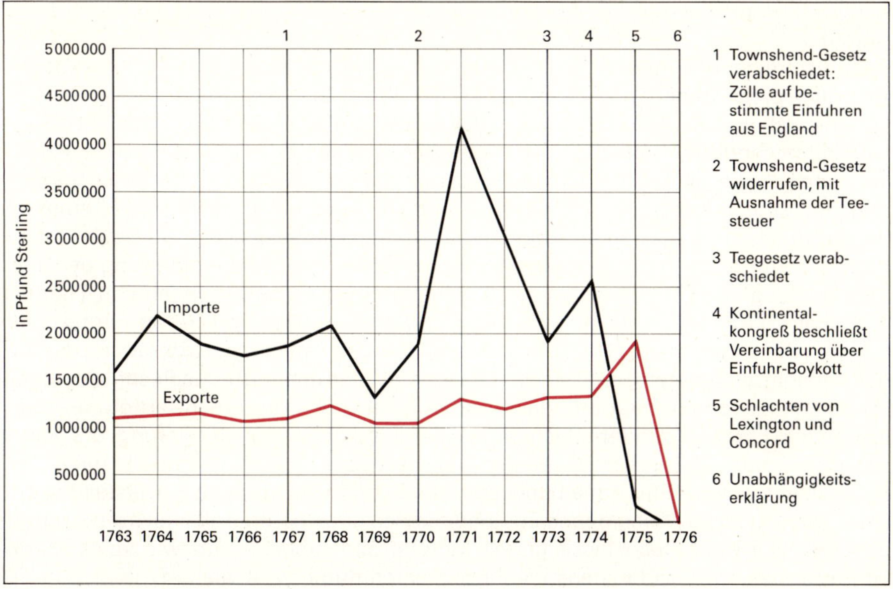

31 Amerikanisch-britischer Handel 1763–1776.
Erläutern Sie die Entwicklung des Handelsvolumens aus amerikanischer Sicht.

außer Kraft. Die unabhängig davon, aber gleichzeitig erlassene „Quebec Act" verschärfte die Situation: sie gliederte das Gebiet nördlich des Ohio, auf das einige Kolonien Anspruch erhoben, in die neue Provinz Quebec ein, gab dieser eine Verfassung, in der wesentliche politische Selbstbestimmungsrechte fehlten, und gewährte den Katholiken die volle staatsbürgerliche Gleichheit. In den Augen der amerikanischen Kolonisten wiesen alle diese Maßnahmen in die gleiche verhängnisvolle Richtung des „Despotismus" und mußten darum mit aller Macht bekämpft werden.

Schritte zur Unabhängigkeit

Die drohende Gefahr führte 1774 den Ersten „Kontinentalkongreß" zusammen, an dem 56 Delegierte aus 12 Kolonien (nur Georgia fehlte) teilnahmen. Der Kongreß erklärte die englischen Maßnahmen für verfassungswidrig, forderte die Bevölkerung von Massachusetts zur Bildung einer eigenen Regierung auf, empfahl die allgemeine Volksbewaffnung und wirtschaftliche Sanktionen gegen England.

Schon vorher hatten in mehreren Kolonien politische Aktivisten damit begonnen, einen eigenen quasi-staatlichen Apparat aufzubauen und damit die englische Verwaltung lahmzulegen. Ohne Ermächtigung durch die Gouverneure traten Provinzialkongresse zusammen und wählten „Sicherheitsausschüsse", die Regierungsfunktionen ausübten. Es entstand ein politischer und rechtlicher Schwebezustand zwischen alter englischer Kolonialhoheit und neuer amerikanischer Eigenstaatlichkeit. Er hörte auch dann noch nicht auf, als es am 19. April 1775 bei Lexington und Concord (nahe Boston) zu einem ersten blutigen Gefecht zwischen britischen Truppen und amerikanischer Miliz kam.

Der am 10. Mai 1775 in Philadelphia zusammengetretene Zweite Kontinentalkongreß rief den Verteidigungszustand aus und beschloß die Aufstellung einer „Kontinentalarmee"; zu derem Oberbefehlshaber berief er George Washington (1732–1779), einen Großgrundbesitzer aus Virginia. Der englische Oberkommandierende verhängte das Kriegsrecht, erklärte alle bewaffneten Amerikaner zu Rebellen und versprach den Umkehrwilligen Amnestie.

Obwohl die Kriegshandlungen unvermindert weitergingen, nahm der Kongreß eine Resolution an, die den britischen König der Treue seiner amerikanischen Untertanen versicherte und eine Versöhnung anbot, wenn die Feindseligkeiten eingestellt würden. In einer weiteren Erklärung wiesen die Delegierten jegliche Unabhängigkeitsbestrebungen von sich, beschworen aber ihre Entschlossenheit, lieber zu sterben als sich versklaven zu lassen. London antwortete mit der Verhängung der Blockade gegen Amerika.

Die Unabhängigkeit

Der entscheidende Sinneswandel vollzog sich in den Kolonien erst 1776. Keine geringe Rolle spielte dabei Thomas Paines (1737–1809) Streitschrift „Common Sense", von der alsbald 100 000 Exemplare verkauft waren. Paine, ein erst kürzlich aus England eingewanderter Publizist, erklärte es zu einem Gebot des „gesunden Menschenverstandes", die „unnatürliche" und längst unhaltbar gewordene staatliche Verbindung mit England, dem es nur um Ausbeutung gehe, aufzulösen. Im Mai 1776 empfahl der Kontinentalkongreß allen Kolonien, sich neue Verfassungen und Regierungen gemäß dem Prinzip der Volkssouveränität zu geben. Bei Stimmenthaltung der New Yorker Delegierten nahm er am 4. Juli einstimmig die hauptsächlich von Thomas Jefferson (1743–1826), einem vielseitig gebildeten Juristen und Großgrundbesitzer aus Virginia, entworfene „Unabhängigkeitserklärung" an. Diese Gründungsurkunde der Vereinigten Staaten berief sich auf das „natürliche und göttliche Recht" des Menschen auf „Leben, Freiheit und das Streben nach Glück" und rechtfertigte die Loslösung von England mit dem Recht auf Widerstand gegen eine Regierung, die durch unaufhörliche Rechtsverletzungen den Gehorsam der Regierung verwirkt habe. Der neue Staat war vorläufig nur ein lockerer Bund von 13 souveränen Einzelstaaten, die einen gemeinsamen Krieg gegen England führten und im Kongreß eine Körperschaft besaßen, die zwar Beschlüsse fassen konnte, aber über so gut wie keine Mittel verfügte, sie gegen widerspenstige Einzelstaaten durchzusetzen.

Der Unabhängigkeitskrieg

Das Fehlen einer hinreichend starken Zentralgewalt erwies sich während des Krieges als eine schwere Belastung. Eine Reihe von Einzelstaaten kam ihren Verpflichtungen höchst unvollkommen nach, und die unzulängliche Versorgung der Armee mit Soldaten, Waffen und Geld beschwor gefährliche Krisen herauf. Sie wurden schließlich überstanden, weil die Engländer den Krieg nicht mit voller Kraft führten und weil die Gegner Großbritanniens, vor allem Frankreich, daneben auch Spanien und die Niederlande, militärische oder wirtschaftliche Hilfe leisteten. Als London 1781 begriff, daß der Krieg nicht mehr zu gewinnen war, war der Weg zu Verhandlungen frei. Sie mündeten in den Frieden von Paris (1783) der den Vereinigten Staaten die Unabhängigkeit und überdies das Land bis zum Mississippi, also eine Verdopplung des Staatsgebietes, bescherte.

32 Versöhnung zwischen Britannia und ihrer Tochter Amerika. Britische Karikatur, 1782.
Versuchen Sie, die Anspielungen der Karikatur zu deuten.

Neue Verfassungen der Einzelstaaten

Bis 1780 gaben sich 11 Staaten neue Verfassungen, nur Connecticut und Rhode Island beließen es bei einer Überarbeitung ihrer „Charters". In den Verfassungsberatungen standen sich fast überall ein konservativ-liberales und ein demokratisch-radikales Lager gegenüber. In den meisten Staaten setzten sich die Gemäßigten, nur in Pennsylvania die Radikalen durch. Die gemäßigten Liberalen traten für die Repräsentativverfassung ein, für eine starke Exekutive, eine unabhängige Gerichtsbarkeit, lange Wahlperioden, ein Zwei-Kammer-System mit einer Vertretung für die Besitzenden, die Erschwerung von Verfassungsänderungen. Ihre Anhängerschaft fanden sie in den besitzenden Kreisen. Demgegenüber verlangten die Demokraten, die sich vornehmlich auf die städtischen Mittel- und Unterschichten und die kleineren Farmer, vor allem in den Westgebieten, stützten, die Kontrolle aller politischen Einrichtungen „von unten", starke Volksvertretungen und schwache Regierungen, die Abrufbarkeit der Richter, die Einrichtung aller öffentlichen Ämter als Wahlämter, kurze Wahlperioden, eine Rechenschaftspflicht der Regierenden, gelegentlich auch das imperative Mandat, das Ein-Kammer-System, regelmäßige Verfassungsrevisionen.
Trotz dieses Richtungsstreites gab es viele Gemeinsamkeiten. Beide Seiten bejahten die Volkssouveränität, die Freiheit des Einzelnen, den Schutz des Privateigentums, die Gewaltenteilung. Alle Staatsverfassungen enthielten Grundrechtskataloge, die, nach dem Muster der Virginia Bill of Rights von 1776, Rechtsstaatlichkeit und Liberalität, Gleichheit vor dem Gesetz und Freiheit der persönlichen, wirtschaftlichen, sozialen, politischen Betätigung gewährleisteten. Alle Staaten knüpften das Wahlrecht an Besitzqualifikationen. Mit Ausnahme einiger nördlicher Staaten galt überall die Trennung von Staat und Kirche. Alle Verfassungen entsprachen der Idee des „limited government", der Selbstbeschränkung staatlicher Machtausübung.

33 **Das Recht aller Engländer.** Aus den Beschlüssen des Stempelsteuerkongresses (1765):

Wir, die Mitglieder dieses Kongresses, halten es für unsere unabdingbare Pflicht, nachdem wir so reiflich, wie es die Zeit erlaubte, den Zustand der besagten Kolonien erörtert haben, die folgenden Erklärungen abzugeben, mit denen wir unsere bescheidenen Absichten kundtun über die wichtigsten Rechte und Freiheiten der Kolonisten sowie über die Mißstände, unter denen diese auf Grund mehrerer Parlamentsbeschlüsse des Mutterlandes zu leiden haben:

I. Daß die Untertanen Seiner Majestät in diesen Kolonien der Krone Großbritanniens dieselbe Ergebenheit schulden wie alle im Reich geborenen Untertanen und daß sie sich auch dem ehrwürdigen Parlament von Großbritannien pflichtmäßig unterordnen.

II. Daß die pflichtschuldigen Untertanen Seiner Majestät in diesen Kolonien zu allen angeborenen Rechten und Freiheiten, die die geborenen Untertanen des Britischen Königreiches genießen, berechtigt sind.

III. Daß es ein unabdingbarer Bestandteil der Freiheit eines Volkes und das unbestreitbare Recht aller Engländer ist, daß von ihnen keine Steuern ohne ihre eigene Zustimmung oder die ihrer Vertreter erhoben werden.

IV. Daß die Bewohner dieser Kolonien wegen der räumlichen Entfernung nicht im Unterhaus von Großbritannien vertreten sein können.

V. Daß Vertreter der Bevölkerung dieser Kolonien nur Personen sein können, die hier von ihr selbst gewählt worden sind, und daß ihr Steuern nur auferlegt worden sind oder verfassungsmäßig auferlegt werden können von den eigenen Kolonialversammlungen.

VI. Daß alle Geldbewilligungen für die Krone freiwillige Geschenke des Volkes sind und es unvernünftig und unvereinbar mit den Grundsätzen und dem Geist der britischen Verfassung ist, daß die Bewohner Großbritanniens Seiner Majestät das Eigentum der Kolonisten bewilligen.

VII. Daß Verhandlungen vor den Geschworenengerichten zu den ererbten und unschätzbaren Rechten eines jeden Untertanen dieser Kolonien gehören.

Günter Moltmann (Hrsg.): Die Vereinigten Staaten von Amerika von der Kolonialzeit bis 1917. Paderborn 1980. S. 11f.

a) Erörtern Sie die Rechtsgründe, auf die die Kolonisten ihre Petition stützen.
b) Worin bestand die historische Bedeutung des Stempelsteuerkongresses?

34 Volkssouveränität oder Parlamentssouveränität?

Aus der „Declaratory Act" des britischen Parlaments (1766):

Da verschiedene Repräsentantenhäuser in Seiner Majestät Kolonien und Pflanzungen vor kurzem für sich selbst oder für die dortigen allgemeinen Versammlungen das alleinige und ausschließliche Recht in Anspruch nahmen, den Untertanen Seiner Majestät in den genannten Kolonien und Pflanzungen Steuern und Abgaben aufzuerlegen; und da sie im Verfolg dieses Anspruchs gewisse Abstimmungen und Beschlüsse vornahmen und Verordnungen erließen, die der gesetzgebenden Gewalt des Parlaments abträglich und mit der Abhängigkeit der genannten Kolonien und Pflanzungen von der Krone Großbritannien unvereinbar sind, so wird erklärt: Die genannten Kolonien und Pflanzungen in Amerika waren und sind rechtmäßig und notwendig der Reichskrone und dem Parlament von Großbritannien untergeordnet und von ihnen abhängig; und des Königs Majestät, durch und mit Rat und Zustimmung der geistlichen und weltlichen Lords und der Gemeinen von Großbritannien im versammelten Parlament, besaß und besitzt rechtmäßig und notwendig volle Gewalt und Vollmacht, Gesetze und Statuten zu erlassen, kraft deren die Kolonien und das Volk von Amerika, Untertanen der Krone Großbritannien, in allen erdenklichen Fällen verpflichtet werden. [...] Und alle Beschlüsse, Abstimmungen, Anordnungen und Verfahren in irgendeiner der genannten Kolonien und Pflanzungen, wodurch die Macht und Vollmacht des Parlaments von Großbritannien, Gesetze und Statuten wie oben gesagt zu erlassen, geleugnet oder bezweifelt wird, sind vollständig nichtig und kraftlos bezüglich aller und jeder Absichten und Zwecke, und sie werden hiermit dazu erklärt.

Geschichte in Quellen (Bd. 4). S. 75f.

a) Woher leitet das britische Parlament seine Machtansprüche ab?
b) Erörtern Sie die unterschiedlichen Standpunkte der Kolonisten und des Parlaments.

35 Bestrafung der Feinde Amerikas.

Aus dem Beschluß des Provinzialkongresses von Maryland gegen den Kaufmann James Christie aus Baltimore (1775):

James Christie hat Grundsätze vertreten und eine Geisteshaltung an den Tag gelegt, die den Rechten und Freiheiten Amerikas ganz und gar schädlich sind. Mit seinem kaum verhohlenen Hinweis, in dieser Provinz sei Militär nötig, hat besagter James Christie unversöhnliche Feindschaft gegenüber der Freiheit dieser Provinz im besonderen und der Freiheit Britisch-Amerikas im allgemeinen zu erkennen gegeben.

Daher sei beschlossen: Besagter James Christie ist als Feind Amerikas zu betrachten und niemand soll mit ihm von nun ab Geschäftsbeziehungen unterhalten; ausgenommen sind notwendige Versorgungsgüter und der Verkauf und Kauf von Teilen seines Grundbesitzes und persönlichen Eigentums.

Weiter sei beschlossen: Besagter James Christie ist aus dieser Provinz für immer ausgewiesen und verbannt. Er soll die Provinz vor dem ersten Tag des folgenden Monats September verlassen.

Weiter sei beschlossen: Besagter James Christie soll diesem Konvent oder seinen Beauftragten die Summe von 500 Pfund Sterling übergeben. Sie soll dafür verwandt werden, seinen Anteil an den Unkosten zu decken, die während des derzeitigen Konflikts mit Großbritannien für die Verteidigung Amerikas entstehen. Falls ein Rest übrigbleibt, wenn es zu einer glücklichen Versöhnung gekommen ist, soll besagter James Christie ihn zurückerhalten.

Adams (Hrsg.): Die Amerikanische Revolution in Augenzeugenberichten. S. 217f.

a) Nehmen Sie zu der Strafwürdigkeit des dem Kaufmann vorgeworfenen Verhaltens Stellung.
b) Auf welchen Rechtsgrundlagen beruht das Urteil der Volksvertretung?

36 Unabhängigkeit als das wahre Interesse Amerikas.
Aus Thomas Paines Flugschrift „Common Sense" (1776):

Ich fordere den hitzigsten Vertreter der Aussöhnung auf, nur einen einzigen Vorteil zu zeigen, der diesem Kontinent aus der Verbindung mit England erwächst. Ich wiederhole die Herausforderung: nicht ein einziger Vorteil kann daraus hergeleitet werden. Unser Getreide wird auf jedem europäischen Markt seinen Preis bringen, und für importierte Waren müssen wir bezahlen, wo immer wir sie kaufen.

Die Nachteile und der Schaden aber, die wir durch eine Verbindung erleiden, sind unzählbar; und unsere Pflicht sowohl gegenüber der Menschheit insgesamt wie gegen uns selbst lehren uns, die Verbindung aufzugeben. Denn jede Unterwerfung unter oder Abhängigkeit von Großbritannien wird geradewegs darauf abzielen, diesen Kontinent in europäische Kriege und Zänkereien zu verwickeln, uns in Gegensatz zu Nationen zu setzen, die sonst unsere Freundschaft suchen würden. [...] Da Europa unser Handelsmarkt ist, sollten wir keine partiellen politischen Verbindungen mit dem einen oder anderen Teil eingehen. [...]

Alles, was richtig oder vernünftig ist, spricht für eine Trennung. Das Blut der Erschlagenen, die jammernde Stimme der Natur rufen überlaut: Es ist Zeit, voneinander zu scheiden. Selbst die Entfernung, die der Allmächtige zwischen England und Amerika gelegt hat, ist ein starker und natürlicher Beweis, daß die Oberherrschaft des einen über den anderen nie die Absicht des Himmels war. [...] Es hat etwas Absurdes an sich, anzunehmen, ein Kontinent solle ständig durch eine Insel regiert werden. In keinem Fall hat die Natur Satelliten größer als ihre Hauptplaneten gemacht. Da England und Amerika in dieser Beziehung die gewöhnliche Ordnung der Natur umkehren, ist es offensichtlich, daß sie zu verschiedenen Systemen gehören: England zu Europa, Amerika zu sich selbst.

Adams (Hrsg.): Die Amerikanische Revolution in Augenzeugenberichten. S. 230 f.

a) Prüfen Sie die Gründe, mit denen Paine eine Trennung von England befürwortet.
b) Was war, im Vergleich mit den vorangegangenen Diskussionen, das Neuartige an seiner Argumentation?

37 Selbstregierung durch das Volk. Aus einer anonymen Flugschrift (1776):

Gott gab der Menschheit ihre natürliche Freiheit, machte jeden Menschen seinem Nachbarn gleich und befähigte sie, sich selbst durch eigene Gesetze zu regieren. Die Regierungsform, die er bei seinem Volk, den Juden, einführte, beweist dies überdeutlich, und sie hätten in diesem Zustand der Freiheit weiterleben können, hätten sie nicht nach einem König verlangt. Das Volk kennt seine Wünsche und Bedürfnisse selbst am besten und ist daher am meisten geeignet, sich zu regieren. [...]

Wären die Menschen in den verschiedenen Grafschaften zahlreich und wohlhabend genug und wären ihre Kenntnisse so gut, wie es in vielen Teilen des Kontinents der Fall ist, dann wäre jeder „Freeman" in der Lage, an der Gesetzgebung und damit der Selbstregierung teilzunehmen und die Personen mitzubestimmen, die die Gesetze ausführen. Aber die Bevölkerung in unseren Staaten ist sehr ungleichmäßig und weiträumig verteilt, was uns nötigt, uns von einer repräsentativen Körperschaft regieren zu lassen. Die Freemen geben dabei gerade so viele ihrer natürlichen Rechte auf, wie sie für unbedingt notwendig halten, weil ihre eigene Mitwirkung mit zu vielen Nachteilen verbunden wäre. Nun stellt sich die Frage, wieweit sie ihre Macht in andere Hände legen können, ohne ihre eigene Sicherheit zu gefährden. Darauf antworte ich: wo Repräsentanten die gesetzgebende Gewalt ausüben, sollte sich ihre Macht allein auf diese Gesetzgebung erstrecken.

(Es folgte der Vorschlag, die gesamte Exekutive bis hinauf zum Gouverneur sowie alle Richter und Sheriffs direkt durch das Volk wählen zu lassen; auch sollte jeder Freeman das Recht haben, die Mitglieder der Exekutive bei der Volksvertretung zu verklagen, die dann, bei Vorliegen entsprechender Gründe, die Befugnis der Entlassung haben sollte.)

Jack P. Greene (ed.): Colonies to Nation 1763–1789. New York 1975. S. 327 f., 330 f. Übers. von J. Rohlfes

a) Welche Art von Demokratie schwebt dem Verfasser vor?
b) Wodurch unterscheidet sich die hier eingenommene „radikale" Position von „gemäßigten" Auffassungen?

38 **Menschen- und Bürgerrechte.** Aus der „Virginia Bill of Rights" vom 12. Juni 1776:

Eine von den Vertretern des guten Volkes von Virginia, versammelt in vollem und freiem Konvent, abgegebene Erklärung der Rechte, die ihnen und ihrer Nachkommenschaft als Basis und Grundlage der Regierung zukommen.

Art. 1. Alle Menschen sind von Natur aus gleichermaßen frei und unabhängig und besitzen gewisse angeborene Rechte, deren sie, wenn sie den Status einer Gesellschaft annehmen, durch keine Abmachung ihre Nachkommenschaft berauben oder entkleiden können, und zwar den Genuß des Lebens und der Freiheit und dazu die Möglichkeit, Eigentum zu erwerben und zu besitzen und Glück und Sicherheit zu erstreben und zu erlangen.

Art. 2. Alle Macht kommt dem Volke zu und wird folglich von ihm hergeleitet. Beamte sind seine Treuhänder und Diener und ihm jederzeit verantwortlich.

Art. 3. Die Regierung ist oder sollte eingerichtet sein für das gemeinsame Beste, für den Schutz und die Sicherheit des Volkes, der Nation oder Allgemeinheit; von all den verschiedenen Arten und Formen der Regierung ist die die beste, die fähig ist, den höchsten Grad von Glück und Sicherheit zu erzielen, und am wirksamsten gegen die Gefahr einer Mißwirtschaft gesichert ist; und wenn irgendeine Regierung sich diesen Zwecken nicht gewachsen oder feindlich zeigt, so hat eine Mehrheit der Gemeinschaft ein unbezweifelbares, unveräußerliches und unverletzbares Recht, dieselbe zu reformieren, umzugestalten oder abzuschaffen, so wie es für das allgemeine Wohl am nützlichsten zu erachten ist.

Art. 5. Die gesetzgebenden und ausführenden Gewalten des Staates sollen von der richterlichen getrennt und klar geschieden sein; die Mitglieder der beiden ersteren sollen von dem Geiste der Bedrükkung abgehalten werden, dadurch daß sie die Lasten des Volkes verspüren und an ihnen teilhaben; sie sollen zu bestimmten Zeiten in den Privatstand entlassen werden, in die Gemeinschaft zurückkehren, der sie ursprünglich entnommen wurden, und die freigewordenen Stellen sollen durch häufige, bestimmte und regelmäßige Wahlen wieder besetzt werden, bei denen alle oder ein Teil der früheren Mitglieder wieder wählbar oder unwählbar sind, wie es die Gesetze bestimmen.

Art. 12. Die Freiheit der Presse ist eines der großen Bollwerke der Freiheit und kann niemals, außer durch despotische Regierungen, eingeschränkt werden.

Art. 13. Eine gut geschulte Miliz, dem Volke entnommen und in den Waffen geübt, ist der eigentliche, natürliche, sichere Schutz eines freien Staates; stehende Heere sollten in Friedenszeiten als der Freiheit gefährlich nicht zugelassen sein; in allen Fällen aber sollte das Militär der Zivilgewalt strikt untergeordnet und von ihr beherrscht werden.

Art. 15. Keine freie Regierung oder die Segnungen der Freiheit können einem Volke erhalten bleiben außer durch ein festes Anhalten an Gerechtigkeit, Mäßigung, Enthaltsamkeit, Genügsamkeit und Tugend und durch häufiges Zurückgehen auf grundlegende Prinzipien.

Fritz Hartung: Die Entwicklung der Menschen- und Bürgerrechte. Göttingen 1964. S. 37, 39, 41

a) Welches Verständnis von Demokratie läßt dieser Text erkennen? Wie wird die „Volkssouveränität" gefaßt?

b) Vergleichen Sie die hier vorgenommene Bestimmung der Zwecke des Staates mit anderen Ihnen bekannten Auffassungen.

39 **Natürliches und göttliches Recht.** Aus der „Unabhängigkeitserklärung" vom 4. Juli 1776:

Wenn es im Laufe der Menschheitsgeschichte für ein Volk notwendig wird, die politischen Bande zu lösen, die es mit einem anderen Volke verbunden haben, und unter den Mächten der Erde den selbständigen und gleichberechtigten Rang einzunehmen, zu dem natürliches und göttliches Gesetz es berechtigen, so erfordert geziemende Achtung vor den Ansichten der Menschen, daß es die Gründe darlegt, die es zur Absonderung bewegen. Folgende Wahrheiten bedürfen für uns keines Beweises: Daß alle Menschen gleich geschaffen sind, daß sie von ihrem Schöpfer mit gewissen unveräußerlichen Rechten ausgestattet sind; daß dazu Leben, Freiheit und das Streben nach Glück gehören; daß zur Sicherung dieser Rechte Regierungen unter den Menschen eingesetzt sind, die ihre rechtmäßige Autorität aus der Zustimmung der Regierten herleiten; daß, wenn immer irgendeine Regierungsform diesen Zielen abträglich wird, das Volk berechtigt ist, sie zu ändern oder abzuschaffen und eine neue Regierung einzusetzen und diese auf solchen Prinzipien zu errichten und ihre Gewalten solchermaßen zu organisieren, wie es ihm zur Gewährleistung seiner Sicherheit und seines Glückes am ratsamsten erscheint. Die Vernunft gebietet freilich, daß seit langem bestehende Regierungen nicht aus geringfügigen und flüchtigen Anlässen geändert werden sollten; und dementsprechend hat alle Erfahrung gezeigt, daß die Menschen eher geneigt sind zu leiden, solange die Mißstände erduldbar sind, als sich durch die Beseitigung altgewohnter Formen Recht zu verschaffen. Aber wenn eine lange Reihe von Mißbräuchen und Übergriffen, die ausnahmslos das gleiche Ziel verfolgen, die Absicht deutlich werden läßt, das Volk unumschränktem Despotismus zu unterwerfen, so ist es sein Recht wie auch seine Pflicht, eine solche Regierung zu beseitigen und durch neue schützende Einrichtungen für seine künftige Sicherheit Vorsorge zu treffen. Entsprechend haben unsere Kolonien geduldig ausgeharrt; und dementsprechend sind sie nun notgedrungen gezwungen, ihre bisherige Regierungsform zu ändern. Die Regierungszeit des jetzigen Königs von Großbritannien ist voll wiederholt begangenen Unrechts und ständiger Übergriffe, die alle unmittelbar auf die Errichtung einer unumschränkten Tyrannei über unsere Staaten abzielen.

Udo Sautter: Geschichte der Vereinigten Staaten von Amerika. Stuttgart 1976. S. 524

a) In welchem Ton ist die Erklärung abgefaßt? In welches Licht rückt sie die Trennung von England?
b) Würdigen Sie die welthistorische Bedeutung dieses Dokuments.

3. Die Verfassung von 1787

Articles of Confederation

Nach den schon 1777 vom Kongreß verabschiedeten, aber erst 1781 in Kraft getretenen „Konföderationsartikeln" waren die Vereinigten Staaten ein Bund „souveräner, freier und unabhängiger" Staaten. Mit Ausnahme der Außenpolitik, des Militärs, der Entscheidung über Krieg und Frieden waren alle wichtigen Hoheitsbefugnisse den Einzelstaaten vorbehalten, darunter auch das Handels- und Zollwesen. Der Kongreß, die einzige aus den weisungsabhängigen Delegierten der Einzelstaaten bestehende zentrale Einrichtung, konnte Beschlüsse nur fassen, wenn mindestens 9 Staaten zustimmten. Es gab keine Bundesregierung, keine Bundesjustiz, keine Bundesfinanzhoheit – also keine wirklichen Machtmittel, um Mehrheitsbeschlüssen Geltung zu verschaffen.

Als der Krieg zu Ende war, drohte eine Wirtschaftsflaute, eine durch die öffentliche und private Verschuldung angeheizte Inflation, aber auch die eigenbrötlerische Zollpolitik der Einzelstaaten und ihr oft sorgloser Umgang mit den Staatsfinanzen den Wohlstand der Bürger und den Kredit der Vereinigten Staaten im Ausland zu ruinieren. Als 1786 verschuldete Farmer in Massachusetts gegen die Staatsbehörden rebellierten und die öffentliche Ordnung ins Wanken brachten, entschloß sich der aktive Teil der Oberschicht, der die Entwicklung der Konföderation schon lange mit Unbehagen und Argwohn verfolgte, zum Handeln.

Verfassungskonvent in Philadelphia

Vor allem auf Betreiben des späteren Finanzministers Alexander Hamilton (1755–1804) beschloß der Kongreß die Einberufung eines Konventes, der die Konföderationsartikel überprüfen und Vorschläge zu ihrer Abänderung beraten sollte. Diese im Mai 1787 zusammentretende Versammlung bestand aus 55 Delegierten mit vielen erlauchten Namen wie Washington (der den Vorsitz übernahm), Hamilton, James Madison (4. US-Präsident 1809–1817), Benjamin Franklin (1706–1790, vielseitiger Schriftsteller, Politiker und Diplomat); über die Hälfte seiner Mitglieder waren Juristen, die anderen Plantagenbesitzer, Kaufleute, Ärzte, Professoren. Die Versammlung weitete ihren begrenzten Auftrag eigenmächtig aus und machte sich an die Ausarbeitung einer neuen Verfassung. Am 17. September 1787 stimmten alle 12 Staatsdelegationen (Rhode Island hatte keine Vertreter entsandt), bei drei ablehnenden Einzelstimmen, dem neuen Verfassungstext zu.

Union und Einzelstaaten

Die Verfassung von 1787 machte aus dem bisherigen lockeren Staatenbund einen Bundesstaat mit einer starken, wenn auch durch eine Reihe von ‚checks and balances' eingeschränkten Staatsgewalt. Die Union erhielt nunmehr, was den Verfassungsvätern besonders am Herzen lag, neben den üblichen Zuständigkeiten für die Außenpolitik, die Streitkräfte einschließlich der Miliz, die Entscheidung über Krieg und Frieden auch die Kompetenz für die Steuern, Zölle, Abgaben sowie für die Regelung des Handels zwischen den Einzelstaaten und mit dem Ausland. Alles, was nicht ausdrücklich der Union zugewiesen wurde, galt als Sache der Einzelstaaten; doch gab eine Generalklausel (Art. 1, Abschn. 8) dem Bund das Recht, alle sich aus der Verfassung ergebenden Befugnisse auszuüben. Im ganzen schuf die Verfassung ein ungefähres, im einzelnen freilich oft umkämpftes Gleichgewicht zwischen den ‚States Rights' und den ‚Federal Rights'; sie begründete damit eine Art ‚doppelter Souveränität'.

Die Staatsgewalten

Der Präsident erhielt weitgehende Befugnisse für die Besetzung der Regierungsämter, die Ausübung der Regierungsgeschäfte, die Außenpolitik. Da er in seiner Amtsführung, abgesehen von der Gesetzgebung, nicht auf parlamentarische Mehrheiten angewiesen war, ähnelte seine Stellung als Staatsoberhaupt und Regierungschef der eines Monarchen in einer konstitutionellen Monarchie.

Der Kongreß bestand aus zwei Häusern: dem aus direkter Volkswahl hervorgehenden Repräsentantenhaus und dem Senat, dem zwei Vertreter aus jedem Staat angehörten. Beide Kammern zusammen besaßen das Gesetzgebungs- und das Budgetrecht; dem Senat oblag daneben noch die Ratifizierung auswärtiger Verträge und die Mitwirkung bei der Ernennung hoher Amtsträger.

Eine verfassungsgeschichtliche Neuheit war das Oberste Bundesgericht (Supreme Court), insofern es neben anderem für die Auslegung der Verfassung und für die Überprüfung der Verfassungsmäßigkeit aller bundes- und einzelstaatlichen Gesetze zuständig wurde. Die Entscheidungen des Supreme Court erhielten dadurch verfassungsrechtlichen Rang, die Judikative wurde zur politischen Letztinstanz.

Gewaltentrennung

Kein Mitglied eines Verfassungsorgans durfte gleichzeitig einem der beiden anderen angehören (Inkompatibilität). Jedes Verfassungsorgan hatte die Möglichkeit und die Aufgabe, die jeweils anderen in ihrer Machtausübung zu kontrollieren und einzuschränken. Der Kongreß erließ Gesetze, die die Regierung wie die Gerichte banden. Der Präsident berief, zusammen mit dem Senat, die Obersten Bundesrichter, und er konnte Gesetze durch sein Veto blockieren (das freilich durch eine Zweidrittel-Mehrheit in beiden Häusern zu überwinden war). Der Supreme Court konnte Gesetze wegen Verfassungswidrigkeit außer Kraft setzen und, aus dem gleichen Grund, Maßnahmen des Präsidenten rückgängig machen. Auch gab es das Recht des Kongresses, den Präsidenten bei schweren Amtsverfehlungen abzusetzen (impeachment).

Verfassungsmängel

Der in der Präambel genannte Souverän ‚We The People of the United States' umfaßte weder Frauen noch Sklaven. Frauen erhielten erst durch einen Verfassungszusatz von 1920 die politischen Mitwirkungsrechte. Den Sklaven wurde nicht einmal die Hoffnung auf künftige Freiheit zuteil, und sie mußten darauf noch bis zur Abschaffung der Sklaverei 1865 warten. Nachdem in der Hochstimmung des Unabhängigkeitskrieges annähernd 200000 Sklaven die persönliche Freiheit erhalten hatten, verstand sich der Verfassungskonvent von 1787 lediglich darauf, die Einfuhr von Sklaven nach dem

‚Checks and Balances': Wörtlich ‚Hemmungen und Gleichgewichte'. Das in der politischen Tradition und Kultur Amerikas tief verankerte Prinzip des ‚limited government', der Beschränkung staatlicher Macht und Herrschaft. Die ‚checks and balances' sollen Machtmißbrauch verhüten, und zwar vornehmlich mittels des Prinzips der Gewaltenteilung. Dieses hauptsächlich von Locke und Montesquieu erörterte Modell begegnet in Amerika in seiner funktional-horizontalen Form als präsidiales Regierungssystem und als unabhängige (Verfassungs-)Gerichtsbarkeit wie in seiner regional-vertikalen Form als Föderalismus und kommunale Selbstverwaltung.

40 Zeitgenössische Illustration zur Ratifizierung der Verfassung. Überschrift: Die neunte Säule ist errichtet. Der lateinische Text besagt: Große Zeiten werden anbrechen. *Erklären Sie den Sinn des Bildes.*

1. Januar 1808 zu verbieten. Im übrigen sollten die ‚Unfreien', wie es in bezeichnender Verklausulierung hieß, bei der für die Wahlen wichtigen Berechnung der Bevölkerungszahl als Drei-Fünftel-Personen gezählt werden.

Die Ratifizierungsdebatte

Die Verfassung sollte in Kraft treten, wenn 9 der 13 Staaten sie ratifiziert hatten. So entbrannte ein lebhafter Streit zwischen den Verfassungsanhängern und -gegnern. Die für die Verfassung eintretenden ‚Federalists' waren besser organisiert, erfreuten sich der Unterstützung durch die Oberschicht und fanden ihre Sache publizistisch glänzend durch eine Serie von Zeitungsartikeln vertreten, die von Hamilton, Madison und John Jay (Außenminister 1784–1789) stammten und in ihrer Buchfassung als ‚The Federalist' zu einem Klassiker der politischen Theorie wurden. Demgegenüber hatten die ‚Anti-Federalists' einen schweren Stand, obwohl auch sie über hervorragende Publizisten, darunter Thomas Jefferson, verfügten; ihre Anhänger stammten vorwiegend aus den unteren Bevölkerungsschichten. Die ‚Federalists' plädierten für eine starke Staatsgewalt und einen hinreichend zentralisierten, großräumigen Nationalstaat, der in der Lage sei, wirtschaftlichen Fortschritt, gesellschaftliche Modernisierung und Sicherheit vor politischem Radikalismus zu gewährleisten. Die ‚Anti-Federalists' wollten, um der Freiheit des einzelnen willen, den ‚schwachen Staat', möglichst viel lokale und regionale Selbstbestimmung, die Erhaltung der agrarischen Lebensverhältnisse, sie rügten an der Verfassung die Bevorzugung der Reichen und das Fehlen eines Grundrechtskatalogs.

Nur mit ihrem letzten Einwand hatten sie Erfolg. In einigen Staaten stimmten die Verfassungskonvente der Ratifizierung erst zu, als gesichert war, daß ein solcher Katalog in Gestalt von Zusatzartikeln in die Verfassung eingefügt werden sollte (geschehen 1791 durch die Amendments 1–10). Mit der Zustimmung von 11 Staaten konnte die Verfassung 1788 in Kraft treten; nur in North Carolina und Rhode Island stimmte eine Mehrheit dagegen, dies aber erst, als die Ratifikation schon feststand.

41 Staatsmacht und Bürgerfreiheit.

Der französische Gesandte Otto über Gegner und Befürworter einer Verfassungsrevision (1786):

Seit sehr langer Zeit, Monseigneur, weiß man von der Notwendigkeit, der Regierung der Föderation mehr Energie und Kraft zu geben. Ebenso deutlich aber spürt man, daß die übermäßige Unabhängigkeit, die die Individuen gegenüber ihrem Einzelstaat und die die Einzelstaaten gegenüber dem Kongreß genießen, dem einzelnen sehr teuer ist und daß man sie nicht ohne große Vorsichtsmaßnahmen schmälern kann. Das Volk weiß sehr wohl, welche Folgen es haben würde, wenn der Regierung mehr Macht übertragen wird; die regelmäßige Einziehung der Steuern, eine strenge Rechtspflege, sehr hohe Einfuhrzölle, unerbittliche Pfändungen gegenüber Schuldnern und schließlich die eindeutige Vorherrschaft der Reichen und der Großgrundbesitzer. Es liegt daher im Interesse des Volkes, die absolute Freiheit, die ihm in einer Zeit zugestanden worden ist, in der man kein anderes Gesetz als die Notwendigkeit kannte und in der sozusagen ein englisches Heer die Grundlage der politischen Verfassung bildete, so weit wie möglich zu bewahren. In jenen stürmischen Zeiten mußte man zugestehen, daß alle Gewalt nur vom Volk ausgehen darf, daß alles seinem höchsten Willen unterworfen ist und daß die Magistrate nur seine Diener sind.

In Amerika gibt es zwar keine Patrizier, aber Männer, die unter der Bezeichnung Gentlemen bekannt sind und auf Grund ihres Reichtums, ihrer Fähigkeiten, ihrer Bildung, ihrer Familien und der Ämter, die sie innehaben, eine Vorherrschaft anstreben, die das Volk ihnen zuzubilligen nicht bereit ist. Einige haben zwar die Interessen ihrer Gruppe preisgegeben, um Beliebtheit zu erlangen, aber dennoch herrscht zwischen ihnen eine um so engere Bindung, als sie befürchten, daß das Volk sie ihrer Besitzungen berauben könne; und weil sie darüber hinaus die Gläubiger sind, die Interesse daran haben, die Regierung zu stärken und die Ausführung der Gesetze zu überwachen. [...] Die meisten von ihnen sind Kaufleute, denen daran gelegen ist, den Vereinigten Staaten in Europa durch pünktliche Bezahlung der Schulden einen dauerhaften Kredit zu verschaffen, und die daran interessiert sind, dem Kongreß umfassende Vollmachten zu verleihen, damit er Steuern vom Volk eintreiben kann.

Adams (Hrsg): Die Amerikanische Revolution in Augenzeugenberichten. S. 331 f.

a) Was für ein Bild der staatlichen Ordnung entwickelt der französische Gesandte? (Bedenken Sie, welche Verhältnisse ihm von zu Hause vertraut waren.)

b) Von welchen Interessen ließen sich die Gegner und die Anhänger einer Verfassungsreform leiten? Inwieweit deckt sich der hier vermittelte Eindruck mit den Ihnen bekannten Tatsachen?

42 Für und wider die Sklaverei. Aus der Debatte des Verfassungskonvents, dem folgender Textentwurf vorlag: „Die Einwanderung oder Einführung solcher Personen, deren Zulassung einer der derzeit bestehenden Staaten für angemessen hält, soll durch den Kongreß nicht verboten werden, doch kann eine Steuer oder ein Zoll auf solche Einfuhr gelegt werden, die zehn Dollar für jede Person nicht übersteigen soll." (1787):

Mr. Sherman war dafür, den Passus, wie er war, stehenzulassen. Er mißbillige den Sklavenhandel; aber da die Staaten derzeit das Recht besäßen, Sklaven zu importieren, da das Allgemeinwohl es nicht erfordere, ihnen dieses Recht zu nehmen, und da es vernünftig wäre, möglichst wenig Einwände gegen den Verfassungsentwurf vorzubringen, halte er es für das beste, die Sache zu lassen, wie wir sie vorfänden. Er beobachte, daß die Abschaffung der Sklaverei in den Vereinigten Staaten Fortschritte zu machen scheine und daß die richtige Einstellung mehrerer Staaten diesen Prozeß wahrscheinlich allmählich zu einem erfolgreichen Abschluß bringe. Er erinnerte den Konvent an die Notwendigkeit, seine Arbeit voranzubringen.

Colonel Mason: [...] Die Sklaverei schade der Entwicklung der Gewerbe und Manufakturen. Die Armen verachteten die Arbeit, die von Sklaven verrichtet werden. Die Sklaverei verhindere die Einwanderung von Weißen, die in Wahrheit ein Land reicher und stärker machten. Jeder Sklavenhalter werde als ein kleiner Tyrann geboren. Sie brächten die Strafe des Himmels in ein Land. Da Völker nicht im Jenseits belohnt oder bestraft werden könnten, müsse es in dieser Welt geschehen. [...]

General Pinckney: [...] South Carolina und Georgia kämen ohne Sklaven nicht aus. Virginia dagegen würde gewinnen, wenn die Sklaveneinfuhr unterbunden würde. Seine Sklaven würden im Werte steigen, und es hätte davon mehr, als es brauchte. Es sei unbillig, von South Carolina und Georgia die Annahme einer solch ungerechten Regelung zu verlangen. [...] Er behauptete, die Einfuhr von Sklaven läge im Interesse der ganzen Union. Je mehr Sklaven, desto mehr würde für den Handel produziert und desto größer sei der Verbrauch; und je größer dieser sei, desto größer seien die Einnahmen für die Staatskasse.

Samuel Eliot Morison (ed.): American Revolution 1764-1788. New York 1979. S. 282-284. Übers. von J. Rohlfes

a) Unter welchen Gesichtspunkten wird die Sklaverei diskutiert?

b) Wie verlaufen die Fronten in dieser Debatte?

43 Der Kampf um die Verfassung: ‚Federalists' gegen ‚Anti-Federalists'

a) James Madison im ‚Federalist' Nr. 10 (1788):

Je kleiner die Gemeinschaft ist, desto geringer wird aller Wahrscheinlichkeit nach die Zahl der Parteien und Interessengruppen sein, in die sie zerfällt; und je geringer die Zahl der Parteien und Interessengruppen, desto leichter wird eine Partei die Majorität erreichen können; und je kleiner die Zahl der Einzelpersonen ist, aus denen sich eine Majorität zusammensetzt, und je enger diese benachbart sind, desto leichter werden sie sich miteinander verabreden und ihre Unterdrückungspläne ins Werk setzen können. Erweitert man jedoch den Bereich, so umfaßt er eine größere Vielfalt von Parteien und Interessengruppen, und es ist dann weniger wahrscheinlich, daß sich innerhalb der Gesamtheit eine Majorität durch ein gemeinsames Motiv angetrieben fühlen wird, die Rechte der übrigen Bürger zu verletzen. [...]
Daraus ergibt sich mit aller Klarheit, daß den gleichen Vorteil, den bei der Beherrschung der Auswirkungen des Cliquenwesens eine Republik einer Demokratie[1] voraus hat, auch eine große Republik gegenüber einer kleinen genießt - und natürlich auch die Union gegenüber den Einzelstaaten, aus denen sie sich zusammensetzt. Besteht dieser Vorteil darin, daß aufgeklärte Anschauungen und hervorragende Charaktereigenschaften die Volksvertreter über lokale Vorurteile und unredliche Absichten erhaben erscheinen lassen? Niemand wird bestreiten, daß es im Rahmen der Union leichter ist, Volksvertreter zu finden, die jene notwendigen Erfordernisse aufweisen. Besteht der Vorteil in der erhöhten Sicherheit, die eine Vielzahl von Parteien dagegen bietet, daß eine Partei die absolute Majorität erlangen und die übrigen unterdrücken könnte? Ohne Zweifel erhöht in der Union die Vielzahl der Parteien diese Sicherheit. Besteht der Vorteil schließlich darin, daß der Zusammenschluß von Gruppen mit unredlichen Absichten zu einer Majorität und damit die Ausführung dieser Absichten leichter verhindert werden kann? Es liegt auf der Hand, daß die Union auch in dieser Beziehung, infolge ihrer Größe die besten Aussichten hat.

Hamilton/Jay/Madison: Der Föderalist. Wien 1958. S. 78f.

b) James Winthrop in der Artikelserie ‚The Agrippa Letters' (1787/88):

Die angesehensten Schriftsteller vertreten in dieser Sache die Meinung, daß kein großräumiges Reich nach republikanischen Prinzipien regiert werden kann und daß eine solche Staatsform zur Despotie entarten wird, wenn sie nicht zu einer Konföderation kleinerer Staaten wird, deren jeder in seinen inneren Angelegenheiten volle Selbstbestimmung genießt. Dies ist genau das Prinzip, das bis heute unsere Freiheit gesichert hat. Es gibt kein Beispiel eines freien Staatswesens von einiger Größe, dessen Bestand auf eine andere Weise erhalten worden wäre. Große, zentralisierte Reiche mögen mit ihrem Glanz die Augen eines fernen Beobachters betören; bei näherer Betrachtung findet man sie immer voller Nachteile. Der Grund liegt auf der Hand. In großen Staaten sind die Grundsätze der Gesetzgebung nicht für alle Provinzen gleich gut geeignet. Für die eine mag eine gewisse Strenge nötig sein, die jedoch das Leben der anderen einengen würde. Folglich finden wir, daß die sehr großen Staaten immer despotische Regime gewesen sind. [...]
Es ist unsinnig, uns einzureden, lokale Interessen seien zu vernachlässigen. Das Interesse der Gesamtheit kann nur gewahrt werden, wenn die lokalen Bedürfnisse geachtet werden. Kein Mensch tritt einer Gesellschaft bei, um das Wohl der anderen zu fördern, sondern er tut es für seinen eigenen Vorteil. [...] Die Einwohner von Philadelphia wären schokkiert über einen Vorschlag, den Sitz der Regierung und das unbeschränkte Recht, Vorschriften für den Handel zu erlassen, nach Massachusetts zu vergeben. Solche Opfer [...] entspringen stets der Torheit, nicht dem Großmut.

J. P. Greene (ed.): Colonies to Nation 1763–1789. S. 560f. Übers. von J. Rohlfes

[1] Unter ‚Republik' verstand Madison eine repräsentative, unter ‚Demokratie' eine unmittelbare Demokratie.

a) Arbeiten Sie heraus, welche spezifischen Interessen und welche Sorgen und Ängste die beiden Texte erkennen lassen.
b) Inwieweit sind die hier vertretenen Auffassungen im Fortgang der amerikanischen Geschichte bestätigt oder widerlegt worden?

44 Vaterlandsliebe und demokratische Kontrolle.
Aus der ‚Farewell Address' des ersten Präsidenten Washington (1796):

Durch Geburt oder Wahl seid Ihr Bürger eines gemeinsamen Vaterlandes, und dieses Land hat ein Recht darauf, Eure Zuneigung auf sich zu vereinen. Die Bezeichnung Amerikaner, die Euch als Nation zukommt, muß immer den berechtigten vaterländischen Stolz erhöhen, mehr als irgendein Anruf, der sich von örtlichen Verschiedenheiten ableitet. Mit geringen Unterschieden habt ihr die gleiche Religion, die gleichen Sitten, Gewohnheiten und politischen Grundsätze. In gemeinsamer Sache habt Ihr zusammen gekämpft und triumphiert; die Unabhängigkeit und Freiheit, die Ihr Euer eigen nennt, sind das Werk gemeinsamer Beratungen und Anstrengungen, gemeinsamer Gefahren, Leiden und Erfolge.

Es ist gleichermaßen von Wichtigkeit, daß die Denkweise in einem freien Land diejenigen zur Vorsicht mahne, die mit seiner Regierung betraut sind, sich auf ihren jeweiligen, durch die Verfassung festgelegten Wirkungskreis zu beschränken und bei der Ausübung ihrer Befugnisse in einem Amte Übergriffe auf ein anderes zu vermeiden. Der Geist der Machtanmaßung strebt danach, die Gewalten aller Ämter in einem zusammenzufassen und so unabhängig von der Regierungsform praktisch den Despotismus herbeizuführen. Eine richtige Einschätzung dieses Machthungers und die das menschliche Herz beherrschende Bereitwilligkeit, diese Macht zu mißbrauchen, genügt, von der Wahrheit dieser Behauptung zu überzeugen. Die Notwendigkeit gegenseitiger Kontrollen bei der Ausübung politischer Macht in Form ihrer Aufteilung auf verschiedene Regierungszweige, wobei jeder zum Wächter des öffentlichen Wohls gegen Übergriffe des anderen bestellt wird, ist aus Erfahrung in alter und neuer Zeit dargetan worden [...]. Diese Teilung zu erhalten, muß ebenso Notwendigkeit sein wie ihre Herbeiführung.

Janko Musulin (Hrsg.): Proklamationen der Freiheit. Frankfurt a.M. Fischer-TB 283, 1959. S. 88 f.

a) Der Text enthält zwei Ermahnungen. Mit welchen zeitgeschichtlichen Erfahrungen des Redners lassen sie sich in Verbindung bringen?

b) Überlegen Sie, warum die Farewell Address zu den Gründungsurkunden der Vereinigten Staaten gerechnet wird.

Zur Diskussion

Zum Charakter der „Amerikanischen Revolution"

Nach einem viel zitierten Wort von John Adams (1735–1826), dem zweiten Präsidenten der USA (1797–1801), vollzog sich die eigentliche Revolution zwischen 1763 und 1776 in den Köpfen der Amerikaner. Demnach wäre der entscheidende Vorgang ein Wandel der Mentalitäten, der Legitimation politischer Herrschaft gewesen. In den Jahren vor 1776 lösten sich die meisten Amerikaner (ein damals durchaus noch ungebräuchlicher Ausdruck), genauer: diejenigen, die sich politisch engagierten und die öffentliche Meinung prägten, allmählich aus der traditionellen Unterordnung unter das monarchische Prinzip und öffneten sich der Idee der Volkssouveränität. Strittig war dabei, wie das Volk seine Souveränität ausüben und welche Art demokratischer Gleichheit ihm zukommen solle. Die radikalen ‚Demokraten' wollten eine Mischform zwischen mittelbarer und unmittelbarer Demokratie, mit weitgehenden Kontrollrechten der ‚Basis' gegenüber den Regierenden; die gemäßigten ‚Republikaner' traten für das Repräsentativsystem und eine starke Regierungsgewalt ein. Die ‚Demokraten' fürchteten vor allem den ‚Übermut der Ämter', die ‚Republikaner' die ‚Herrschaft der Straße'. Sozialrevolutionäre Strömungen gab es nur am Rande. Ihnen fehlte in einer Gesellschaft, die wenig Mangel litt, die Schubkraft. Demnach war die Amerikanische Revolution eine politische, genauer: eine ‚Verfassungsrevolution', in der vor allem die Gemäßigt-Liberalen ihre Vorstellungen durchsetzten. Dabei entstand eine Staats- und Gesellschaftsordnung, in der es viel Freiheit gab und in der Gleichheit zwar angelegt war, auf ihre volle Realisierung aber noch bis in die 1830er Jahre warten mußte.

45 Was war die amerikanische Revolution?

a) Hannah Arendt (1963):

Sie brach in einem Lande aus, das den Fluch des Massenelends nicht kannte, und in einem Volk, das eine einzigartige Erfahrung mit Selbstverwaltung durch Jahrhunderte gemacht hatte. Und hierzu gesellte sich nun noch der Glücksfall, daß die Revolution sich gegen eine konstitutionelle Monarchie richtete. In der Herrschaft von König und Parlament, von der die Kolonien sich lösten, hat es eine potestas legibus soluta - eine Macht, die keinen Gesetzen untersteht - nicht gegeben. Und dies besagte, daß man bei den neuen Verfassungsentwürfen zwar vor dem Problem stand, eine neue Quelle der Gesetze zu etablieren und ein neues Machtsystem zu entwerfen, daß aber niemand auch nur auf die Idee kam, Gesetz und Macht aus der gleichen Quelle abzuleiten. Der Ort der Macht wurde ins Volk verlegt, aber die Quelle aller Gesetze sollte die Verfassung werden, ein Schriftstück und Dokument, etwas Objektives, das man zwar so oder anders interpretieren und je nach Umständen abändern oder erweitern konnte, das aber niemals ein subjektiver, ephemerer Gemütszustand sein konnte wie der sogenannte Volkswille, der sich in Wahlen äußert und in Befragungen der öffentlichen Meinung erkundet werden kann.

H. Arendt: Über die Revolution. München 1963. S. 204 f.

b) Der deutsche Historiker Hans-Christoph Schröder (1982):

Sie zerstörte nicht nur die bestehende Verfassungsordnung, sondern schuf eine völlig neue Legitimationsgrundlage politischer Herrschaft. Das Revolutionäre lag aber nicht allein in der Proklamierung und Begründung, sondern [...] in der praktischen Verwirklichung des Prinzips der Volkssouveränität. Es bestand darin, daß das Konzept vom ‚Volk als der konstituierenden Gewalt' im Zusammenhang mit einer prinzipiellen Auseinandersetzung über die Grundlagen von Staat und Gesellschaft allmählich realisiert und unter dem Einfluß der gegen England gerichteten Losungen von unten her durchgesetzt wurde. Es waren die einzelnen Gemeinden in Massachusetts, die entgegen den Vorstellungen ihres Parlaments für die Verfassungsgebung eine besondere, ausschließlich mit dieser Aufgabe befaßte Versammlung sowie die Annahme der ‚constitution' durch das Volk erzwangen.

H.-Ch. Schröder: Die Amerikanische Revolution. München 1982. S. 200.

c) Der deutsche Historiker Horst Dippel (1985):

Aus alledem ergibt sich, daß die Bedeutung der Amerikanischen Revolution sich nicht auf einige Verfassungsdokumente reduzieren läßt, daß sie vielmehr direkt, wenn auch in abgestufter Form, in das alltägliche Leben der Amerikaner eingriff. [...] Für das weiße Amerika hat sie - wie schon an der freigesetzten sozialen Dynamik erkennbar - die bereits in der Kolonialgesellschaft angelegten Tendenzen des Individualismus nachhaltig bestärkt, wie dies ähnlich auch in der Französischen Revolution geschehen ist. Während er sich dort gegen den seit Jahrzehnten stets als sozialen Maßstab postulierten Intérêt Général durchsetzte, fehlte in den Kolonien und der Amerikanischen Revolution jedoch eine vergleichbare Forderung nach gesamtgesellschaftlichen Ordnungsprinzipien. Anders als in Frankreich kann man daher die Verfassung in Amerika eher als Urkunde zur Regelung der Beziehungen zwischen Individuum und Staat als zwischen Gesellschaft und Staat verstehen.

Horst Dippel: Die Amerikanische Revolution 1763–1787. Frankfurt 1985. S. 116

a) Was erscheint den Autoren als das Hauptcharakteristikum der neuen politischen Ordnung?
b) Diskutieren Sie die unterschiedlichen Akzente in den drei Texten.

♦

1. *Stellen Sie die wesentlichen Gründe zusammen, die zum Abfall der amerikanischen Kolonien von England führten!*
2. *Wo lagen die internen Konfliktstoffe der Amerikanischen Revolution?*
3. *Was hat die Revolution verändert?*

III. Die Französische Revolution und Europa 1789–1815

Obwohl die Amerikanische Revolution der Französischen vorausging und ihren Ausbruch gefördert hat, wird die Französische Revolution als *der* entscheidende weltgeschichtliche Einschnitt der Neuzeit angesehen. Sie erschütterte und veränderte fast alle Staaten Europas und – in langanhaltender Wirkung – große Teile der außereuropäischen Welt. Der Ablauf dieser Revolution in seinen verschiedenen Phasen und Schüben wurde zum Modell einer Revolution schlechthin, in der geschichtliche Prozesse und Erscheinungen des 19. und 20. Jahrhunderts wie in einer Ouvertüre vorweg dargestellt werden: von der absoluten Monarchie zur konstitutionellen, zur Republik und radikalen Demokratie der Jakobiner, schließlich zur revolutionären Diktatur Robespierres, dem Zwischenspiel des Systems des besitzbürgerlich-konservativen Direktoriums, bis zur Militärdiktatur und dem absoluten imperialistischen Kaisertum Napoleons. Auch nach Napoleon blieb Frankreich bis 1871 europäischer Mittelpunkt revolutionärer Prozesse.

1. Frankreich vor der Revolution

Mit Ancien Régime, dem Alten Regime, meint man den späteren Absolutismus in Frankreich, der den Glanz seiner Siege über die feudalen und ständischen Zwischengewalten mittelalterlicher Herkunft schon verloren hatte und die Nachteile seiner Willkür mehr spüren ließ als die Vorteile eines effektiveren Staatsapparates. Es ist im engeren Sinne die Zeit seit dem Tode Ludwigs XIV. – zuletzt selbst schon verhaßt – bis zur Einberufung der Generalstände zum 5. Mai 1789.
Die Frage, wie es zu dem historischen Prozeß kommen konnte, der die bestehenden Ordnungen, Verhältnisse und Mentalitäten in wenigen Jahren unumkehrbar veränderte, haben die aufmerksamen Zeitgenossen ebenso zu beantworten gesucht wie die Historiker des 19. und 20. Jahrhunderts. Welche Rolle spielten die Gedanken der Aufklärung, welche die Veränderungen der Produktivität und der sozialen Verhältnisse, die Staatsverschuldung, das Vorbild der amerikanischen Revolution, die Uneinsichtigkeit Ludwigs XVI. oder andere Faktoren beim Umsturz, der 1789 seinen Anfang nahm? Befand sich nur der Staat oder die ganze Gesellschaft in einer Krise, d. h. in einer Situation, die auf Veränderung und Entscheidung drängte?

1614	Die Generalstände Frankreichs tagen zum letzten Mal.
1713–1763	Beim Streben nach der Vorherrschaft in Europa stößt Frankreich auf die Gegnerschaft Habsburgs und Englands. Außenpolitische Mißerfolge und damit verbundene Wirtschafts-und Finanzprobleme schaden dem Ansehen des absolutistischen Systems.
1774–1776	Finanzminister Turgot versucht, die zerrütteten Staatsfinanzen durch Reformen auszugleichen.
1778–1783	Frankreich beteiligt sich am Unabhängigkeitskrieg der 13 englischen Kolonien in Nordamerika und belastet seine Finanzen zusätzlich.
1781	Finanzminister Necker veröffentlicht den ersten Rechenschaftsbericht über die katastrophale Finanzlage des Staates.
1787	Reformgesetze im Geiste der Aufklärung bedeuten den Übergang zum aufgeklärten Absolutismus.
1788	Auf Drängen der Parlamente (Gerichtshöfe) kündigt die Regierung die Einberufung der Generalstände für Mai 1789 an und gibt damit das Ende der absoluten Herrschaft der Krone zu erkennen.

1.1. Die Ständegesellschaft im Ancien Régime

Erster und Zweiter Stand

Die Gesellschaft Frankreichs gliederte sich seit dem Mittelalter in drei Stände, deren Angehörige sich jeweils nach Rechten, Pflichten, Tätigkeiten, aber auch Kleidung, Titel und Anrede deutlich unterschieden. Erhebliche soziale Unterschiede gab es auch innerhalb eines jeden Standes.
Die Geistlichkeit war als Erster Stand von den meisten Steuern und von der ordentlichen Gerichtsbarkeit befreit. Bischöfe, Äbte und Äbtissinnen stammten fast ausschließlich aus adligen Familien, also aus dem Zweiten Stand, und bezogen ihren Wohlstand aus Grundbesitz und Zehnt. Die Pfarrer und Vikare rekrutierten sich mehr aus der städtischen und ländlichen Oberschicht der nicht-adligen Bevölkerung des Dritten Standes.
Der Adel als Zweiter Stand war seit Ludwig XIV. (1643–1715) zwar von politischer Macht ausgeschlossen, genoß aber weiterhin seine politischen und gesellschaftlichen Vorrechte. An der Spitze standen der Hofadel, der Amtsadel der höchsten Gerichte in Paris und in den Provinzen, Parlamente genannt, und der wohlhabende Provinzadel.
Landadlige, die oft am Rande des Existenzminimums lebten, bildeten die Basis der Adelspyramide. Eine Tätigkeit in Handel oder Gewerbe galt für den Adel als nicht standesgemäß und führte im allgemeinen zum Verlust des Adelstitels. Auch der Zweite Stand war von Steuern befreit und hatte vor Gericht Sonderrechte. Nur Adligen war der Zugang zu höheren Ämtern vorbehalten, sie führten ein Wappen, trugen einen Degen und hatten überall den Vortritt vor Angehörigen des Dritten Standes. Nur sie hatten das Jagdrecht, auch wenn das Wild den Bauern noch so großen Schaden zufügte.
Für wohlhabende Bürger gab es die Möglichkeit, durch den Kauf eines Amtes, das mit einem Adelstitel verbunden war, oder durch königlichen Adelsbrief in den Adelsstand aufzusteigen. Im 18. Jahrhundert wurden auf diese Weise 40000 bis 50000 Bürger und ihre Angehörigen geadelt. Dennoch ging die Zahl der Adligen auf Grund strenger Überprüfungen bis zur Revolution zurück.

46 Das Herrenhaus. Dieses Bild ist einem Buch über die Gutswirtschaft von 1743 entnommen. Es stellt den Idealtypus des Hauses eines adligen Grundherrn dar und ist eine Schloßanlage im Kleinen, alles ist aus dem Fenster des Herrenhauses leicht überschaubar und zu kontrollieren: die Wohnhäuser der Bauern bzw. Landarbeiter, die hinter die Fluchtlinie des Herrenhauses zurückgesetzt sind.
Wie versucht dieses Modell, den sozialen Anspruch des Adels mit den wirtschaftlichen Notwendigkeiten eines landwirtschaftlichen Betriebes zu vereinen?

49 Frankreich am Vorabend der Revolution: Bevölkerungsdichte – Industrie – Soziale Lage auf dem Lande.

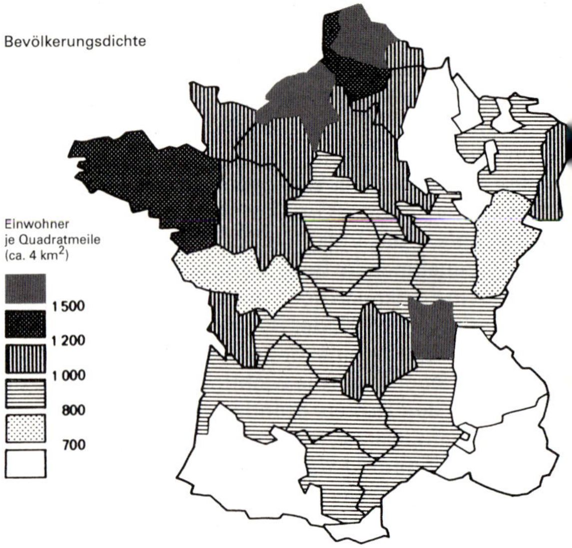

Vermögens lebten, und Händlern bildeten die Oberschicht. Darunter rangierten die Eigentümer der Teilerwerbsbetriebe. Zur Unterschicht gehörten die landlosen Familien und Personen, die von Gelegenheitsarbeit, Bettelei, Armenfürsorge oder von Diebstahl lebten und oft nicht seßhaft waren. Die größten sozialen Spannungen gab es zwischen dem adligen Grundherrn und den übrigen Dorfbewohnern.

Die Gemeinsamkeit des Dritten Standes bestand eigentlich nur in der Ablehnung der Privilegien der Geistlichkeit und des Adels, die sich vom Dritten Stand als dem produktiven und arbeitenden Teil der Bevölkerung immer mehr abschlossen. Da die wirtschaftliche Bedeutung großer Teile des Dritten Standes zunahm, stieg auch dessen Bewußtsein, den Wohlstand der ersten beiden Stände durch seine Abgaben, Dienste, Zehnte, Steuern und Zölle zu produzieren.

Bevölkerungswachstum und wirtschaftliche Entwicklung

Am Vorabend der Revolution befand sich Frankreich, das mit 28 Millionen Einwohnern als dicht bevölkert galt, in einer Phase des Bevölkerungswachstums. Daher nahm auf dem Lande die Konkurrenz unter den Pächtern zu, während in der Stadt der Arbeitsmarkt die große Zahl nachwachsender junger Leute nicht aufnehmen konnte, weil nach 1776 die Wirtschaftskonjunktur nachließ. Die sozialen Spannungen stiegen und führten auf dem Lande mehr noch als in den Städten eine revolutionäre Stimmung herbei.

In den Städten konzentrierten sich Handel und Gewerbe, die an Bedeutung zunahmen. Das Handwerk war in Zünften oder Korporationen organisiert, die Wettbewerb zu hindern suchten, und die Manufaktur unterlag entsprechend dem merkantilistischen System der Regierungskontrolle. Wegen dieser Beschränkungen der Gewinnmöglichkeiten legten Kapitalbesitzer Gewinne in erster Linie in Grundbesitz, Staatspapieren oder Steuerpachten an.

Mißernten mit politischen Folgen

Die Jahre 1788 und 1789 brachten schlechte Getreideernten und einen Rückgang der Gewinne im Weinbau. Angst vor Hungersnot, Arbeitslosigkeit und steigende Brotpreise hatten zur Folge, daß weniger Erzeugnisse städtischer Gewerbe gekauft wurden. Ein französisch-englischer Handelsvertrag von 1786 ermöglichte es der englischen Konkurrenz, die französische Textilindustrie so unter Druck zu setzen, daß Firmen zusammenbrachen. Die steigende Arbeitslosigkeit trug neben dem Mangel an Getreide zur Zuspitzung der Krise bei. Die Verzweiflung über die Brotpreise bei den armen Massen in den Städten machte sich immer wieder in Angriffen auf Bäckereien und Getreidelager Luft oder in dem Versuch, einen „gerechten", d. h. erschwinglichen Preis zu erzwingen. Diese Krise verschärfte auf dem Lande die Gegensätze zwischen Großgrundbesitzern, die ihr Getreide teuer verkaufen konnten, und Bauern, die kaum ihren Eigenbedarf decken konnten, sowie zwischen reich werdenden Getreidehändlern und dem hungernden Volk der Städte.

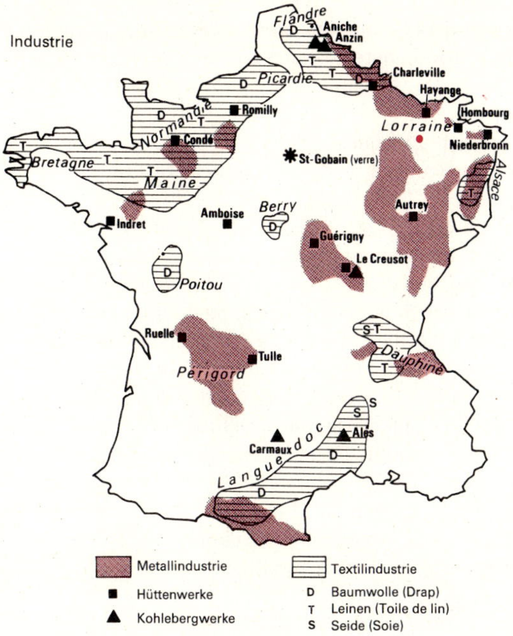

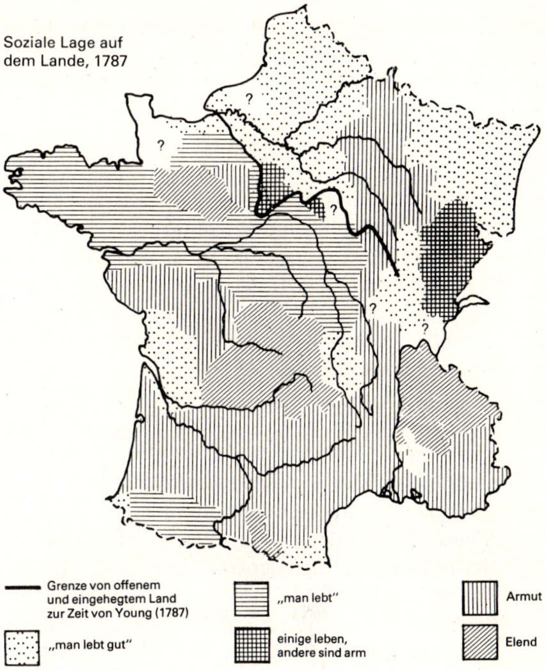

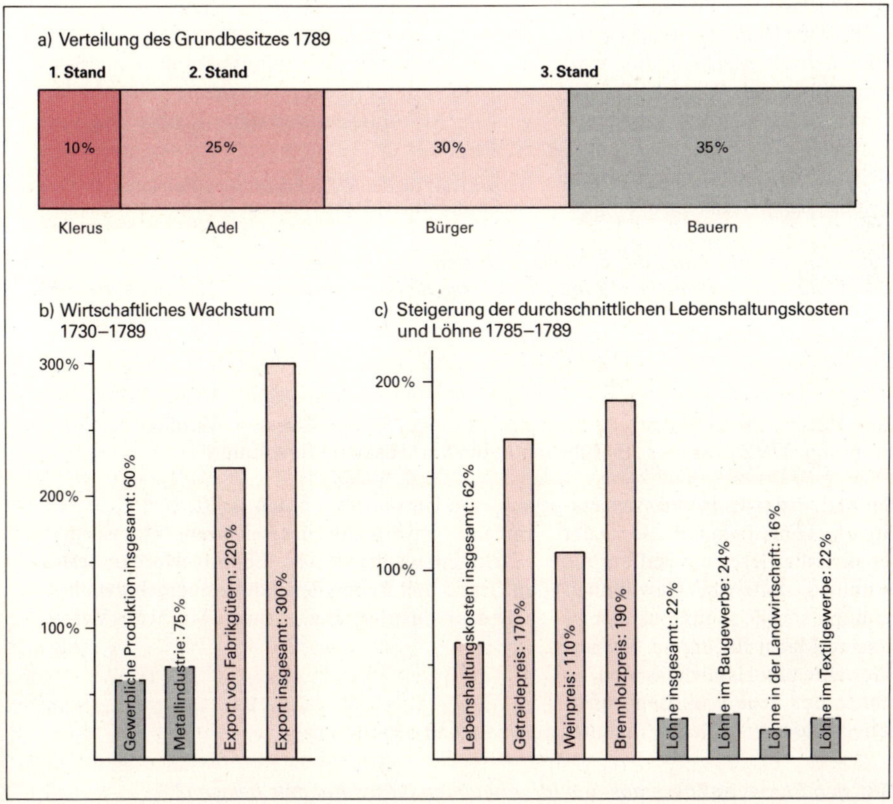

50 Wirtschaftsfaktoren Frankreichs vor der Revolution. *Erläutern Sie die Information des Schaubildes a) mit Hilfe der Darstellung. – Wie ist zu erklären, daß der Reallohn der Lohnempfänger (c) trotz langfristigen wirtschaftlichen Wachstums (b) gesunken ist?*

51 **Die Ideologie der Ständegesellschaft.** Als die Regierung 1776 allen Grundbesitzern eine Steuer zur Finanzierung des Straßenbaus auferlegen will, der bisher durch Frondienste geleistet wurde, legt das Parlament von Paris mit folgender Begründung Widerspruch ein:

Majestät,
Die französische Monarchie setzt sich ihrem Aufbau nach aus mehreren von einander unterschiedenen und getrennten Ständen zusammen.
Diese Unterscheidung von Lebensbedingungen und Menschen geht auf den Ursprung des Volkes zurück; sie ist mit seinen Lebensgewohnheiten entstanden; sie ist die kostbare Kette, die den Herrscher an seine Untertanen bindet. [...]
In der Gesamtheit, die aus diesen verschiedenen Ständen gebildet wird, sind alle Menschen Ihres Königreiches Untertanen; alle sind verpflichtet, zu den Bedürfnissen des Staates beizutragen.
Aber gerade in diesen Beiträgen erkennt man immer wieder die Ordnung und die allgemeine Harmonie. Der besondere Dienst der Geistlichkeit besteht darin, alle Aufgaben zu erfüllen, die sich auf den Unterricht und den religiösen Kultus beziehen, und zur Tröstung der Unglücklichen durch ihre Almosen beizutragen. Der Adlige weiht sein Blut der Verteidigung des Staates und hilft dem Herrscher mit seinen Ratschlägen. Die letzte Klasse des Volkes, die dem Staat nicht so hervorragende Dienste erweisen kann, leistet ihren Beitrag durch die Abgaben, durch Arbeitsamkeit und durch körperliche Dienste. Das ist, Majestät, das uralte Gesetz der Verpflichtungen und Pflichten Ihrer Untertanen.
Obgleich alle in gleicher Weise treu und gehorsam sind, hat man ihre verschiedenen Lebensbedingungen nie miteinander vermischt, und die Natur ihrer Dienstleistungen hängt wesentlich von der ihres Standes ab.
Gemäß diesen Grundsätzen und diesen Beispielen bittet Ihr Parlament Ihre Majestät inständig, die Anwendung und die Folgen der Verordnung, die Sie an das Parlament gerichtet haben, zu überdenken.
Dadurch daß die Verordnung die unterste Klasse der Bauern von den Frondiensten befreit, denen sie bisher unterworfen waren, überträgt sie diese Last auf die beiden anderen Stände des Staates, die dazu nie verpflichtet waren. Es gibt keinen Unterschied mehr zwischen allen Ihren Untertanen; der Adlige und der Geistliche werden zu Frondiensten verpflichtet, oder - was auf dasselbe hinauskommt - sie werden zur Zahlung der Steuer verpflichtet, die an die Stelle des Frondienstes treten soll.
Hierbei handelt es sich keineswegs, Majestät, - wie man Ihnen darzustellen versucht hat - um einen Kampf der Reichen gegen die Armen.
Es ist das eine politische Frage und zwar eine der wichtigsten, da es darum geht, klarzustellen, ob alle Ihre Untertanen miteinander vermischt werden können und sollen, ob man aufhören muß, anzuerkennen, daß es unter ihnen verschiedene Lebensbedingungen, Abstufungen, verbriefte Rechte und Vorrechte gibt [...]

Irmgard und Paul Hartig: Die Französische Revolution. Quellen zur Geschichte und Politik. Stuttgart 1984. S. 24f.

a) Mit welchen Argumenten wird die ständische Ungleichheit verteidigt?
b) Wie ist der Widerspruch gegen die Maßnahme der königlichen Regierung politisch zu beurteilen?

52 **Umverteilung des Reichtums – Neuverteilung der Macht.** Antoine Barnave, Mitglied der französischen Nationalversammlung, 1792 in seiner „Einführung in die Französische Revolution":

„Da der Adel vor der Zeit, in der der Handel sich entwickelt, aus der Natur der Dinge heraus im Besitz der Macht ist, macht er auch die Gesetze, schafft er die Vorurteile und bestimmt die Sitten und Gewohnheiten: er ist gewiß bemüht, sie alle so miteinander zu verbinden, daß er seine Macht für immer bewahrt [...] Sobald aber Gewerbe und Handel das Volk zu durchdringen beginnen und neue Wohlstandsquellen für die produktive Klasse erschließen, bereitet sich eine Umwälzung in den politischen Gesetzen vor: eine Umverteilung des Reichtums führt zu einer Neuverteilung der Macht. Ebenso wie der Besitz an Grund und Boden den Adel emporgehoben hat, hebt das industrielle Eigentum die Macht des Volkes empor."

Antoine Barnave: Introduction à la Révolution française. Paris 1960. S. 9f. Übers. von P. Hartig

Wie weit läßt sich Barnaves These aus den Informationen dieses Kapitels belegen?

53 **Die Lage der Kleinbauern.** Der englische Reisende und Agrarwissenschaftler Arthur Young (1741–1820) trifft im Juli 1789 in der Gegend von Metz unterwegs auf eine arme Frau, die sich über die traurige Lage des Landes beklagte.

[...] Als ich sie nach den Gründen fragte, erzählte sie mir, ihr Mann habe nur ein Stückchen Land, eine Kuh und ein armseliges kleines Pferd, und daß sie indessen einem Grundherrn eine Rente von einem Franchar (= 42 Livres) an Weizen und drei Hühner, und einem anderen vier Franchar Hafer, ein Huhn und einen Heller zu zahlen hätten, von den schweren Abgaben und sonstigen Steuern ganz abgesehen. Sie hatte sieben Kinder, und die Milch der Kuh diente ihr dazu, Suppe zu kochen. – „Doch warum haben Sie an Stelle eines Pferdes nicht noch eine weitere Kuh?" – Nun, ihr Mann könnte seine Feldfrüchte nicht so gut transportieren, wenn er kein Pferd hätte, und in der Gegend benutzt man kaum Esel. Man erzählt, daß gegenwärtig durch große Herren etwas für uns arme Leute geschehen wird, aber sie wußte weder wer noch wie; aber daß Gott uns etwas Besseres schicken möge, denn die Steuern und Gebühren erdrücken uns.
Von näher betrachtet, hätte man dieser Frau sechzig oder siebzig Jahre gegeben, so gekrümmt war ihre Gestalt, so faltig ihr Gesicht und von der Arbeit gehärtet; doch sie erzählte mir, daß sie erst achtundzwanzig war.

Arthur Young: Voyages en France. Bd. 1. Paris 1931. S. 329f.
Übers. von A. Moser

a) Erklären Sie die Lage dieser Bauernfamilie aus den im Kapitel dargestellten sozialen, wirtschaftlichen und politischen Bedingungen.
b) Welche Vorstellung hat die Frau von den politischen Verhältnissen?

54 **Die Bauern und der Kirchenzehnte.**
Beschwerden der Bauern aus Mirabeau, Bezirk Aix-en-Provence, im Frühjahr 1789:

Die Grundstücke von Mirabeau werden von drei Zehnteintreibern geplündert, die sich jährlich, nach Abzug der Unkosten, mehr als 4000 Livres teilen. Die Armen haben niemals auch nur den geringsten Anteil an dieser Summe, die im Verhältnis zum undankbaren und begrenzten Boden dieser Pfarrgemeinde geradezu schwindelhaft ist.
Einer dieser Zehnten wird in Dreizehner-Garben geleistet und gehört Mönchen aus Villeneuve-lès-Avignon. Davon müssen diese lediglich 60 Livres abführen, damit jeden Sonntag vom 3. Mai bis zum 14. September eines jeden Jahres in einer Landkapelle, die im Zerfall begriffen ist, eine Messe gelesen wird. Meist ist es jedoch so, daß diese Messe nicht gelesen wird. Die Mönche behalten die 60 Livres, erstatten aber den Zehnten nicht zurück. Die Dorfgemeinschaft verlangt inständig, daß dieser Zehnte abgeschafft wird. Diese Abschaffung beeinträchtigt niemandes Eigentum, da die Leistung, für die man den Zehnten zahlt, nicht erbracht wird.
Der andere Zehnte wird ebenfalls in Dreizehner-Garben entrichtet; er gehört dem Priesterseminar von Aix-en-Provence, das mehr als 30000 Livres an Einkünften hat, deren Verwendung niemand kennt. Der Zehnte wird für 1800 Livres weiterverpachtet, und daraus hat das Seminar keine weitere Last zu zahlen als 120 Livres, um jeden Sonntag durch den Vikar der Gemeinde eine Messe in einer Landkapelle zu lesen, die sehr schlecht unterhalten ist und St. Michael heißt, sowie 72 Livres, um die kirchlichen Sakramente durch den Pfarrer von Mirabeau verwalten zu lassen [...]
Der dritte Zehnte bringt dem Domherrn 2900 Livres ein, nach Abzug der Zahlung an den Pfarrer. Aus dieser Summe zahlt der Domherr dem Vikar den bedeutsamen Betrag von 350 Livres jährlich, ferner 98 Livres, um in der Fastenzeit zu predigen, und 25 Livres an die Dorfgemeinschaft, die mittels dieser mäßigen Summe verpflichtet ist, den Schmuck der Sakristei würdig zu unterhalten [...]

Pierre Goubert/M. Denis: 1789. Les Français ont la parole. Cahiers de Doléances des Etats généraux. Paris 1964. S. 184f.
Übers. von A. Moser

Bringen Sie die Beschwerden der Bauern auf die kürzest mögliche Formel.

55 **Die amerikanische Revolution als Vorbild.** Bericht des Pidansat de Mairobert von 1778:

[...] Der Aufstand der Amerikaner hat in Marseille eine so lebhafte Erregung verursacht, daß ein Fest geschaffen wurde, um die Erinnerung daran für immer zu bewahren und zu feiern; es gibt da einen Klub nach englischem Vorbild; er setzt sich aus 13 Personen zusammen, die die 13 vereinigten Kolonien symbolisieren. Bei jedem dieser Festbankette werden Lieder gesungen, Verse und literarische Texte vorgelesen, die sich auf das Thema des Klubs beziehen, und dann wird das Publikum zugelassen und kann an der Sitzung teilnehmen. [...] Als ich den Saal betrat, war ich überrascht, als ich eine Fülle von Porträts wahrnahm, die alle berühmte Rebellen darstellen; aber das Franklins[1] hat vor allem meine Aufmerksamkeit auf sich gezogen, und zwar durch den Wahlspruch: „Eripuit caelo fulmen sceptrumque tyrannis“. („Dem Himmel hat er den Blitz und den Tyrannen das Szepter geraubt.“)

I. / P. Hartig: Französische Revolution. S. 23

[1] Benjamin Franklin (▷ S. 41) hat den Blitzableiter erfunden.

Wie ist die Begeisterung der Bürger von Marseille zu erklären?

56 **Die Wirkung der amerikanischen Revolution.** Thomas Jefferson (▷ Kap. II.2.) schreibt als amerikanischer Botschafter in Paris am 8. Januar 1789 an einen Bekannten:

Da ich von Anfang an hier an Ort und Stelle war und die Entwicklung als neutraler Zuschauer, nur bestimmt von Liebe zur Menschlichkeit, beobachtet habe, will ich Ihnen meine Gedanken darüber vortragen. Wenn auch schon berühmte Schriftsteller aus diesem und auch anderen Ländern gute Grundsätze über das Regierungswesen dargelegt haben, so hat doch wohl zuerst der amerikanische Unabhängigkeitskrieg den denkenden Teil des französischen Volkes aus dem Schlaf des Despotismus, in den es versunken war, erweckt. Die Offiziere, die in Amerika gekämpft hatten, waren zumeist Männer, die sich durch Gewohnheit und Vorurteil weniger gebunden und aufgeschlossener für die Gebote des gesunden Menschenverstandes und allgemeiner Rechte fühlten. Hiervon stark beeinflußt kehrten sie nach Frankreich zurück. Die Zeitungen, wenn sie auch gefesselt waren, fingen an, diese Gedanken zu verbreiten; auch die Unterhaltung gewann mehr Freiheit. Die Politik wurde das Thema aller Gesellschaften, der männlichen wie auch der weiblichen, und es bildete sich eine sehr ausgebreitete und eifrige Partei, die man die Partei der Patrioten nennen könnte. Die Patrioten, die empfindlich waren gegenüber der Mißbrauch treibenden Regierung, sehnten sich nach Gelegenheiten, sie zu reformieren. Diese Partei umfaßte alle ehrbaren Leute des Königreichs, die über genügend Muße verfügten, um nachzudenken: die Schriftsteller, das wohlhabende Bürgertum, die jungen Adligen, teils auf Grund von Nachdenken, teils um der Mode willen, denn diese Angelegenheiten wurden zu einer Modesache, und das verband die meisten jungen Frauen mit dieser Partei. [...]

Sie werden mich fragen, wohin all das führen wird [...] Ich bin der Auffassung, daß die Grundlage des gegenwärtigen Streites die Aufklärung der öffentlichen Meinung über die Rechte des Volkes ist, daß die Franzosen gemäß dem natürlichen Fortschritt der Dinge auf die Errichtung einer Verfassung, die ihnen ein gutes Maß an Freiheit gewährt, vorwärts drängen müssen.

The Life and Selected Writings of Thomas Jefferson. New York 1944. S. 453 ff. Übers. von P. Hartig

a) Zeigen Sie den Geist der Aufklärung in diesem Brief.
b) Welche Voraussetzungen fördern nach Jeffersons Erfahrung revolutionäres politisches Denken?

1.2. Krise des Staates – Krise der Gesellschaft?

Politisches System

Frankreich war seiner Verfassungs- und Verwaltungsstruktur nach eine absolute Monarchie: alle Gewalt ging vom König aus, der in der Regierung des Landes von Ministern und Ratskollegien unterstützt wurde. Der König hielt Hof in Versailles, dessen Prunk über Frankreich hinaus Bewunderung und Kritik hervorrief. Das Land war in Generalitäten eingeteilt, an deren Spitze ein Intendant als Vertreter des Königs mit weitreichenden Vollmachten stand. Doch trotz des absolutistischen Zentralismus bestanden auch am Ende des 18. Jahrhunderts noch viele Sonderrechte von Provinzen, Berufsgruppen und Einzelpersonen fort. Es gab keine Rechts- und keine Wirtschaftseinheit, auch keine einheitlichen Maße und Gewichte für das ganze Königreich. Einzelne Provinzen konnten über ständische Vertretungen bei der Steuerverteilung mitwirken, andere nicht. Die Käuflichkeit der Ämter führte zur Vererbung eines Amtes innerhalb einer Familie und ermöglichte dem Amtsinhaber damit eine gewisse Unabhängigkeit von der Regierung, was die Durchsetzungsmöglichkeiten der Krone schwächte. Der „ministerielle Despotismus", von dem die zeitgenössische Kritik spricht, hatte seine Grenzen.

Die Auflösung des Absolutismus

Diese absolute Monarchie erforderte eine starke Persönlichkeit als Monarchen, wie Ludwig XIV. eine gewesen war, nicht jedoch sein Nachfahre Ludwig XVI. (1774–1792). Die Schwäche der Krone gab Adel und Geistlichkeit die Gelegenheit, ihren politischen Einfluß mit Hilfe der Parlamente, in denen sie ausschließlich vertreten waren, wieder zu stärken. Die Parlamente waren zur Steigerung der monarchischen Macht abgeschafft gewesen. Ihre Wiederherstellung bei Regierungsantritt Ludwigs XVI. 1774 war ein erster Schritt zur Einschränkung des Absolutismus, denn die Parlamente verteidigten offensiv das Recht, Gesetze und Erlasse zu registrieren, was mit einem Kontroll- und Einspruchsrecht verbunden war.

57 Frankreich vor der Revolution: Unterschiedliche Steuern – Parlamente und zweierlei Recht.

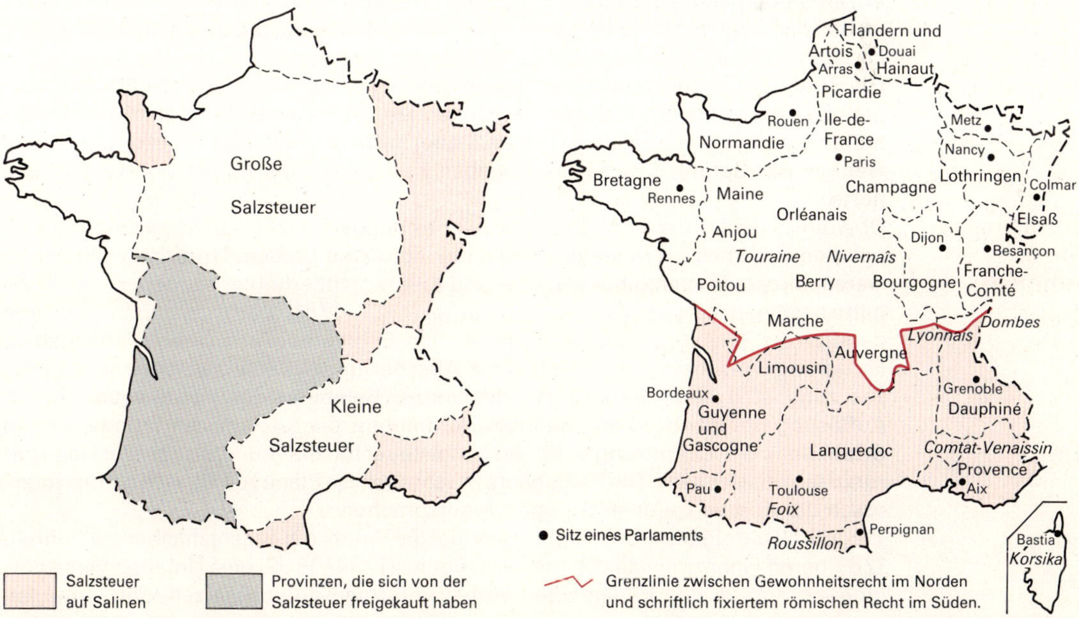

Die Regierung selbst konnte sich reformerischen Ideen der Aufklärung (▷ Kap. I. 3) nicht verschließen. So wurde die Leibeigenschaft auf den königlichen Domänen vollends abgeschafft und die Folter im Strafprozeß aufgehoben. Alle Haftfälle wurden überprüft, die zustande gekommen waren auf Grund der berüchtigten „lettres de cachet", vorgefertigter Haftbefehle, in die ein beliebiger Name eingesetzt werden konnte. 1787 wurde ein Toleranzedikt für die Protestanten erlassen, durch das ihnen zahlreiche bisher verschlossene Gewerbe und Berufe zugänglich wurden. Auch eine Verbesserung der Lage der Juden war im Gespräch. (▷ Kap. III. 6.2.) Der Weg zu einem aufgeklärten Absolutismus schien offen.

Finanzkrise

Obwohl die Steuerbelastung im 18. Jahrhundert immer mehr zunahm – am stärksten seit 1780 –, überstiegen die Staatsausgaben regelmäßig die Einnahmen. Das Defizit wurde durch Anleihen ausgeglichen. Im Jahre 1788 ging bereits über die Hälfte der Staatseinnahmen in den Schuldendienst, kam also den finanzstarken Geldgebern zugute. Der vielkritisierte königliche Hof verbrauchte nur 5,7% der Einnahmen, das Heer 16,8%, Marine und Kolonien 7,2%, Wohlfahrt 3,7% und die Verwaltung 3%. Die Kosten für den amerikanischen Unabhängigkeitskrieg, an dem sich Frankreich mit Freiwilligen und Geld beteiligt hatte, stellten eine zusätzliche Belastung dar. Der Handlungsspielraum der Regierung wurde immer enger, die Gefahr eines Staatsbankrotts größer.

Steuersystem

Eine Reform war schwierig, weil das Steuersystem kompliziert und ungerecht war. Als außerordentliche Einnahmen galten die freiwilligen Zahlungen des Klerus, die Anleihen und Einnahmen des Staates aus dem Ämterverkauf. Das Amt eines königlichen Sekretärs beispielsweise, das nicht mit Arbeit verbunden war, kostete 70 000 Livres im Jahr 1700, bis zur Revolution stieg sein Preis auf 300 000 Livres.

Unter den direkten Steuern war die Taille eine ländliche Umlagesteuer, im Norden Frankreichs personenbezogen, im Süden vom Grundbesitz erhoben. Sie wurde in der Summe auf die einzelnen Provinzen umgelegt, wobei die Provinzen mit Ständeversammlungen sich besondere Bedingungen aushandelten. Die Capitation war eine direkte Zusatzsteuer für den Zweiten und Dritten Stand, allerdings mit manchen Ausnahmen für den Adel. Der Vingtième war eine Einkommensteuer von 5%. Zu den indirekten Steuern gehörten die Gabelle (Salzsteuer), Wein- und Verbrauchssteuern, die städtische Akzise, die Binnen- und Außenzölle. Es war üblich, die indirekten Steuern an Steuerpächter zu verpachten, die einen pauschal festgesetzten Teil der Steuer an den Fiskus abzuliefern hatten und sich mit dem überschießenden Rest bereichern konnten.

Die Besteuerung der städtischen Gewerbetreibenden war geringer als die der Erzeuger von Agrarprodukten. Im ganzen wurden die, die wenig hatten, relativ wesentlich mehr besteuert als die, die viel hatten. Dabei hatte die zahlende Bevölkerung immer weniger das Gefühl, daß sie ihre Abgaben im Interesse der Allgemeinheit zu leisten hatte.

Gescheiterte Finanzreformen

Obwohl es genug Geld im Lande gab, war es politisch nicht durchzusetzen, die Einnahmen angemessen zu steigern, weil die indirekten Steuern langfristig verpachtet waren, direkte Steuern aber von Adel und Klerus nicht erhoben wurden. Schon 1776 hatte der Finanzminister Anne Robert Turgot (1727–1781) die Wirtschaft beleben und dadurch die Staatsfinanzen verbessern wollen. Er plante eine Senkung der Ausgaben, Förderung wirtschaftlichen Wachstums, Abschaffung der Zölle zwischen den Provinzen zugunsten eines freien Getreidemarktes, Belebung des Wettbewerbs durch Auflösung der Handelskorporationen, Aufhebung der kostenlosen Frondienste im Straßenbau und Einführung einer Territorialsteuer für alle Grundbesitzer zur Finanzierung des Straßenbaus. Die Parlamente brachten diese Pläne zu Fall, weil sie den Interessen der dort vertretenen Gruppen widersprachen.

Turgots Nachfolger mußten wohl oder übel die Politik der Staatsanleihen fortführen. 1787 berief Finanzminister Charles de Calonne (1734–1802) eine Notabelnversammlung ein, um an den Parlamenten vorbei Reformen durchzusetzen, und legte den

58 Das Defizit. Karikatur 1788. König: „Da ist alles leer." Finanzminister Necker (Mitte): „Ich habe aber doch etwas dringelassen." Der Geistliche: „Ich habe den Rest." Der Adlige: „Ich behalte es." *Erläutern Sie die Karikatur.*

finanziellen Ruin des Staates offen. Doch auch diese Versammlung, der nur Privilegierte angehörten, lehnte die Steuerreform im wesentlichen ab und verlangte statt dessen die Einberufung der alten Ständeversammlung, der Generalstände, die zuletzt 1614 getagt hatten. Da die Stände in dieser Versammlung getrennt und en bloc abgestimmt hatten, erhofften sich die beiden ersten Stände von der Wiederbelebung der Generalstände einen Zuwachs an Macht gegenüber der Krone, also das Ende des Absolutismus und eine Wiederbelebung des Ständestaates, ohne dem Dritten Stand allzu große Zugeständnisse machen zu müssen. Der 1788 erneut zum Finanzminister berufene Schweizer Bankier Jacques Necker (1732–1804) veranlaßte den König, dieser Forderung nachzukommen und die Generalstände für Mai 1789 einzuberufen.

59 **Rettung des Staates durch Beseitigung der Mißbräuche.** Der Finanzminister Charles de Calonne vor der Versammlung der französischen Notabeln am 22. Februar 1787:

Was bleibt, um einen entsetzlichen Fehlbetrag zu decken und das ersehnte Gleichgewicht im Staatshaushalt herzustellen? Was bleibt uns, um aufzukommen für alles, was uns fehlt, und herbeizuschaffen, was wir zur Wiederherstellung der Finanzen brauchen?

Die Mißbräuche.

Ja, meine Herren, in den Mißbräuchen selber findet sich ein Schatz von Reichtümern, die der Staat zurückfordern darf und zurückfordern muß, um die Ordnung wiederherzustellen. Die Mißbräuche werden verteidigt durch persönliche Interessen, Einfluß, Vermögen und alte Vorurteile, aber was vermag ihre eitle Verbrüderung gegen das öffentliche Wohl und die Bedürfnisse des Staates? Die Mißbräuche, die heute zum Wohl des Staates vernichtet werden sollen, sind die, die am stärksten in die Augen fallen, die die meisten Verteidiger, die tiefsten Wurzeln und die breitesten Äste haben. Das sind die, die auf der arbeitenden und erwerbenden Klasse lasten: Die Mißbräuche der Geldprivilegien, die Befreiungen vom gemeinsamen Recht und all die ungerechten Bevorzugungen, die einen Teil der Steuerpflichtigen nur entlasten können, um das Los der anderen zu erschweren; die allgemeine Ungleichheit in der Erhebung der Abgaben, das ungeheure Mißverhältnis in den Leistungen der verschiedenen Provinzen und den Lasten der Untertanen desselben Fürsten;

die Härte und Willkür in der Erhebung der Taille; die Angst, die Pein und Entehrung beinah, die dem Vertrieb der notwendigen Erzeugnisse anhaftet; die Zollämter im Inneren und all die Sperrketten, die die verschiedenen Teile des Reiches einander entfremden; die Abgaben, die den Gewerbefleiß entmutigen, deren Erhebung maßlose Kosten und unzählige Angestellte erfordert, die zum Schmuggel förmlich herausfordern und jedes Jahr Tausende von Bürgern unglücklich machen; das Hinschwinden der Krongüter und die Ertraglosigkeit ihrer spärlichen Reste; die Entwertung der königlichen Waldungen und die Verderbnis ihrer Verwaltung; kurz alles, was die Erzeugung von Werten untergräbt, die Quellen des Kredits unterbindet, die Einkünfte unzulänglich macht und sie durch überflüssige Ausgaben verschlingen läßt. Wenn soviel Mißbräuche, trotz immerwährender Rüge, bis jetzt der öffentlichen Meinung, die sie geächtet hat, sowie den Anstrengungen der Staatsämter widerstanden haben, die ihnen abhelfen wollten, so rührt das daher, daß man durch einen teilweisen Eingriff erreichen wollte, was nur durch eine allgemeine Operation gelingen konnte; daß man glaubte, die Unordnung heilen zu können, ohne ihren Quell zu verstopfen; daß man die Verwaltung bessern wollte, ohne ihre inneren Widersprüche zu beheben, ohne sie zurückzuführen auf den Grundsatz der Einheitlichkeit, der allein alle Schwierigkeiten im einzelnen entfernen und den ganzen Körper des Königreichs neu beleben kann. Die Entwürfe, die der König Ihnen mitteilen will, haben alle dieses Ziel im Auge.

I./P. Hartig: Französische Revolution. S. 27 f.

a) Inwiefern kann man Calonnes Vorstellungen als revolutionär bezeichnen?
b) Was für eine Ordnung schwebt Calonne offenbar vor?

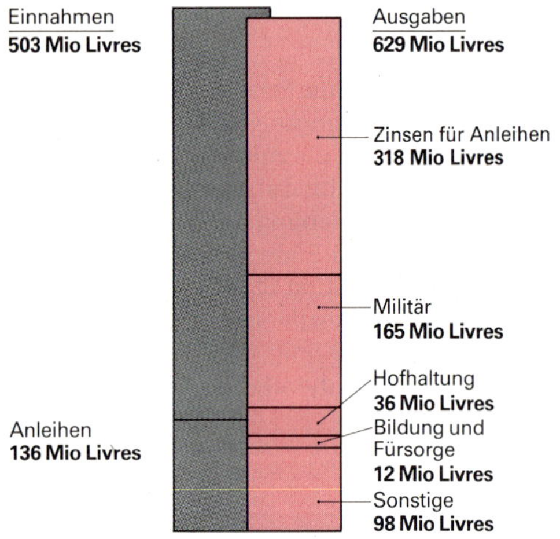

60 Staatshaushaltsplan 1788.

a) Inwiefern spiegelt der Staatshaushalt die Politik des Ancien Régime wider?
b) Beurteilen Sie im Blick auf M 59 und 61 die Aussichten der Pläne Calonnes auf Erfolg.

61 Auflehnung des Pariser Parlaments gegen Reformpläne. Beschluß vom 3. Mai 1788:

Das Parlament [...] ist der Auffassung, daß die Maßnahmen der Regierung gegen die Richterschaft offenbar durch den Parlamentsbeschluß bestimmt sind, sich zwei unheilvollen Steuern zu widersetzen, sich in der Frage der Beihilfen für unzuständig zu erklären, um dadurch die Einberufung der Generalstände zu erreichen, und die individuelle Freiheit der Bürger zu fordern.

Das Parlament ist zugleich der Auffassung, daß eben diese Maßnahmen daher kein anderes Ziel anstreben, als – möglichst ohne die Generalstände heranzuziehen – die frühere Verschwendung durch Mittel zu decken, die das Parlament nicht anerkennen kann, denen es sich vielmehr widersetzen muß [...]

Das Parlament ist schließlich der Auffassung, daß das System des einzigen Willens, wie es in den verschiedenen dem König zugeschriebenen Antworten ausgedrückt worden ist, von Seiten der Minister die unheilvolle Absicht ankündigt, die Grundsätze der Monarchie zu vernichten [...]

Auf Grund dieser Überlegungen erklärt das Parlament, daß Frankreich eine von dem König gemäß den Gesetzen regierte Monarchie ist, daß diese Gesetze, von denen mehrere grundlegender Art sind, das Thronrecht des regierenden Herrscherhauses umfassen und gewährleisten – in männlicher Nachkommenschaft in der Ordnung der Erstgeburt, unter Ausschluß ihrer Töchter und deren Nachkommenschaft.

Ferner umfassen diese Gesetze das Recht der Nation, frei die Beihilfen vermittels der Generalstände zu bewilligen, die regelmäßig einzuberufen und regelrecht zusammenzusetzen sind; das Gewohnheitsrecht der Provinzen und die ihnen gewährten Zugeständnisse: die Unabsetzbarkeit der Richter; das Recht der Parlamente, in jeder Provinz die Beschlüsse des Königs zu überprüfen und deren Eintragung nur dann anzuordnen, wenn sie mit den Grundgesetzen der Provinzen wie auch mit den Gesetzen allgemein übereinstimmen; das Recht jedes Bürgers – gleich in welcher Angelegenheit –, nur vor die natürlichen Richter gestellt zu werden, nämlich die, die das Gesetz ihm bestimmt; und das Recht, ohne das die anderen Rechte nutzlos sind, nur verhaftet zu werden, gleich auf Grund welchen Befehls, um unverzüglich den zuständigen Richtern übergeben zu werden. [...]

I./P. Hartig: Französische Revolution. S. 29

a) Welche Interessen vertritt das Pariser Parlament?
b) Das Pariser Parlament beruft sich auf Recht und Gesetz. Diskutieren Sie die Problematik dieser Argumentation.

62 Wer vertritt die Interessen des Volkes: König oder Parlamente?

In einer anonymen Flugschrift 1788 heißt es:

Zwischen dem König und den Parlamenten ist ein Streit ausgebrochen. Die Parlamente haben gesagt: Wir wollen König sein; ein König ist nur ein Parlamentsmitglied. Der König hat gesagt: Soweit ist es noch nicht; wenn ich Euch freie Hand ließe, könnte das wohl eintreten, aber ich werde das nicht zulassen.

Die Parlamente haben gesagt: Wir sind notwendig. Der König hat gesagt: Ich werde Euch zeigen, daß Ihr es nicht seid; Ihr seid von den alltäglichen Angelegenheiten viel zu entfernt, als daß Ihr sie beurteilen könntet. In den Provinzen seid Ihr Tyrannen; niemand wagt es, vor Gericht gegen Euch aufzutreten. Mein Volk aber braucht Richter, die es schützen und es nicht quälen. Die Parlamente haben gesagt: Wir verteidigen das Volk gegen die Steuern. Der König hat gesagt: Ihr versucht zu täuschen. Es geht nicht um Steuern. Ich habe gesagt, ich forderte keine. Ich habe gezeigt, daß sie für mich nicht notwendig sind. Ich will nur, daß Ihr wie die anderen den Zwanzigsten[1] zahlt, und Ihr bezahlt ihn nicht.

Die Parlamente haben gesagt: Wir sind die Vertreter der Bedürfnisse des Volkes. Der König hat gesagt: Da ich die Bedürfnisse des Volkes kenne, brauche ich keine Vertreter. Ich habe die Provinzversammlungen eingerichtet, damit sie mir diese Bedürfnisse mitteilen, aber Ihr schätzt die Provinzversammlungen[2] nicht. Ich habe versprochen, die Generalstände einzuberufen, und Ihr fürchtet sie, obwohl Ihr sie zu fordern scheint. [...]

Auf folgendes läuft der gegenwärtige Streit hinaus: Soll das Volk Recht erhalten gegen die Mächtigen? Zur Zeit kann es gegen einen Parlamentspräsidenten oder Ratsherren nicht sein Recht erlangen. König und Volk stehen auf der einen Seite, auf der anderen das Parlament und einige ihm ergebene Adlige. König und Volk werden immer nur eine gemeinsame Sache machen, ein gemeinsames Interesse haben.

I./P. Hartig: Französische Revolution. S. 30f.

[1] 1749 eingeführte Einkommensteuer für alle Stände
[2] 1787 geschaffene Versammlungen, in denen der Dritte Stand doppelt so zahlreich war wie die beiden ersten Stände und die dazu dienen sollten, den Widerstand der Notabelnversammlung und der Parlamente gegen die Finanzreform zu unterlaufen.

a) Listen Sie die Interessengegensätze zwischen königlicher Regierung und Parlament auf.
b) Bestimmen Sie den politischen Standort des Verfassers des Flugblattes.

1. Entwerfen Sie ein Schaubild des gesellschaftlichen Aufbaus in Frankreich vor 1789.
2. Unterscheiden Sie zwischen den langfristigen Ursachen und den kurzfristigen Faktoren, die zur revolutionären Lage des Frühjahrs 1789 führten.
3. Nehmen Sie Stellung zu der von den Verfassern gewählten Überschrift des Kapitels 1.2.

„Der Dritte Stand ist alles"

Da den Abgeordneten der Nationalversammlung ihr Sitzungssaal auf Weisung des Königs und seines Kronrats verschlossen blieb, traten sie am 20. Juni im Ballspielhaus zusammen und schworen, nicht eher auseinanderzugehen, als bis sie eine Verfassung für das Königreich erarbeitet hätten. Zwei Tage später stießen auch diejenigen Geistlichen hinzu, die noch abseits gestanden hatten. König Ludwig XVI., dessen Haltung für die Entwicklung von großer Bedeutung war, reagierte unsicher. Bei einer Sitzung der Stände in seiner Anwesenheit am 23. Juni machte er einige Zugeständnisse bei den persönlichen Freiheitsrechten, der Pressefreiheit und der Steuerbewilligung, lehnte aber nach wie vor die Gleichberechtigung der Stände ab und forderte die Abgeordneten auf, nach Ständen getrennt zu beraten, d.h. die Ständeordnung wiederherzustellen. Einzelne Abgeordnete protestierten, und Sieyès rief den Abgeordneten zu: „Ihr seid heute noch, was Ihr gestern gewesen seid!" – nämlich eine Nationalversammlung –, und Mirabeau forderte mit den Worten zum Ungehorsam auf: „Wir lassen uns von unseren Plätzen nur durch die Macht der Bajonette vertreiben!" Daraufhin beschloß die Versammlung die Immunität ihrer Mitglieder als Vertreter der Nation. Als der König klein beigab, traten nach und nach weitere Vertreter des Adelsstandes über, und am 27. Juni forderte der König selbst die restlichen Abgeordneten auf, sich der Nationalversammlung anzuschließen.
Der Dritte Stand hatte gesiegt. Eine zweite Gewalt war neben der königlichen entstanden, die absolute Monarchie hatte in Frankreich aufgehört zu existieren. Im Bewußtsein ihrer Bedeutung gab sich die Nationalversammlung den offiziellen Namen „Verfassunggebende Nationalversammlung" oder Konstituante.

Die Revolution in Paris

Die Bevölkerung von Paris (▷ M 71) verfolgte die Entwicklung mit großer Anteilnahme. Die Aufmerksamkeit wurde um so gereizter, als zur gleichen Zeit vor der Ernte das Brot knapper und daher teurer wurde, so daß immer größere Teile der Bevölkerung nicht mehr satt wurden. Als sich die Nachricht verbreitete, daß der König Truppen mit ausländischen Söldnern rund um die Stadt aufmarschieren ließ, stieg die Unruhe. Denn man vermutete, daß es ihm und dem Hof nicht nur um die Verhinderung von Unruhen ging, sondern um die Auflösung der Nationalversammlung. Das Gerücht vom aristokratischen Komplott ging um, das sich durch die Entlassung von Finanzminister Necker und der liberalen Minister im Kabinett am 12. Juli zu bestätigen schien. Es kam zu Demonstrationen gegen die Entlassung Neckers, in dem man einen Freund des Dritten Standes sah. Als das deutsche Leibregiment im Garten des königlichen Schlosses auf Demonstranten schoß, plünderten Pariser Bürger die Waffengeschäfte. Einzelne Truppen schlossen sich ihnen an, ein Zeichen, daß der König sich auf Teile der Armee nicht mehr verlassen konnte.

Revolution: Mit „Revolution" – wörtlich: Umwälzung – meint man eine tiefgreifende Änderung der Verhältnisse. Im politischen Bereich wird damit eine schnelle, oft mit Gewalt gegen den Willen der Herrschenden herbeigeführte Umgestaltung der Machtverhältnisse bezeichnet. In diesem Sinne wurde der Begriff erstmals auf den Sturz König Jakobs II. von England 1688 als „Glorious Revolution" angewandt. Mit der Französischen Revolution bekam das Wort die Bedeutung einer radikalen Umgestaltung historisch gewachsener Verhältnisse zugunsten einer neuen, nach Grundsätzen der Vernunft zu gestaltenden politischen und gesellschaftlichen Ordnung. Für Bestrebungen, die dem entgegenwirkten, wurde in der Französischen Revolution der Begriff „Konterrevolution" geprägt. Für den deutschen Philosophen G. W. F. Hegel bedeutete die Französische Revolution und die ihr folgenden Revolutionen des 19. Jahrhunderts Stufen im Gang der Menschheitsgeschichte zu Freiheit und Entfaltung des Geistes. Karl Marx und Friedrich Engels übernahmen die Vorstellung einer stufenweisen Entwicklung der Menschheit in revolutionären Prozessen, sahen den Motor der Entwicklung aber in den materiellen und ökonomischen Veränderungen, ihr Ziel in einer klassenlosen und befriedeten Weltgesellschaft.
In Erweiterung des Revolutionsbegriffes unterscheidet man seit Marx nach betroffenen Bereichen oder Trägern zwischen politischer, sozialer oder kultureller sowie bürgerlicher oder proletarischer Revolution. Wird eine solche Revolution von der Regierung veranlaßt, spricht man von einer Revolution von oben. Dabei zeigt sich, daß der Übergang zwischen Revolution und Reform fließend ist.

Daraufhin ergriffen die Wahlmänner, die für die einzelnen Stadtbezirke bei den Wahlen zu den Generalständen mitgewirkt hatten, die Initiative und gaben am 13. Juli die Gründung eines ständigen Ausschusses zur Verwaltung von Paris bekannt, der vor allem die Versorgung der Bevölkerung sicherstellen sollte. Um Ruhe und Ordnung angesichts der Bewaffnung des Volkes aufrecht zuerhalten und dem König jeden Vorwand für ein militärisches Eingreifen zu nehmen, bildete die Nationalversammlung eine Bürgermiliz, die Nationalgarde, die sich aus Mitgliedern des städtischen Bürgertums rekrutierte.
Doch ließ sich die Pariser Bevölkerung nicht so schnell beruhigen. Am 14. Juli holte eine bunte Menge von Garden, Bürgern und Arbeitern, Männern und Frauen aus dem Gebäude der Invaliden 32 000 Gewehre und zog dann zur Bastille, dem alten Stadtgefängnis. Nach einer Schießerei, die zahlreiche Opfer unter den Belagerern forderte, wurde dieses Symbol der Unterdrückung im Absolutismus gestürmt und die kleine Besatzung niedergemacht. Bis heute ist der 14. Juli französischer Nationalfeiertag.
Der König gab erneut nach. Necker wurde zurückberufen, die Truppen wurden von Paris abgezogen. Eine revolutionäre Stadtverwaltung, der von ihr gewählte Bürgermeister und der Volksheld La Fayette an der Spitze der Nationalgarde regierten jetzt Paris. Mit einem Besuch in der Stadt erkannte der König die neuen Verhältnisse an. Er erhielt die dreifarbige Kokarde überreicht, das Symbol für das Bündnis von Thron (weiß) und Hauptstadt (blau-rot).
Der Bastille-Sturm, der eigentlich viel weniger bedeutsam war als die revolutionäre Entscheidung vom 17. Juni, verursachte in den Provinzen große Erregung. In vielen Städten ahmten die Bürger das Beispiel nach, stellten Nationalgarden auf, vertrieben die königlichen Intendanten und richteten neue Stadtverwaltungen ein, die sich gegen den bisherigen Zentralismus wehrten und die Steuererhebung aussetzten. Die Stadt Paris jedoch wurde während der ganzen Revolutionszeit zu einem eigenständigen und eigenwilligen politischen Faktor neben der Regierung Frankreichs.

Große Furcht und soziale Revolution vom 4. August

Die Etablierung der Nationalversammlung hatte den Beifall der Bauern gefunden, die nun die Beseitigung des restlichen Feudalsystems voll Ungeduld erwarteten. Die schlechte Ernte hatte große Teile der Landbevölkerung schon im Frühjahr 1789 in Bedrängnis gebracht und zu lokalen Revolten gegen aristokratische Landbesitzer und Grundherren sowie Verweigerung von Abgaben geführt. Im Sommer nun stürmten Bauern Schlösser und Klöster und verbrannten die alten Dokumente über Abgaben und Dienste. Spärliche und unklare Nachrichten über die Vorgänge in Versailles und Paris ließen vielerorts Panik aufkommen. Je nach geographischer Lage fürchtete man den Einmarsch

64 Die große Furcht. Anonymer Stich 1789. Der Zeichner stellt die Erstürmung eines Schlosses und das Aufhalten eines Reisewagens dar. Im Hintergrund links kommen offenbar erregte Bauern gelaufen. Ein weiteres Gebäude brennt. Auf den Straßen fliehen Adlige in die Emigration. (▷ M 74 u. 75)

65 Die Verfassunggebende Nationalversammlung bei der Arbeit. Die Sitzung findet in demselben Saal statt wie die Versammlung der Generalstände (M 63), doch hat man die Sitzordnung geändert. *Vergleichen Sie die drei Bilder M 63, 65 und Farbtafel 3 nach Inhalt, Form, historischer und beabsichtigter Aussage.*

der Piemonteser oder der Engländer, und überall erzählte man von Räuberbanden und aristokratischer Verschwörung: die Große Furcht ging um.

Die Nationalversammlung wurde in Unruhe versetzt. Obwohl man die Forderungen der Bauern widersprüchlich beurteilte, wuchs in der Nacht vom 4. auf den 5. August die Bereitschaft nachzugeben. Die ersten Anträge auf Abschaffung des Privilegiensystems kamen von Adligen. Die Begeisterung wuchs mit jedem neuen Antrag, bis schließlich auch der Klerus auf den Kirchenzehnten verzichtete. Nach der politischen war nun auch die gesellschaftliche Ordnung des Ancien Régime umgestürzt.

Die Erklärung der Menschen- und Bürgerrechte

Die soziale Revolution erhielt am 26. August ihre unmittelbare Weihe durch die Erklärung der Menschen- und Bürgerrechte, welche die Grundlage der Verfassung werden sollte, die die Konstituante ausarbeitete. Ihre wichtigsten Verfasser waren Mirabeau, Sieyès und der Jurist Mounier, die sich die amerikanische Unabhängigkeitserklärung von 1776 (▷ M 39) zum Vorbild genommen hatten. Während der Beratungen wurden die Sätze über die Meinungsfreiheit, die Freiheit der Religionsausübung und des Rechtes auf Eigentum besonders heftig diskutiert. Zusammen mit den Beschlüssen über die Abschaffung des Feudalwesens stellten die Menschen- und Bürgerrechte einen der beiden grundlegenden Texte der bürgerlichen Revolution dar.

Repräsentativsystem. Die Vorstellung von der Gleichheit und Freiheit der Menschen und Bürger als Individuen, wie sie die Philosophen der Aufklärung verbreiteten, konnte sich mit einer Vertretung der Stände, wie sie sich seit dem Mittelalter entwickelt hatte, nicht zufriedengeben. Da die direkte Mitwirkung der Bürger an der politischen Willensbildung im Sinne einer direkten Demokratie in großen Flächenstaaten aus praktischen Gründen nicht in Betracht kam, sollten die Staatsbürger Repräsentanten oder Abgeordnete für eine bestimmte Zeit wählen, um die Interessen der Nation in der gesetzgebenden Versammlung – in den USA House of Representatives, in England Parliament, in Frankreich Nationalversammlung genannt – zu vertreten.

Die Repräsentanten werden in Wahlkreisen gewählt, sind aber als Vertreter der ganzen Nation nicht an Weisungen der Wähler durch ein „imperatives Mandat“ gebunden. Da die Mehrheit der Staatsbürger im 18. Jahrhundert keinen Besitz hatte und nicht lesen und schreiben konnte, hielt man das Repräsentativsystem meist nur dann für funktionsfähig, wenn das Wahlrecht auf diejenigen Bürger beschränkt wurde, die einen bestimmten Besitz hatten und Steuern in bestimmter Höhe zahlten. „Demokraten“ forderten die Ausweitung des Wahlrechts auf alle erwachsenen Bürger und – allerdings erst Ende des 19. Jahrhunderts – Bürgerinnen, wollten also nicht mehr zwischen Aktivbürgern und Passivbürgern unterscheiden.

66 **Selbsteinschätzung des Dritten Standes.** Im Januar 1789 veröffentlichte der Abbé Emmanuel-Joseph Sieyès (1748–1836) eine Flugschrift „Was ist der Dritte Stand?" Darin hieß es:

1. Was ist der Dritte Stand? Alles.
2. Was ist er bis jetzt in der staatlichen Ordnung gewesen? Nichts.
3. Was verlangt er? Etwas darin zu werden.

Erstes Kapitel
Der Dritte Stand ist eine vollständige Nation.

Was ist nötig, damit eine Nation bestehen kann und gedeiht?
Arbeiten im Privatinteresse und öffentliche Dienste. [...] Das sind die Arbeiten, die die Gesellschaft erhalten. Wer verrichtet sie? Der Dritte Stand.
[...] Alle öffentlichen Dienste lassen sich in der gegenwärtigen Lage in die vier bekannten Zweige einteilen: Militärdienst, Rechtspflege, Kirche und Staatsverwaltung. Es wäre überflüssig, sie einzeln durchzugehen, um zu zeigen, daß der Dritte Stand auf allen diesen Gebieten neunzehn Zwanzigstel leistet, nur daß er mit allen wirklich beschwerlichen Arbeiten belastet wird, die der privilegierte Stand zu übernehmen sich weigert. Nur die einträglichen und ehrenvollen Stellen sind von Mitgliedern des privilegierten Standes besetzt. [...]
Wer könnte also die Behauptungen wagen, der Dritte Stand umfasse nicht alles, was zur Bildung einer vollständigen Nation nötig ist? Er ist der starke und kraftvolle Mann, dessen einer Arm noch angekettet ist. Wenn man den privilegierten Stand entfernte, wäre die Nation nicht etwas weniger, sondern etwas mehr. Was also ist der Dritte Stand? Alles, aber ein gefesseltes und unterdrücktes Alles. Was wäre er ohne den privilegierten Stand? Alles, aber ein freies und blühendes Alles. Nichts geht ohne ihn, alles würde unendlich viel besser gehen ohne die anderen. [...]

Was ist eine Nation? Ein Körper, dessen Mitglieder unter einem *gemeinsamen* Gesetz leben und durch eine und dieselbe *gesetzgebende Versammlung* vertreten sind, [...]

Drittes Kapitel
Was verlangt der Dritte Stand? Etwas zu werden

[...] Man kann die wahren Forderungen dieses Standes nur nach den authentischen Beschwerdeschriften beurteilen, die die großen Stadtgemeinden an die Regierung gerichtet haben. Was liest man da? Daß das Volk *etwas* sein will, und wahrlich nur das Mindestmögliche. Es will echte Vertreter in den Generalständen haben, das heißt Abgeordnete, *die aus seinem Stand kommen,* seine Wünsche vorbringen und seine Interessen verteidigen. Aber was würde es ihm nützen, in den Generalständen vertreten zu sein, wenn dort die ihm entgegengesetzten Interessen die Oberhand hätten? Es würde durch seine Gegenwart nur die Unterdrückung bestätigen, deren ewiges Opfer er wäre. Daher steht es fest, daß der Dritte Stand nur dann in den Generalständen vertreten sein und seine Stimme abgeben kann, wenn er *wenigstens den gleichen Einfluß wie die Privilegierten* bekommt. Er verlangt daher ebenso viele Vertreter wie die beiden anderen Stände zusammen. Diese Zahlengleichheit der Vertreter wäre aber vollkommen illusorisch, wenn jede Kammer nur eine Stimme hätte. Der Dritte Stand verlangt daher, daß *nach Köpfen und nicht nach Ständen abgestimmt wird.* [...]

Die Französische Revolution. Eine Dokumentation. Walter Grab. (Hrsg.): München 1973. S. 24 ff.

a) Zeigen Sie die Besonderheit des Nationbegriffs bei Sieyès.
b) Wie legitimiert er den Dritten Stand als Nation?
c) Welches sind die politischen Konsequenzen des Nationbegriffs?
d) Weisen Sie den Einfluß von Rousseau nach. (▷ Kap. I. 3., M 114)

67 **Forderungen der Bevölkerung.**
Beschwerdeheft der Gemeinde Chérancé, 3. Stand, Provinz Anjou, vom 6. März 1789:

Die Einwohner verlangen
1. die vollständige Abschaffung der Salzsteuer, einer wahren Geißel im Staate;
2. die Abschaffung der grundherrlichen Gerichtsbarkeiten;
3. den freien Verkauf von Tabak;
4. die Abschaffung der Zölle im Innern des Königreiches;
5. die freie Jagdausübung für jeden Grundbesitzer, da es nicht gerecht ist, daß die Ernten verwüstet

werden, nur um der Prahlsucht der Adligen zu schmeicheln und die Bauern zu ruinieren.

6. die Ablösung der Abgaben, die den Grundherren und der Kirche geschuldet werden, und zwar die Gebühren zum zwanzigfachen Betrag und die Naturalabgaben zum fünfundzwanzigfachen;
7. Gleichbehandlung bei den Steuern, die anläßlich der Generalstände geregelt werden sollen;
8. Aufhebung der Taille, Capitation und Zusatzsteuern;
9. Abschaffung des Feudalwesens und Aufhebung der Benutzungspflicht für die Backöfen des Grundherrn; [...]

Sie verlangen ferner:

11. Die Bäume an den Wegen sollen den Grundstücksanliegern erhalten bleiben.
12. Es sollen nur noch Steuern anerkannt werden, die von den Generalständen festgesetzt werden. [...]
14. Es soll eine Straße von Craon nach Segré gebaut werden, um die Versorgung der ganzen Region Bas-Anjou zu erleichtern.
15. Die Geistlichen und die Adligen sollen der allgemeinen Steuer unterworfen werden.
16. Bischöfe, Pfarrer und Vikare sollen in ihrem Amt verbleiben, doch alle übrigen Kirchenämter sollen nach dem Ableben ihrer Inhaber aufgehoben werden und deren Vermögenswerte zugunsten des Staates verkauft werden. [...]
18. Die Minister sollen über die Gelder, die ihnen anvertraut werden, Rechenschaft ablegen müssen. [...]

P. Goubert/M. Denis: 1789. Les Français ont la parole. S. 32f. Übers. von A. Moser

Ordnen Sie die Beschwerden folgenden Gesichtspunkten zu:
a) Alltagssorgen der Bauern eines Dorfes; – b) allgemeingültige Forderungen, die sich innerhalb des alten Systems verwirklichen ließen; – c) Forderungen, die eine grundsätzliche Änderung des Systems, also eine Revolution bedeuteten. (Mehrfachnennungen sind möglich.)

68 Zwei Karikaturen, links vor Juni 1789, rechts danach. Dargestellt sind jeweils die drei Stände, wobei der Bauer für den Dritten Stand steht. Links: Bauer: „Hoffen wir, daß das Spiel ein Ende nimmt." Die Hasen, die er nicht jagen darf, fressen seinen Kohl, die Vögel fressen sein Korn. Rechts: Bauer: „Es lebe der König, es lebe die Nation." Er hat einen toten Hasen am Stecken, der Kohl gedeiht, und die Vögel sind auch tot.

69 Die Vertreter des Dritten Standes erklären sich zur Nationalversammlung, 17. Juni 1789:

Nach Prüfung der Vollmachten stellt diese Versammlung fest, daß sie sich bereits aus den Abgeordneten zusammensetzt, die von zumindest 96% des Volkes entsandt worden sind.
Eine derartige Masse von Vertretern darf nicht inaktiv bleiben, weil die Abgeordneten einiger Kreise oder einiger Klassen von Bürgern fehlen; denn die Abwesenden, die zur Teilnahme aufgerufen waren, können die Anwesenden nicht daran hindern, ihre Rechte voll auszuüben, besonders wenn die Ausübung dieser Rechte zu einer gebieterischen und dringenden Pflicht geworden ist. [...]
Die Benennung *Nationalversammlung* ist die einzige, die bei dem gegenwärtigen Stand der Dinge der Versammlung zukommt, sowohl weil die Mitglieder, aus denen sie sich zusammensetzt, die einzigen Vertreter sind, die gesetzlich und öffentlich anerkannt und bestätigt sind, als auch weil sie direkt von nahezu dem gesamten Volk entsandt worden sind, als auch weil - da die Versammlung eine unteilbare Einheit darstellt - keiner der Abgeordneten, von welcher Schicht oder Klasse er auch gewählt sein mag, das Recht besitzt, seine Funktionen getrennt von der gegenwärtigen Versammlung auszuüben.
Die Versammlung wird nie die Hoffnung aufgeben, in ihrer Mitte alle heute noch abwesenden Abgeordneten zu vereinigen; sie wird nicht davon ablassen, sie zur Erfüllung der ihnen auferlegten Verpflichtung anzuhalten, an der Abhaltung der Generalstände mitzuwirken. Sie erklärt schon jetzt, daß sie, sobald im Laufe der jetzt beginnenden Tagung die abwesenden Abgeordneten erscheinen, gern dazu bereit ist, sie aufzunehmen und mit ihnen, nach Überprüfung ihrer Vollmachten, weiter die großen Arbeiten zu verfolgen, die zu der Wiedergeburt Frankreichs führen sollen. Die Nationalversammlung beschließt, daß die Beweggründe des vorliegenden Beschlusses sofort schriftlich formuliert werden, damit sie dem König und dem Volk vorgelegt werden.

I./P. Hartig: Französische Revolution. S. 41

a) Inwiefern kann man diese Erklärung als einen revolutionären Akt bezeichnen?
b) Stellen Sie Unterschiede und Gemeinsamkeiten mit der amerikanischen Unabhängigkeitserklärung fest. (▷ Kap. II. 2., M 139)

70 Die Reaktion Ludwigs XVI. Erklärungen des Königs vor den Generalständen am 23. Juni 1789:

Der König will, daß die alte Unterscheidung der drei Stände des Staates vollständig erhalten bleibt, weil sie wesentlich verknüpft ist mit der Verfassung seines Reiches; [...] Demgemäß hat der König erklärt, daß die von den Abgeordneten des Dritten Standes am 17. Juni gefaßten Beschlüsse ebenso wie die, die daraus folgen können, null und nichtig sind, weil sie ungesetzlich und verfassungswidrig sind. [...]
Alle Eigentumsrechte werden ohne Ausnahme standhaft beschützt werden, und ausdrücklich begreift seine Majestät unter dem Begriff Eigentum die Zehnten, Grundzinsen, Renten, feudalen und grundherrlichen Rechte und Pflichten und überhaupt alle nutzbringenden oder ehrenden Rechte und Vorrechte, welche an Gütern und Lehen oder an Personen haften.
Befehl des Königs daraufhin:
„Ich befehle Ihnen, meine Herren, sich auf der Stelle zu trennen und sich morgen jeder in dem seinem Stande angewiesenen Saal einzufinden."
Der Zeremonienmeister an die Vertreter des Dritten Standes, die sitzen geblieben waren:
„Meine Herren, Sie haben die Befehle des Königs gehört."
Antwort Mirabeaus[1] hierauf:
„Ja, mein Herr, wir haben gehört, was man dem König eingegeben hat; und Sie, der Sie sein Organ in der Nationalversammlung nicht sein können, der Sie hier weder Sitz noch Stimme noch ein Recht zu reden haben, Sie sind nicht der Mann, uns an seine Rede zu erinnern. Aber, um jedes Mißverständnis und jeden Aufschub zu verhüten, erkläre ich Ihnen, daß, wenn man Sie beauftragt hat, uns von hier fortzuschaffen, Sie sich Befehle zur Anwendung von Gewalt beschaffen müssen. Denn nur vor der Gewalt der Bajonette werden wir vom Platz weichen."

I./P. Hartig: Französische Revolution. S. 42

1) Honoré-Gabriel Riqueti, Graf Mirabeau, 1749–1791. Hatte sich als Adliger für den Dritten Stand wählen lassen. – Das Zitat ist nicht genau verbürgt.

Beurteilen Sie die Haltung des Königs unter politischen Gesichtspunkten.

71 Paris war zur Zeit der Französischen Revolution mit etwa 500000 Einwohnern die größte Stadt Europas. Die Nationalversammlung tagte bis 1793 im Manège, dem Reitsaal des Tuilerien-Schlosses, danach in einem Flügel des Schlosses. Sitz der Pariser Kommune, der Stadtregierung, war das Hôtel de Ville, das Rathaus.
Wie lange brauchten Einwohner vom Stadtrand, um zu Fuß zum Rathaus zu kommen? – Welche Bedeutung hatte die Erreichbarkeit der Zentren politischer Entscheidungen durch eine halbe Million Pariser für deren Einfluß auf die Entwicklung in Paris und in Frankreich?

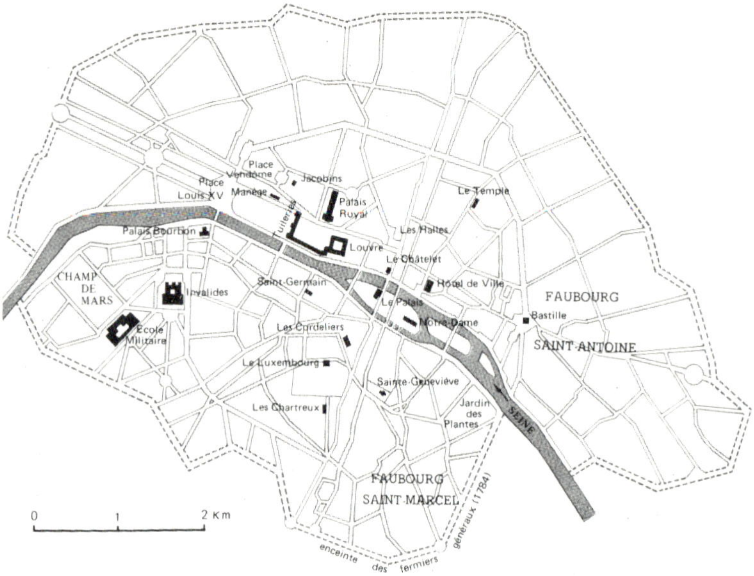

72 **Ein Engländer erlebt die Juli-Ereignisse.** Ein englischer Arzt, Dr. Edward Rigby, wird bei einer Vergnügungsreise Augenzeuge der Juli-Ereignisse und schreibt am 11. August 1789 seiner Familie. Er berichtet, was er bei seiner Ankunft in Calais vier Wochen zuvor erfahren hat:

Schon eine Zeitlang vorher hatten sich in ganz Frankreich Symptome der Erregung im öffentlichen Geist gezeigt; eine allgemeine Unzufriedenheit, die das Volk immer lauter und lauter zum Ausdruck brachte, war hervorgetreten; eine Neigung auch, das Äußerste zu wagen, um die Last der Steuern und die Unterdrückungen der Regierung abzuschütteln, war von der großen Masse der Gesellschaft zu oft und unzweideutig bekundet worden, als daß sie der Hof von Frankreich mißverstehen konnte. Teilweise Aufruhrbewegungen in verschiedenen Provinzen waren bereits die Folge dieser Verfassung des öffentlichen Geistes gewesen; und da Paris der Brennpunkt ist, in dem die Strahlen, die von jedem Fleck dieses ausgedehnten Landes ausgehen, sich treffen, und da Versailles die Residenz des Königs und der unmittelbare Sitz der Regierung ist, so waren die beiden Orte besonders der Schauplatz dieser Volksbewegungen. [...]

Nach Schilderung der zunehmenden Unruhe in Paris und der Aufstellung der Nationalgarde fährt R. fort:

Es war notwendig, nicht nur eine Auslese von Personen zu treffen, auf die man sich verlassen konnte, sondern auch diejenigen zu entwaffnen, von denen wenig Schutz zu erwarten war, und die unordentlich und schädlich werden konnten. [...]

Der folgende Morgen (14. Juli) zeigte deutlich genug die guten Wirkungen dieses Verfahrens. Mit Hilfe von öffentlichen Ausrufern und durch gedruckte Zettel *(placards)*, die in verschiedenen Teilen der Stadt angeschlagen wurden, unterrichteten die Behörden die Einwohner von den wichtigen Maßnahmen, die getroffen worden waren; es wurde mitgeteilt, daß ein sehr reichlicher Vorrat von Lebensmitteln in der Stadt sei; daß die große Kornhalle *(Halle de blés)* mit Mehl und Weizen wohlversorgt sei, daß eine genügende Menge Waffen und Munition beschafft sei, und daß die Zahl der Personen, die zu den Waffen gegriffen hätten, für die Verteidigung der Stadt völlig genüge. Es wurde daher empfohlen, die Bürger sollten ihren gewohnten Beschäftigungen nachgehen, und die Läden sollten geöffnet werden; das Landvolk und die Gärtner unmittelbar vor der Stadt wurden ermutigt, ohne Furcht vor Belästigung ihre Erzeugnisse in die Stadt zu bringen. In den Straßen war nicht länger ein roher und drohender Pöbel zu sehen; er hatte den Bürgersoldaten Platz gemacht, die mit jeder Stunde besser organisiert und gerüstet waren. [...]

Gegen 5 Uhr nachmittags geht er zur Rue St. Honoré:

Hier gewahrten wir bald eine ungeheure Menschenmenge, die sich dem Palais Royal zu bewegte. Wir hörten Rufe außerordentlicher Art, die aber deutlich genug ein freudiges Ereignis verkündeten, und als der Zug näher kam, sahen wir eine Fahne, einige große Schlüssel und ein Stück Papier, das auf einem Stock über die Menge gehoben war, und auf dem zu lesen stand: *Die Bastille ist genommen, und die Tore sind offen.*

Die auf solche Weise verbreitete Kunde von diesem außerordentlichen Ereignis brachte einen in der Tat unbeschreiblichen Eindruck auf die Menge hervor. Auf einen Schlag brach der tollste Jubel los; [...] Rufe und Schreie, Springen und Umarmen, Lachen und Weinen, jeder Ton und jede Geste, nicht ausgeschlossen Äußerungen, die nervösen und hysterischen Zuständen nahekamen, offenbarten in der bunt durcheinandergemischten Menge ein so augenblickliches und einstimmiges Aufwallen äußerster Freude, wie es, sollte ich meinen, nie zuvor von Menschenkindern erlebt worden ist. Wir wurden als Engländer erkannt; wir wurden umarmt als freie Männer, „denn die Franzosen", sagten sie, „sind jetzt ebensogut frei wie ihr; künftig sind wir keine Feinde mehr, wir sind Brüder, und nie mehr soll ein Krieg uns trennen". Wir wurden von der allgemeinen Begeisterung angesteckt, wir stimmten in die frohen Freiheitsrufe ein; wir tauschten mit den befreiten Franzosen sehr herzliche Händedrücke aus. [...]

Am 17. Juli ist er Zeuge des Auftritts des Königs:

[...] Der König begab sich zum Rathaus und wurde vom Magistrat mit großem Respekt empfangen: die Ansprache an ihn hielt Herr Bailly, der, glaube ich, zum Maire gewählt worden war. Der König versuchte zu antworten oder vielmehr eine Ansprache ans Volk zu halten, aber er war verlegen, und entweder Bailly oder jemand anders, der in seiner Nähe stand, sagte etwas für ihn, worauf er als äußeres und sichtbares Zeichen seiner Zustimmung die Volkskokarde anlegte. Dies rief stürmischen Beifall hervor, und er kehrte zurück, umbraust von den Zurufen: Es lebe der König! Der übrige Tag wurde in festlicher und triumphierender Fröhlichkeit verbracht. Im Palais Royal speisten große Menschenmengen unter freiem Himmel, und patriotische Toaste nach englischer Art wurden ausgebracht. Am Abend fanden Illuminationen statt, und am Rathaus war eine allegorische Darstellung der Ereignisse, die stattgefunden hatten, angebracht, die für den König schmeichelhaft war, der in einer Transparent-Inschrift mit den Titeln „Vater seines Volks" und „Wiederhersteller französischer Freiheit" beehrt wurde. [...]

Briefe aus der Französischen Revolution. Ausgewählt, übersetzt und erläutert von Gustav Landauer. Berlin 1985. S. 137ff.

a) Vergleichen Sie den Bericht Rigbys mit der Darstellung S. 64f..
b) Mit wem sympathisiert Rigby: mit dem König, dem Volk oder der Nationalversammlung? Begründen Sie.

73 **Die „Große Furcht".** Ein Offizier berichtet aus der Gegend nördlich von Paris am 28. Juli 1789:

Mein Herr,

Ich habe die Ehre, Ihnen Bericht zu erstatten über eine der ungewöhnlichsten Unruhen, die sich gestern bei uns ereignete und die sich unglücklicherweise, nach der Auswirkung zu urteilen, die sie hier hervorgerufen hat, viel weiter ausgedehnt haben muß.

Sonntagabend kam es auf dem 4 Meilen von hier entfernten Gebiet von Estrées-Saint-Denis zu ziemlich heftigen Auseinandersetzungen zwischen Wilddieben und Flurhütern. Einwohner dieser Gemeinde, die gleich den Dorfbewohnern ständig befürchten, Schurken würden auftauchen, um ihnen das Getreide abzusicheln, sahen aus der Ferne diesen Streit zwischen den Flurhütern und den Wilddieben und meinten, übelgesinnter Leute ansichtig geworden zu sein, die im Begriff waren, ihre Äcker zu verwüsten. Sie läuteten die Sturmglocke und trommelten alle Einwohner zusammen. Die benachbarten Gemeinden taten es ihnen gleich, so daß ich gestern 7 Uhr morgens einen ersten Boten empfing, der mir mitteilte, gegenwärtig hielte sich eine 200 Leute zählende Bande auf dem Gebiet von Sacy-le-Grand auf und sei dabei, das Getreide abzusicheln.

Sofort befahl ich einer Abteilung des Regiments Royal Bourgogne und der berittenen Gendarmerie, ihre Pferde zu satteln. Während ich Anstalten traf, aufzusitzen, trafen von verschiedenen Seiten, aus Neuville und Estrées-Saint-Denis, andere Eilboten mit der Nachricht ein, bei ihnen zu Hause wäre alles verwüstet. Ich war nahe daran, sie ins Gefängnis werfen zu lassen, weil keiner von ihnen den Frevel mit eigenen Augen gesehen hatte und sie mir lediglich Gerüchte mitteilten. Während meines Rittes durch die Stadt beobachtete ich, welche Auswirkungen die

Angst haben kann, sobald sie sich der Gemüter bemächtigt. Es waren nur noch fliehende, gemeinsam mit ihren Kindern heulende und ihre gesamte Habe wegschleppende Weiber zu sehen. Andere verrammelten ihre Haustüren, schlossen die Fensterläden und bereiteten sich vor, ebenfalls die Flucht zu ergreifen. Als ich mich an die Spitze der Truppenabteilung setzte, fand ich die gesamte Bürgerwehr unter Waffen vor, mit Gewehren, Äxten, Dreschflegeln, mit allem, was sie hatten finden können. Frauen jeden Standes weinten aus tiefster Verzweiflung. Gerade in diesem Augenblick wurde uns die Nachricht zugetragen, diese 4000 Mann zählenden Landstreicher träfen aus Richtung Nointel in Clermont ein. Ich hatte gut reden, daß dies unmöglich sei - niemand wollte mir Glauben schenken. [...]

Ich vergaß Ihnen mitzuteilen, mein Herr, daß ich, mit meiner Abteilung in die Stadt zurückgekehrt, einem von Herrn Legrand, Posthalter in Saint-Just, losgeschickten Boten begegnete, der nach Paris die Nachricht überbringen sollte, im Gebiet von Beauvais sei alles verwüstet. Da ich ein solches Verhalten für sehr unklug hielt, ließ ich diesen Boten ins Rathaus führen und veranlaßte die Herren Stadtbeamten unverzüglich zu einer schriftlichen Äußerung, damit durch derartige Nachrichten keine Unruhe in die Hauptstadt getragen wird.

Walter Markow: Revolution im Zeugenstand. Frankreich 1789-1799. Bd. 2. Gesprochenes und Geschriebenes. Frankfurt a.M. 1987. S. 90ff.

Geben Sie Ursachen und Voraussetzungen für die berichteten Erscheinungsformen der Großen Furcht an. Ziehen Sie auch M 75 heran.

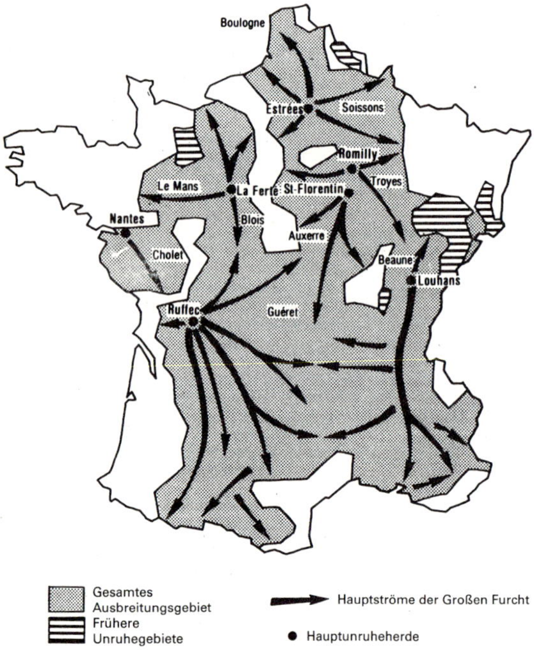

74 Die Ausbreitung der Grande Peur.
Setzen Sie den Karteninhalt in Beziehung zu M 73 und 75.

75 Die „Große Furcht". Analyse des französischen Historikers Michel Vovelle:

Die Angst ist eines der wichtigsten Elemente, um die revolutionäre Sensibilität zu begreifen. Im Unterschied zum Glück ist sie bei weitem keine neue Idee. Auch läßt sich zeigen, daß die revolutionären Ängste auf ein jahrhundertealtes Erbe in den französischen Regionen zurückgreifen können. [...]
Viele [...] Erinnerungen bestimmen noch das kollektive Gedächtnis, von denen einige altertümlich und irreal, andere aber durchaus realistisch sind: die Pest, die Hexer, die Gaukler, die Zigeuner usw. - illusorische Ängste und unvergessene Erinnerung. Dabei sind auch andere Ängste noch lebendig: die Angst vor den Bettlern, den Armen *en réunion,* wie man sagt, d.h. vor den durchs Land ziehenden Bettlerhorden, die Angst vor den Wegelagerern, die seit Cartouche die Ebenen und Wälder des Pariser Raumes beherrschen, aber auch in der Provinz vorkommen, die Erinnerung an Mandrin schließlich, den in den Alpen volkstümlichen Briganten usw. In diesem Zusammenhang ist die Grande Peur, die in der zweiten Juli-Hälfte 1789 die französische Provinz erfaßt, keineswegs ein unverständliches Kuriosum. Sie folgt nämlich sehr alten Pfaden und stützt sich auf traditionelle Trägerschichten: An der Küste stellt sich die Panik als Angst vor den Engländern dar, in den Alpen als Angst vor den Piemontesen, fast überall aber als Angst vor den erwarteten und angeblich

schon gesichteten Räubern. [...] Die Verbreitung der Panikmeldungen läßt sich von Dorf zu Dorf genau verfolgen; sie folgt bestimmten Relaisstationen oder auch Umwegen – von den vielbenutzten und schnellen Alpenstraßen bis zur Poststraße durch das Rhône-Tal ...
Zweifellos ist die Grande Peur der panische, rückwärts gewandte Ausdruck einer Gesellschaft mit mündlicher Kultur, in der eine phantastische Neuigkeit von heute auf morgen die Menge mobilisieren kann. Aber sie hat zwei Aspekte: Nachdem die Dorfbewohner aufgrund der vermeintlichen Räuber-Gefahr zu den Waffen gegriffen haben und dann feststellen mußten, daß die Räuber gar nicht existierten, sind sie nicht nach Hause zurückgekehrt, sondern haben sich aus keineswegs magischen Gründen vielmehr einer anderen, sehr realen Klassenkampf-Front zugewandt: dem nachbarlichen Schloß, das sie dann manchmal geplündert haben und wo sie sich die Papiere, in denen die seigneurialen Abgaben festgelegt waren, übergeben ließen, um daraus ein Freudenfeuer zu machen. Auch ist die Grande Peur die letzte große Panik, zumindest in dieser Größenordnung [...]

Michel Vovelle: Die Französische Revolution. Soziale Bewegung und Umbruch der Mentalitäten. München 1982. S. 88f.

a) Was versteht der Autor unter „kollektivem Gedächtnis", „mündlicher Kultur"?
b) Was ist traditionell, was einmalig an der Großen Furcht von 1789?
c) Warum hat es später Paniken dieser Größe in Frankreich nicht mehr gegeben?

76 Abschaffung der Privilegien

a) In der Sitzung vom 4./5. August 1789 faßte die Nationalversammlung folgende Beschlüsse (▷ M 67):

Abschaffung der Leibeigenschaft und der Toten Hand[1] in jeglicher Gestalt – Käufliche Ablösung der Grundherrenrechte – Abschaffung der grundherrlichen Gerichtsbarkeit – Unterdrückung des ausschließlichen Jagdrechtes, der Taubenhäuser und Kaninchengehege – Umwandlung der Zehnten in Geld – Abkäuflichkeit der Zehnten – Abschaffung aller Geldvorrechte und Steuerbefreiungen – Gleichheit der Steuerpflicht vom Anfang des Jahres 1789 an – Zulassung aller Bürger zu Ämtern im Staat und Heer – Unentgeltlichkeit der Rechtspflege und Abschaffung der Käuflichkeit der Ämter – Aufhebung von Sondervorrechten der Provinzen und Städte, Paris, Lyon, Bordeaux usw. – Abschaffung der Annaten[2] und der Pfründenhäufung – Abschaffung der ohne Recht erlangten Pensionen – Umbildung der Zünfte.

I./P. Hartig: Französische Revolution. S. 49 f.

[1] eine Vermögen besitzende Körperschaft oder Stiftung von unbegrenzter Dauer, deren Vermögen besonders der Veräußerung und Erbteilung entzogen ist
[2] finanzielle Abgaben an die päpstliche Kurie

b) Der Marquis de Ferrières, Abgeordneter des Adels in den Generalständen und Mitglied der Nationalversammlung, schildert den Verlauf der Sitzung:

[...] Alle diese Anträge werden mit lauter Zustimmung angenommen und sogleich verkündet. Es ist unnötig, heißt es, ihnen eine Form zu geben; es genügt, das Prinzip festzulegen: spätere, genauere Gesetze sollen das gerechtfertigte Eigentum schützen. Man unterbricht durch Gemurmel diejenigen, die irgendwelche Bemerkungen über die Voreiligkeit und Leichtfertigkeit zu machen versuchen, mit denen hier über das Schicksal und das Vermögen so vieler einzelner aus allen Ständen entschieden wird. [...] Die Abgeordneten stehen durcheinander mitten im Saal und gestikulieren und reden alle zugleich. Die Vertreter des Dritten Standes bemühen sich, durch eine gespielte Begeisterung und wilden Beifall für jedes neue Zugeständnis das Delirium aufrechtzuerhalten; die Versammlung bietet den Anblick eines Haufens von Betrunkenen, die man in ein Lager von wertvollen Möbeln gelassen hat, und die nun nach Herzenslust alles zerschlagen und zertrümmern, was sie finden.

Ulrich Friedrich Müller: Die Französische Revolution. Umbruch in Europa 1789–1815. Lesewerk zur Geschichte 6. München o. J. S. 26

Beurteilen Sie den Bericht von de Ferrières unter Berücksichtigung der Beschlüsse der Nationalversammlung und der übrigen Informationen des Kapitels.

2.2. Verfassunggebende Nationalversammlung und Aufbau einer neuen politischen Ordnung

1789	
5./6. Oktober	Pariser Frauen ziehen nach Versailles, um den König nach Paris zu holen.
2. November	Die Nationalversammlung beschließt den Verkauf der Kirchengüter, um die Staatsfinanzen zu sanieren.
1790	
12. Juli	Die Nationalversammlung verabschiedet die Zivilverfassung des Klerus, durch welche die Geistlichen vom Staat abhängig werden.
3. September	Die Nationalversammlung verabschiedet die Verfassung. Frankreich wird eine konstitutionelle Monarchie.

Politische Gegensätze und Gruppierungen

Die Anhänger der neuen Ordnung, die sich Patrioten nannten, fürchteten die Reaktion der Adligen um den König. Versuche, Königtum und Adel mit der Revolution zu versöhnen, wie dies La Fayette und Mirabeau vorschwebte, schlugen fehl. Denn die Konstituante lehnte ein Zweikammersystem ab, das der Aristokratie im Oberhaus beträchtlichen Einfluß verliehen hätte, und verweigerte dem König ein absolutes Vetorecht gegen Gesetze. Aber auch König und Adel widersetzten sich einem Kompromiß, und viele Adlige verließen lieber als Emigranten das Land.

In der Nationalversammlung und dann auch im ganzen Land bildeten sich politische Gruppierungen oder Klubs: die Aristokraten oder die „Schwarzen", die Monarchisten, die Konstitutionellen oder Patrioten bis hin zu den Demokraten, die das allgemeine Wahlrecht forderten. Diese Klubs, Vorläufer der politischen Parteien, nannten sich nach den leeren Klöstern, in denen sie jeweils tagten. In Paris (▷ M 71) trafen sich die Demokraten seit 1790 im Klub der Cordeliers, der „Gesellschaft der Freunde der Menschenrechte", die Patrioten im Jakobinerklub, der „Gesellschaft der Verfassungsfreunde". Der Jakobinerklub unterhielt eine regelmäßige Korrespondenz mit den Zweigklubs in den Provinzen, deren Zahl zwischen 1789 und Ende 1792 von 7 auf etwa 2900 emporschnellte.

In zahlreichen Stadtvierteln von Paris bildeten sich sogenannte „brüderliche Vereinigungen" als politische Treffpunkte. Eine Fülle von Zeitungen aller politischen Schattierungen wurden ins Leben gerufen und erreichten eine weite Öffentlichkeit. Der Arzt und Journalist Jean-Paul Marat (1743–1793, ▷ Farbtafel 4) setzte sich mit seiner Zeitung „L'Ami du Peuple" („Der Volksfreund") für die Interessen der Volksmassen ein.

Das Volk greift ein

Die Nationalversammlung hatte das Ancien Régime beseitigt und Privilegien abgebaut. Gleichzeitig aber mußte sie bemüht sein, die unzureichende Versorgung der Bevölkerung mit Lebensmitteln, hauptsächlich mit Brot, und anderen Waren zu verbessern. Denn die Unruhen nahmen vor allem in Paris Anfang Oktober wieder zu, als die Frauen vor den Bäckereien vergeblich anstanden und sich die Nachricht verbreitete, daß Offiziere des Leibregiments Flandern bei einem Bankett die Trikolore-Kokarde, Symbol des revolutionären Frankreich, mit Füßen getreten hätten. Aus einer Demonstration für Brot und gegen die adlige Reaktion vor dem Pariser Rathaus wurde ein Marsch der Frauen nach Versailles. Sie wollten dem König ihre Forderungen persönlich vortragen. Um sich der Unterstützung der Nationalversammlung zu versichern, war der König nun bereit, deren Beschlüsse anzuerkennen. Die Menge, verstärkt durch etwa zehntausend Männer und die Nationalgarde, zwang die königliche Familie schließlich am 6. Oktober, mit ihnen nach Paris zu ziehen, um sie dem Einfluß des Adels zu entziehen. Damit waren die immer noch aktiven Gegner der Revolution ausgeschaltet, und die bürgerliche Mehrheit in der Nationalversammlung triumphierte.

79 Die Frauen am 5. Oktober in Versailles. Der Demonstrationszug nach Versailles entsendet eine Abordnung Frauen in die Verfassunggebende Nationalversammlung im Hotel des Menus-Plaisirs. (▷ M 81)

Eine Verfassung für das besitzende Bürgertum

Während der Arbeit an der Verfassung zeigte sich, daß die Nationalversammlung die hochgesteckten Forderungen der Erklärung der Menschen- und Bürgerrechte nicht in allen Punkten zu verwirklichen gedachte. Denn bei der vorgesehenen Stufenwahl zur Gesetzgebenden Nationalversammlung sollten nur diejenigen Männer als Aktivbürger das Wahlrecht ausüben, die eine Steuerleistung im Wert von drei Arbeitstagen nachweisen konnten. Als Wahlmänner fungierten 50000 Männer, die eine Steuer im Wert von mindestens zehn Arbeitstagen zahlten. Abgeordneter konnte schließlich nur werden, wer Grundbesitzer war und eine Silbermark Steuer aufbrachte. Vom Wahlrecht ausgeschlossen blieben drei Millionen Männer als Passivbürger und die Frauen.

Die Verfassung (▷ M 84, 85), die am 3. September 1791 schließlich verkündet wurde, machte aus dem König von Frankreich den König der Franzosen, der unter dem Gesetz stand. Ihm blieb nur ein aufschiebendes Vetorecht gegenüber den Beschlüssen der Nationalversammlung, die er zudem nicht auflösen konnte. Die Macht lag somit in den Händen des Besitzbürgertums, das seine Interessen durchsetzte:

– Die alte unübersichtliche, weil historisch gewachsene Verwaltungseinteilung Frankreichs wurde durch ein System von 83 Departements abgelöst, deren Beamte ohne Einflußnahme der Zentralregierung nach dem Zensuswahlrecht gewählt werden sollten. Auch Richter wurden gewählt, denen bei Strafsachen jetzt Geschworene aus der Bevölkerung zur Seite traten. So wurde das Prinzip der Volkssouveränität weitgehend verwirklicht.

– Obwohl die Kleinbauern die Allmende erhalten wollten, auf der sie ihr Vieh weiden lassen konnten, wurde die Freiheit der Bodennutzung in der Verfassung festgeschrieben.

80 „Die patriotische Entfettungsmaschine". Karikatur auf die Enteignung des Kirchengutes von 1790 mit der Unterschrift: „Geduld, mein Herr, Sie kommen auch dran." Ein Angehöriger der Nationalgarde und ein Vertreter des Dritten Standes führen einen Geistlichen zur Maschine.

Finanzprobleme

Angesichts der revolutionären Unruhen in den Städten und auf dem Lande gingen seit dem Sommer 1789 kaum noch Steuergelder ein: Freiheit wurde vielfach als Freiheit von Steuern verstanden. In dieser Situation griffen die Verfassungsgeber Ende 1789 nach dem Kirchenvermögen und boten den riesigen Grundbesitz der Kirche der Öffentlichkeit zum Kauf an. Um sich ihrer finanziellen Verpflichtungen möglichst schnell entledigen zu können, gab die Regierung Assignaten aus, verzinsliche Schatzanweisungen des Staates, die nicht in Bargeld, sondern in Grundbesitz eingelöst werden sollten. Die Assignaten, so nahm man an, würden mit dem Verkauf des Kirchengutes zurückfließen und sollten dann, um Inflation zu verhindern, vernichtet werden. Sie nahmen aber schnell den Charakter von Papiergeld an, das ständig an Wert verlor. Dadurch verteuerte sich langfristig die Lebenshaltung und brachte die Revolution in Mißkredit. Wohlhabende Bürger und Bauern, die Grundstücke aus Kirchenbesitz erwarben, profitierten von dieser Entwicklung und unterstützten die neue Ordnung. Sie waren die bleibenden Gewinner der Revolution.

Auf dem Weg zur Französischen Nationalkirche

Die Einziehung der Kirchengüter machte eine zivile, d. h. staatliche Kirchenverfassung erforderlich. Danach bekamen die Priester ein festes Gehalt, mußten den Treueid auf die Kirchenverfassung schwören und die Dekrete der Nationalversammlung von den Kanzeln verlesen. Jedes Bistum erhielt Grenzen, die deckungsgleich mit denen eines Departements waren. Bischöfe und Pfarrer sollten von den Aktivbürgern gewählt werden. Die religiösen Orden wurden aufgelöst. Der Staat übernahm das Personenstandswesen und die Armenpflege, Aufgaben, die bisher aus dem Kirchengut finanziert worden waren. Dabei dachten die Abgeordneten nicht an eine Bekämpfung des katholischen Glaubens oder der Kirche als solcher. Als der Papst, der schon die Erklärung der Menschenrechte als gottlos verurteilt hatte, diese Neuordnung ablehnte, spaltete sich die katholische Kirche in Frankreich in zwei Lager, in die den Treueid leistenden Priester und in die, die den Eid und die neue Ordnung ablehnten.

– Mit der Abschaffung der Zünfte beseitigte die Nationalversammlung die Beschränkung für Gewerbetreibende, hob die Reglementierung für Gesellen und Arbeiter jedoch nicht auf. Insbesondere gewerkschaftliche Zusammenschlüsse wurden durch das Gesetz Le Chapelier verboten. Streiks blieben bis 1864, Gewerkschaften bis 1884 verboten. Die Abschaffung von Handelsbeschränkungen wie Zöllen und Verbrauchssteuern kam ebenfalls in erster Linie den Unternehmern zugute.

81 Der Zug der Frauen nach Versailles.

Eine Teilnehmerin, Frau Chéret, schildert die Vorgänge vom 5. Oktober 1789:

Das Ereignis von Paris und Versailles, Oktober 1789, von einer der Damen, die die Ehre hatten, zur Abordnung in der Nationalversammlung gehört zu haben: Gegen halb neun Uhr morgens wurden viele Frauen im Rathaus vorstellig: Die einen verlangten, mit Herrn Bailly[1] und Herrn La Fayette zu sprechen, um von ihnen zu erfahren, warum es soviel Mühe mache, Brot zu bekommen, und weshalb es so teuer sei. Andere bestanden darauf, daß der König und die Königin nach Paris kommen und im Louvre bleiben sollten, wo sie - wie sie sagten - vieles besser machen könnten als in Versailles. Wieder andere forderten schließlich, daß jene, die die schwarzen Kokarden[2] trügen, diese auf der Stelle entfernen, daß man das Flandernregiment und die Leibgarde zurückschicken[3] und Seine Majestät nur mehr die Soldaten der Pariser Nationalgarde als Wache haben sollte. [...]

Gegen Mittag oder um ein Uhr fand sich der Marquis de La Fayette, der nichts von einer Reise nach Versailles hielt, endlich bereit, den dringenden Wünschen der Bürger zu weichen. Etwa um diese Zeit verließ [auch] Marie Louise Lenoel, Frau Chéret, die in der Rue de Vaugirard wohnte und gerade in Passy mit dem Abschluß eines einträglichen Geschäfts beschäftigt war, Hals über Kopf ihre tugendhafte Mutter. Sie verzichtete auf den Gewinn, den sie hätte machen können, mischte sich unter die Damen Bürgerinnen, die nach Versailles zogen, und stürmte mit ihnen voran, angeführt von den Männern Hulin, Maillard und anderen Freiwilligen der Bastille.[4] [...]

Als sie den Point-du-Jour erreicht hatten, hielten die Bürgerinnen unserer Hauptstadt [Paris] an, um sich ordentlich aufzustellen: In Sèvres zwangen Männer die Händler dazu, ihnen Lebensmittel gegen Geld zu verkaufen, [dann] setzten sie ihren Weg nach Versailles fort. Unterwegs wurden zwei oder drei Individuen - einer von ihnen war vom König geschickt - verhaftet und dazu gezwungen, dem Zerreißen ihrer schwarzen Kokarde zuzusehen. Sie mußten sich am Ende [des Zuges] anschließen. Als sie gerade im Begriff waren, die Residenz ihrer Majestäten [das Versailler Schloß] zu erreichen, klatschten das Bürgertum von Versailles, das Flandernregiment und die Dragoner, ganz zu schweigen von den Offizieren [der Nationalgarde] in die Hände, zeigten ihre Zufriedenheit durch Beifall, beglückwünschten sie zu ihrer Ankunft und baten sie, sich für das Gemeinwohl einzusetzen.

Konnte man eine solche Bitte an Damen, an gebürtige Französinnen, richten, die an ihrer Spitze die Helden der Bastille hatten? Einige Minuten später - gegen vier Uhr - schlugen unsere Bürgerinnen, die von den Herren Hulin und Maillard angeführt wurden, den Weg zur Nationalversammlung ein, wo sie nur unter Mühe Einlaß erhielten. Welch beeindruckendes Schauspiel bot sich ihnen dort!

[...] Trotz der Furcht, die unsere guten Freundinnen unter den Hosenmätzen gesät hatten, - mehrere von ihnen verließen gar die Versammlung -, glaubten die ehrenhaften Mitglieder der Nationalversammlung zu erkennen, daß sie [die Bürgerinnen] absolut entschlossen seien, solange nicht auseinanderzugehen, wie noch etwas endgültig festgelegt werden müsse. Sie gestanden unseren 12 Abgeordneten zu: 1. ein neuerliches Getreideausfuhrverbot; 2. das Versprechen, daß der Getreidepreis auf 24 Livres festgesetzt würde; ein ehrlicher Preis, bei dem das Brot günstig und selbst für die Ärmsten erschwinglich sei; 3. daß das Fleisch nur acht Sous das Pfund kosten solle. [...] das Gerücht besagt, [...] daß der König den 5. Oktober unterstützt habe und mehr denn je jenes Attribut verdiente, das man ihm am 17. Juli [1789] zubilligte, „Erneuerer der französischen Nation“ zu sein. Wir Bürgerinnen wurden, geschmückt mit Ruhm, auf Kosten Seiner Majestät im Wagen zum Pariser Rathaus zurückgebracht, wo wir wie die Befreierinnen der Hauptstadt empfangen wurden. Dieses Ereignis muß die Pläne der heutigen und künftigen Aristokraten zunichte machen.

Frau Chéret

Susanne Petersen: Marktweiber und Amazonen. Köln 1987. S. 70ff.

[1] Pariser Bürgermeister. – [2] Schwarze Kokarden symbolisierten antirevolutionäre Gesinnung. – [3] Diese Regimenter bestanden vorwiegend aus deutschsprachigen Söldnern. – [4] Wer sich bei der Erstürmung der Bastille hervorgetan hatte, wurde als „Freiwilliger der Bastille“ in die weiteren polizeilichen oder militärischen Aktivitäten einbezogen oder führte sie an.

a) Ordnen Sie den Bericht in den auf S. 76f. dargestellten Zusammenhang ein.

b) Charakterisieren Sie die Darstellungsweise der Frau Chéret, und schließen Sie daraus auf ihre politische Einstellung.

c) Inwiefern kann man von den Ereignissen des 5. Oktober eine Revolutionstheorie wie die von Davies (▷ M 78) ableiten?

82 Lebenshaltung Pariser Arbeiter 1789 und 1791

a) ein Bauarbeiter

Einnahmen: Lohn 30 Sous, „Realeinkommen" unter Berücksichtigung der zahlreichen Feiertage 18 Sous.

Ausgaben: Juni 1789		Juni 1791	
4 Pfund Brot	14,5 S	4 Pfund Brot	8 S
Miete	3 S	Miete	3 S
Rest: für Öl, Gemüse,		½ Liter Wein	4 S
Bekleidung usw.	0,5 S	1¼ Pfund Fleisch	2,5 S
		Rest	0,5 S
Summe	18 S	Summe	18 S

b) ein Schreinergeselle, Schmied usw.

Einnahmen: Lohn 50 Sous, „Realeinkommen" 30 Sous.

Ausgaben: Juni 1789		Juni 1791	
4 Pfund Brot	14,5 S	4 Pfund Brot	8 S
Miete	3 S	Miete	3 S
½ Liter Wein	5 S	1 Liter Wein	8 S
½ Pfund Fleisch	5 S	½ Pfund Fleisch	5 S
Rest	2,5 S	Rest	6 S
Summe	30 S	Summe	30 S

George Rudé: Die Massen in der Französischen Revolution. München 1961. S. 339ff.

a) Vergleichen Sie die wirtschaftliche Lage der Arbeiter 1789 und 1791. Ziehen Sie dazu auch M 50 c) heran.
b) Stellen Sie Zusammenhänge mit den politischen Vorgängen her.

Tafel 3 Der Schwur im Ballspielhaus. Die 1791 datierte lavierte Federzeichnung von Jacques-Louis David (1748–1825) im Format 65x105 cm sollte Vorlage für ein Kolossalgemälde im Sitzungssaal der Nationalversammlung in Paris sein und gleichzeitig als Kupferstich in 3000 Exemplaren verbreitet werden. Viele Figuren haben Porträtähnlichkeit. Auf dem Tisch steht der Astronom Bailly, Präsident der Versammlung. Die Dreiergruppe rechts vorn bilden in der Mitte Mirabeau, links daneben Barnave und rechts vermutlich Robespierre. Mit dem Bild wollte der Maler einen revolutionären Mythos begründen. Die Akteure sind wie auf einer Bühne dem Betrachter zugewandt, den sie gewissermaßen in den Schwur einbeziehen. Die drei Figuren im Mittelgrund vorne – ein Kapuzinermönch, ein katholischer Geistlicher (Abbé Grégoire) und ein protestantischer Pfarrer –, von denen der Pater tatsächlich gar nicht dabei war, sollen die religiöse Verständigung symbolisieren. Das Bild blieb unvollendet, wurde auch nicht ins Kolossale übertragen, weil einige der abgebildeten Akteure von 1789 inzwischen politisch nicht mehr genehm waren.
▷ Legende zu M 65, S. 66.

Tafel 3

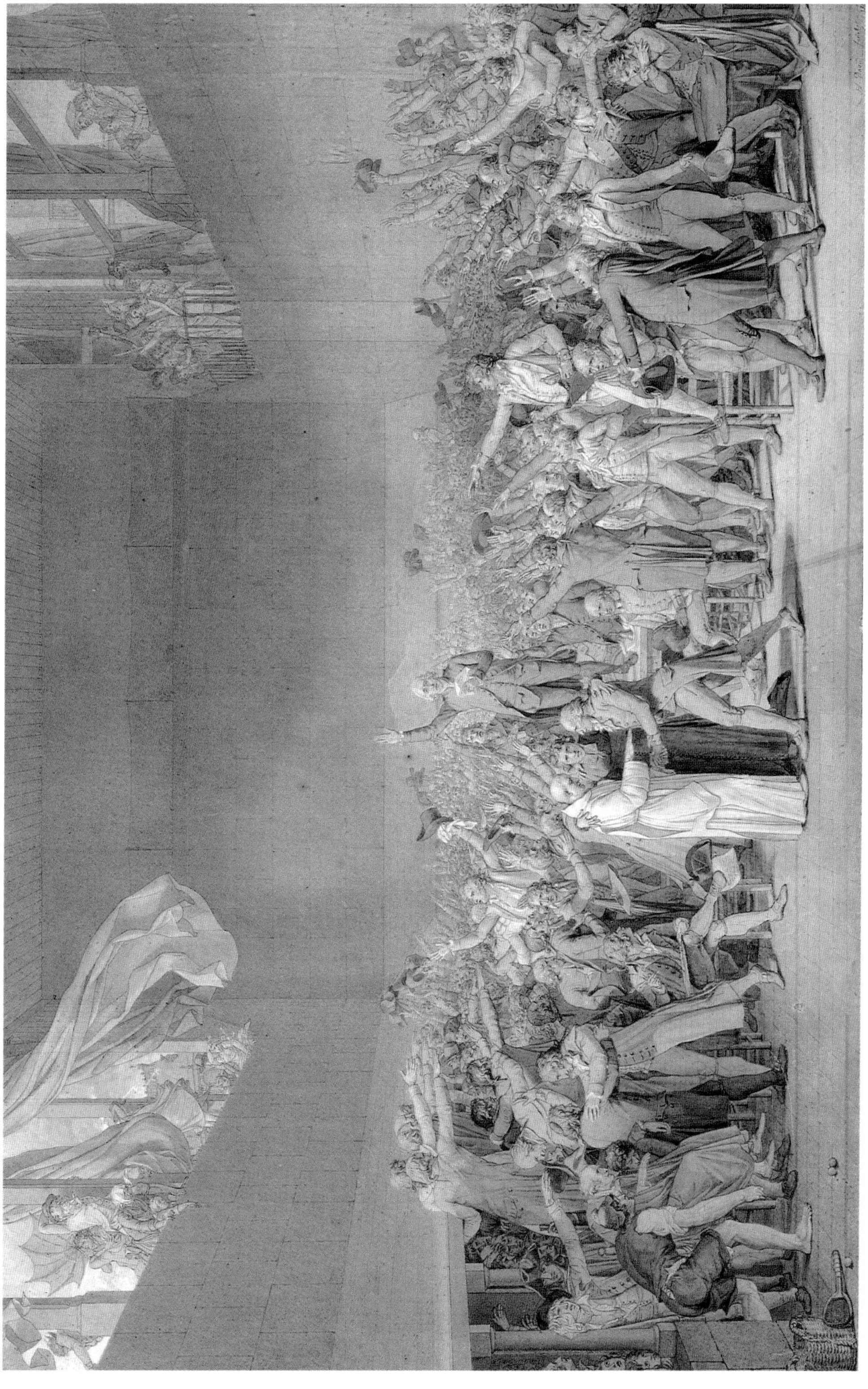

À MARAT,
DAVID.
L'AN DEUX

83 Arbeitergesetz. Das Gesetz Le Chapelier vom 14. Juni 1791, benannt nach dem Abgeordneten Isaac-René-Gui Le Chapelier (1754–1794), der das Gesetz in der Nationalversammlung einbrachte:

Art. 1. Die Abschaffung aller Korporationen von Bürgern gleichen Standes und Berufes ist eine der wesentlichen Grundlagen der französischen Verfassung; es ist daher verboten, sie de facto, unter welchem Vorwand, in welcher Form auch immer, wiederzubegründen.

Art. 4. Wenn gegen den Geist der Freiheit und der Verfassung Bürger des gleichen Berufes, Handwerkes oder Gewerbes Beschlüsse fassen bzw. untereinander Absprachen treffen mit dem Ziel, den Beitrag ihres Gewerbefleißes oder ihrer Arbeit einhellig zu verweigern oder nur zu einem abgesprochenen Preise zu leisten, so werden solche Beschlüsse und Abmachungen, ob eidlich beschworen oder nicht, für verfassungswidrig, gegen die Freiheit und die Erklärung der Menschenrechte verstoßend und damit für null und nichtig erklärt [...] Die Urheber, Anführer oder Anstifter, die diese Beschlüsse angeregt, verfaßt oder bei ihrer Abfassung den Vorsitz geführt haben, werden auf Verlangen des kommunalen Anklägers vor das Polizeigericht geladen, zu je 500 Livres Geldstrafe verurteilt und für die Dauer eines Jahres von der Ausübung aller aktiven Bürgerrechte sowie der Teilnahme an den Urwählerversammlungen ausgeschlossen.

Art. 6. Wenn die obenerwähnten Beschlüsse oder Absprachen, Flugblätter und Rundschreiben irgendwelche Drohungen gegen diejenigen Unternehmer, Handwerker oder Tagelöhner enthalten, die von auswärts kommend an einem Ort Arbeit suchen, oder gegen diejenigen, die sich mit einem niedrigeren Lohn zufrieden geben, wird jeder, der dazu mit Wort oder Tat anstiftet, aufhetzt oder seine Unterschrift hergibt, mit einer Geldstrafe von 1000 Livres und 3 Monaten Gefängnis bestraft.

Art. 8. Alle von Handwerkern, Arbeitern, Gesellen und Tagelöhnern gebildeten oder angezettelten Zusammenschlüsse, die sich gegen die für jedermann ohne Unterschied der Person und gegenüber allen einvernehmlich ausgehandelten Arbeitsbedingungen geltende Berufs- und Gewerbefreiheit richten oder gegen Maßnahmen der Polizei und die Ausführung von auf diesem Gebiet ergangenen Gerichtsurteilen, ebenso wie gegen die öffentliche Versteigerung und Zusprechung der verschiedenen Geschäftsunternehmungen, gelten als aufrührerische Zusammenrottung und werden als solche, sobald dies auf legalem Wege beantragt wird, von den Organen der öffentlichen Gewalt zerstreut und ihre Urheber, Anstifter und Rädelsführer sowie alle, die Ausschreitungen und Akte offener Gewalt begangen haben, mit der ganzen Strenge des Gesetzes bestraft.

W. Grab: Die Französische Revolution. S. 49ff.

a) Wie nennen wir heute die verbotenen Tatbestände?
b) Nehmen Sie zur Begründung der Verbote Stellung.

Tafel 4 „Der Tod des Marat". Gemälde von J. L. David, 1793. – Jean Paul Marat (▷ S. 76) setzte sich in seiner Zeitung "L'Ami du Peuple" für die Volksmassen gegen die Besitzenden ein. Immer wieder forderte er zur blutigen Vernichtung derer auf, die er als Feinde des Volkes anprangerte, und er stachelte auch zum Sturm auf die Tuilerien am 10. August 1792 auf (▷ S. 87, M 94 u. 95). Seit 1792 war Marat Mitglied des Konvents. Am 13. Juli 1793 wurde er von einer bis dahin unbekannten jungen Frau, Charlotte Corday aus Caen, in seiner Badewanne ermordet, in der er wegen einer Hautkrankheit saß und arbeitete. An der Verehrung der Mörderin oder des Ermordeten schieden sich fortan die politischen Einstellungen. – Am Tag nach dem Mord erhielt der Maler und Konventsabgeordnete David vom Konvent den Auftrag, die Apotheose, d. h. die Verklärung des Revolutionärs darzustellen. Vier Monate später überreichte David sein Bild dem Konvent, der es an der Stirnseite des Saales zusammen mit dem Bild von der Ermordung des Abgeordneten Lepeletier (▷ S. 107, M 109) aufhängen ließ. – Die Darstellung des toten Marat vereint antike mit christlichen Elementen und beeinflußte so auch den Heiligenkult um Marat. Marat, stark idealisiert dargestellt, hält das Besuchsschreiben seiner Mörderin in der Hand. Auf der Kiste liegt ein Brief von ihm: „Sie werden diese Assignate der Mutter von fünf Kindern geben, deren Mann für die Verteidigung des Vaterlandes gestorben ist." – Bei der Vorstellung des Bildes im Konvent sagte David: „Eilt alle herbei! Mutter, Witwe, Waise, unterdrückter Soldat, ihr alle, die er unter Gefahr seines Lebens verteidigt hat, tretet näher! und betrachtet euren Freund; der, der die Wache hielt, ist nicht mehr; seine Feder, der Schrecken der Verräter, seine Feder entgleitet seinen Händen. [...] Er ist gestorben, euer Freund, indem er euch sein letztes Stück Brot gab, [...] Nachwelt, du wirst ihn rächen; [...] Menschheit, du wirst denen, die ihn einen Blutsäufer nennen, sagen, daß dein geliebtes Kind niemals, daß Marat dir niemals Anlaß zu Tränen gegeben hat." – David, fanatischer Vertreter der Schreckensherrschaft, wurde später eine Art Hofmaler Napoleons: ein großer Künstler, der sich immer wieder sehr begeisterte und in sehr unterschiedlicher Weise politisch engagierte.
Welcher Kontrast in der Meinung der Öffentlichkeit über Marat wird in der Rede Davids deutlich? – Suchen Sie alle Bilder von David in diesem Band und verfolgen Sie den Wandel von Davids politischen Anschauungen.

84 Einzelne Verfassungsbestimmungen der Verfassung von 1791

Die Einleitung der Verfassung bildet die Erklärung der Menschen- und Bürgerrechte von 1789.

Da die Nationalversammlung die Verfassung auf den Grundsätzen aufbauen will, die sie soeben anerkannt und verkündet hat, beseitigt sie unwiderruflich die Einrichtungen, die die Freiheit und Rechtsgleichheit verletzen. [...]

Titel I. Von der Verfassung verbürgte Grundeinrichtungen (Grundrechte)

[...] Es soll eine allgemeine Einrichtung öffentlicher Hilfeleistungen geschaffen und gebildet werden, um verlassene Kinder zu erziehen, armen Kranken zu helfen und verarmten Gesunden, die sich keine Arbeit verschaffen können, diese zu besorgen.

Es soll ein öffentliches Schulwesen eingerichtet und gebildet werden, das für alle Bürger gemeinsam und in den Bereichen des Unterrichts, die für alle Menschen notwendig sind, kostenlos ist. Seine Anstalten sollen entsprechend der Einteilung des Königreiches auf die einzelnen Gebiete verteilt werden.

Es sollen Nationalfeste eingeführt werden, um die Erinnerung an die Französische Revolution zu bewahren, die Brüderlichkeit unter den Bürgern zu stärken und sie an die Verfassung, das Vaterland und die Gesetze zu binden[...]

Titel II. Von der Einteilung des Königreiches und dem Stand der Bürger.

Art. 1. Das Königreich ist einheitlich und unteilbar. Sein Gebiet ist in 83 Departements eingeteilt [...]

Art. 7. Das Gesetz betrachtet die Ehe nur als bürgerlichen Vertrag [...]

Titel III. Von den öffentlichen Gewalten.

Art. 1. Die Souveränität ist einheitlich, unteilbar, unveräußerlich und unverjährbar. Sie gehört der Nation. Kein Teil des Volkes und keine einzelne Person kann sich ihre Ausübung aneignen.

Art. 2. Die Nation, von der allein alle Gewalten ihren Ursprung haben, kann sie nur durch Übertragung ausüben.

Die französische Verfassung ist eine Repräsentativverfassung. Ihre Repräsentanten sind die gesetzgebende Körperschaft und der König. [...]

Kapitel II. Vom Königtum, der Regentschaft und den Ministern. Abschnitt I. [...] Art. 2. Die Person des Königs ist unverletzlich und heilig. Sein einziger Titel ist König der Franzosen.

Art. 3. Es gibt in Frankreich keine Autorität, die über dem Gesetze steht. Der König regiert nur durch dieses. Und nur im Namen des Gesetzes kann er Gehorsam verlangen.

Abschnitt IV. Art. 7. Die Minister sind verpflichtet, jedes Jahr bei Eröffnung der Sitzungsperiode der gesetzgebenden Körperschaft eine Übersicht über die Ausgaben ihres Ressorts zu geben, Rechenschaft abzulegen über die Verwendung der dafür bestimmten Summen und die Mißbräuche anzuzeigen, die sich in die verschiedenen Zweige der Regierung einschleichen konnten.

Kapitel III. Von der Ausübung der gesetzgebenden Gewalt.

Abschnitt I. Macht und Aufgaben der gesetzgebenden Nationalversammlung. [...] Art. 2. Der Krieg kann nur durch ein Dekret der gesetzgebenden Körperschaft, das auf förmlichen und notwendigen Vorschlag des Königs erlassen und von ihm bestätigt wird, beschlossen werden [...]

Kap. V. Von der richterlichen Gewalt.

Art. 10. Niemand kann ergriffen werden, ohne vor einen Polizeibeamten geführt zu werden. Und niemand kann verhaftet oder in Haft gehalten werden, als auf Grund eines Befehls eines Polizeibeamten, eines Haftbefehls eines Gerichtshofes, eines Anklagebeschlusses der gesetzgebenden Körperschaft in den Fällen, in denen es ihr zukommt, sie zu erheben, oder einer Verurteilung zu Gefängnis oder Zuchthaus.

Art. 11. Jeder, der ergriffen und vor einen Untersuchungsrichter geführt wird, muß sofort oder spätestens binnen 24 Stunden verhört werden [...]

Titel VI. Von den Beziehungen der französischen Nation zu fremden Nationen.

Die französische Nation verzichtet darauf, einen Krieg zu unternehmen, um Eroberungen zu machen. Sie wird ihre Streitkräfte niemals gegen die Freiheit eines anderen Volkes verwenden [...]

W. Grab: Die Französische Revolution. S. 60ff.

Listen Sie auf, welche Vorstellungen von der politischen und gesellschaftlichen Ordnung den zitierten Verfassungsartikeln zugrunde liegen.

85 Schaubild der Verfassung von 1791.
Vergleichen Sie dazu die Darstellung (S. 77) und M 84.

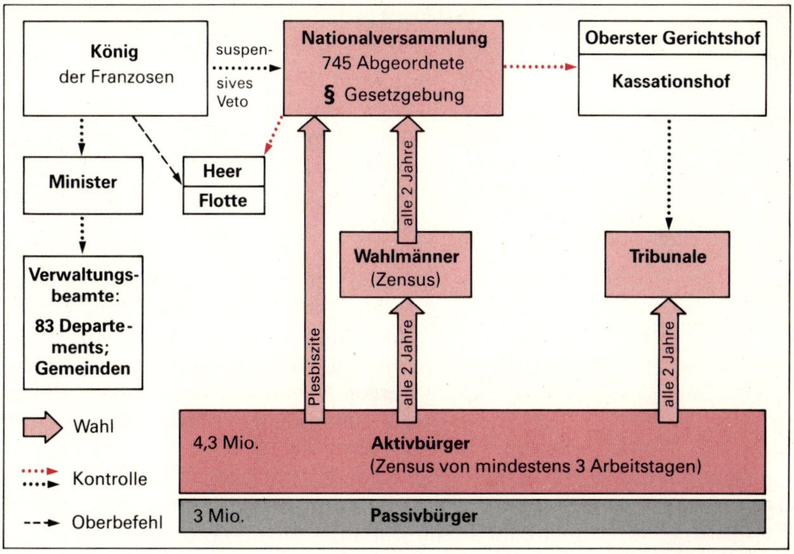

86 Verkauf des Kirchengutes im Distrikt Tours zwischen 1790 und 1795

a) Verteilung, Art und Höhe des Kaufs nach Käufergruppen

Käufergruppen	Zahl der Käufer	Durchschnittsfläche pro Käufer (in ha)	Gezahlter Preis (in Francs)
Geistliche	21	3,51	163650
Adelige	2	51,5	106972
Notare	33	12,66	250557
Juristen	70	5,6	494777
Verwaltungsbeamte	21	11,47	292496
Freie Berufe	113	19,23	1730097
Kaufleute, Großhändler Fabrikanten	249	10,49	2266214
Bauhandwerker	88	1,28	189452
Handwerker (Textilien u. Leder)	51	1,39	120965
Andere Handwerker	193	1,71	520398
Bauern	207	2,57	337284
Winzer	95	1,07	100703
Gutsbesitzer	93	21,58	1597810
Pächter/Müller	80	11,02	390811
Ohne Beruf	159	10,94	1485988

b) Anteil der einzelnen Berufsgruppen am Gesamtwert des Verkaufs der Nationalgüter

Juristen und Freiberufler	27%
Kaufleute, Großhändler und Fabrikanten	22%
Handwerker	8,3%
Landwirte	24%
Aufgliederung der Landwirte:	
Gutsbesitzer	15%
Bauern und Winzer	4%
Gesamtbeteiligung des niederen Volkes:	
Handwerker	8,3%
Bauern	3,3%
Winzer	1%

Nach Wolfgang Lautemann/Manfred Schlenke (Hrsg.); Amerikanische und Französische Revolution. Geschichte in Quellen (Bd. 4). München 1981. S. 684

Weisen Sie die gesellschaftspolitischen Auswirkungen des Verkaufs des Kirchengutes nach.

4. *Zeigen Sie, daß sich entscheidende politische, wirtschaftliche und soziale Entwicklungen des 19. und 20. Jahrhunderts in diesem Abschnitt der Französischen Revolution anbahnen.*
5. *Versuchen Sie zu beurteilen, welchen Einfluß das Verhalten einzelner Personen, vor allem das Ludwigs XVI., auf die Entwicklung hatte.*

2.3. Volksbewegung und Ende der Monarchie

1791	
20./21. Juni	Der König versucht, ins Ausland zu fliehen.
1. Oktober	Die Gesetzgebende Nationalversammlung tritt zusammen.
27. November	Die Priester müssen einen Eid auf die Zivilverfassung des Klerus leisten.
1792	
20. April	Frankreich erklärt dem Kaiser als König von Böhmen und Ungarn den Krieg. Der erste Koalitionskrieg beginnt.
25. Juli	Der Herzog von Braunschweig, Oberbefehlshaber der Koalitionstruppen, warnt die Franzosen vor Übergriffen gegen den König.
10. August	Pariser Aufständische und Revolutionäre aus den Provinzen stürmen die Tuilerien. Der König wird seines Amtes vorläufig enthoben.

Doppelte Bedrohung der konstitutionellen Ordnung

Die durch die Verfassunggebende Nationalversammlung geschaffene konstitutionelle Monarchie war zunehmend unter Druck geraten. Außerhalb Frankreichs sammelten sich die Emigranten als gegenrevolutionäre Opposition, innerhalb des Landes Aristokraten und eidverweigernde Priester. Die Emigranten, die sich vorzugsweise in Oberitalien, in England und am Rhein niedergelassen hatten, agitierten gegen die Revolution und bemühten sich, eine Intervention europäischer Mächte herbeizuführen. Die in Frankreich gebliebenen Aristokraten bewaffneten sich und brachten den Verkauf von Kirchengütern und die Assignaten gezielt in Verruf, und da die antirevolutionären, den Eid verweigernden Priester auch weiterhin Gottesdienst hielten, spaltete sich die Bevölkerung in einem solchen Maße, daß es zu Zusammenstößen kam und das Land auf einen Religionskrieg zusteuerte.

87 Der Eid auf die neue Kirchenverfassung. Zeitgenössische Karikatur. Der französische Text unter der Karikatur lautete: „Eine Vorrichtung, die aristokratische Bischöfe und Pfarrer dazu bringt, den Eid entsprechend dem Erlaß der Nationalversammlung in Gegenwart der städtischen Behörden zu leisten.“ *Interpretieren Sie die Absichten des Zeichners.*

Auf der anderen Seite nahm die Zahl der Revolutionäre zu, denen die Maßnahmen der Nationalversammlung nicht weit genug gingen. Der demokratische Club der Cordeliers, in dem sich Marat und der Pariser Rechtsanwalt Georges Jacques Danton (1759–1794) einen Namen machten, gewann an Einfluß. Die Jakobiner, meist Angehörige eines gebildeten Bürgertums, griffen die Kirche und ihre Stellung im neuen System an, während das Besitzbürgertum durch die Forderungen nach weitergehender sozialer Revolution im Sinne einer konsequenten Verwirklichung der Erklärung der Menschenrechte so verschreckt wurde, daß es seine Interessen eher in einer Stärkung der Monarchie gewahrt sah. Um so wichtiger war es für die Nationalversammlung, Stärke und Einigkeit zu zeigen. Dazu hatte schon das Fest der nationalen Föderation oder Verbrüderung am 14. Juli 1790, dem Jahrestag des Sturms auf die Bastille gedient. Am „Altar des Vaterlandes" wurde vor 300 000 aus dem ganzen Lande zusammengeströmten Zuschauern eine Messe zelebriert und die Einheit der Franzosen untereinander und mit ihrem König beschworen, der seinerseits Nation und Gesetz die Treue schwor. Die pathetische Feier war mit Begeisterung aufgenommen worden. Auch daß der Brotpreis in Paris gesunken war (▷ M 82), hatte sich stabilisierend auf die politische Lage ausgewirkt und der Verfassunggebenden Versammlung ihren Spielraum erhalten.

Reaktion des Auslandes

Die revolutionären Ideen von 1789 fanden im Ausland, vor allem beim Bürgertum in Deutschland (▷ Kap. III. 4.3) und England, weithin Anklang, und viele politisch Interessierte reisten nach Paris, um Augenzeuge der Geburt einer neuen Ordnung zu sein. Die Aristokraten Europas, von der Revolution aufgeschreckt, gingen zum publizistischen Gegenangriff über. Die Regierungen europäischer absolutistischer Mächte suchten das Einströmen revolutionärer Ideen zu verhindern, Spanien riegelte die Grenze zu Frankreich geradezu ab. Rußland, Österreich und Preußen waren zu dieser Zeit wegen der weiteren Aufteilung Polens unter sich zerstritten und über ein Vorgehen gegen Frankreich uneins, obwohl Ludwig XVI. geheime Verbindungen zu den großen europäischen Mächten unterhielt und auf ihr Eingreifen hoffte. Die Nationalversammlung wollte keinen Anlaß zu kriegerischen Auseinandersetzungen bieten, denn sie hatte das Eroberungsrecht verurteilt und an seine Stelle das Selbstbestimmungsrecht der Nation gesetzt. Den deutschen Fürsten, die im Elsaß durch die revolutionäre Neuordnung Territorial- und Feudalrechte verloren, bot sie Entschädigungen an und zögerte die Besetzung der päpstlichen Gebiete Avignon und Venaissin bis 1791 hinaus, obwohl die Bevölkerung sich als Teil der französischen Nation betrachtete.

Fluchtversuch des Königs

Im Juni 1791 versuchte der König, seinen seit Monaten gehegten Fluchtplan zu verwirklichen. Erst kurz vor der Grenze in den Ardennen wurde er erkannt und als Gefangener nach Paris zurückgebracht. Seine Feindschaft gegenüber der revolutionären Nation war nun offenbar. Das verstärkte die antimonarchische demokratische Bewegung und das revolutionäre Nationalbewußtsein, zumal man auch eine Invasion ausländischer Truppen erwartete. Auf Flucht und Gefangennahme des Königs reagierten die europäischen Mächte mit der Deklaration von Pillnitz, welche die vollständige Wiederherstellung des französischen Königtums verlangte und in Frankreich Empörung hervorrief. Dennoch suspendierte die Nationalversammlung den König nur von seinen Ämtern und verurteilte ihn nicht. Denn das Bürgertum wollte keine Republik und keine Radikalisierung der Revolution, sondern ihr Ende. Die Konstituante ließ sogar auf republikanische Demonstranten auf dem Marsfeld schießen und schloß den Klub der Cordeliers. Der gemäßigte, an der Monarchie festhaltende Flügel der Jakobiner spaltete sich ab und gründete im Kloster der Feuillantiner den Klub der Feuillants. (▷ M 99) Der Kreis der Wahlberechtigten wurde durch Heraufsetzung des Zensus noch enger gezogen, die Passivbürger, jetzt noch zahlreicher als vorher, wurden sogar aus der Nationalgarde ausgeschlossen und das Volk zur Abgabe seiner Waffen gezwungen. Im September 1791 akzeptierte der König die neue Verfassung und schwor der Nation erneut Treue. Die Revolution schien beendet, als die Verfassunggebende Nationalversammlung ihren Auftrag erfüllt hatte.

Der Weg in den Krieg

Im Herbst 1791 trat die Gesetzgebende Versammlung, die Legislative, an die Stelle der Konstituante. Da die Mitglieder der Konstituante auf eigenen Beschluß nicht wieder kandidierten, bestand die Legislative aus 745 neuen Abgeordneten. Die 264 Feuillants bildeten den rechten Flügel und die 136 Jakobiner, angeführt von dem Journalisten Jacques Brissot (1754–1793) und dem Philosophen Antoine Condorcet (1743–1794), die Linke. Dazwischen saßen 345 Abgeordnete der Mitte, Anhänger der Revolution ohne eindeutiges politisches Konzept. Einige prominente Redner der bürgerlichen Linken stammten aus dem südwestlichen Departement Gironde, was ihrer Fraktion später den Namen „Girondisten" einbrachte. Nicht nur die Legislative beeinflußte die politische Entwicklung, sondern auch zahlreiche Klubs und Salons sowie die Vollversammlungen der Bürger der 48 Sektionen, in die Paris eingeteilt war. In den Sektionen trafen sich Aktivbürger, um die Ereignisse zu verfolgen und zu kontrollieren.

Die Gruppe um Brissot versuchte durch ihre Initiativen und Anträge gegen Emigranten, eidverweigernde Priester und ausländische Fürsten vorzugehen, die Emigrantengruppen auf ihrem Gebiet duldeten. Auf diese Weise wollte sie den König zu einer Entscheidung für oder gegen Revolution und Krieg zwingen. Der König jedoch verband mit einem möglichen Krieg die Hoffnung auf Wiederherstellung der absoluten Monarchie durch ausländische Intervention, während die Jakobiner hofften, die Revolution durch die im Krieg aufflammenden nationalen Gefühle festigen zu können. Lediglich der bürgerliche Advokat und jakobinische Abgeordnete Maximilien Robespierre (1758–1794) aus Arras, ein von Rousseau beeinflußter Intellektueller, warnte vergeblich vor der Gefahr für die Revolution. Eine girondistische Regierung erklärte schließlich im Frühjahr 1792 den Krieg an den „König von Böhmen und Ungarn", d. h. den Kaiser, einen Krieg, der fast ohne Unterbrechung 23 Jahre dauerte.

„Das Vaterland in Gefahr"

Organisation und Disziplin der französischen Armee hatten in den Revolutionsjahren gelitten. Traditionelle, oft monarchisch eingestellte Linientruppen und Freiwilligenverbände mit revolutionärer Gesinnung harmonierten nicht. Viele Offiziere waren emigriert, einige Generale waren an einem Sieg der Truppen des revolutionären Frankreich offenbar wenig interessiert. So mußte die Armee am Anfang des Krieges Niederlagen einstecken. Doch die Niederlagen entflammten den neuen Patriotismus der Nation, wie er in der „Marseillaise", dem Lied des Offiziers Rouget de Lisle (1760–1836), gedichtet und komponiert für die Marseiller Föderierten Bataillone 1792, zum Ausdruck kam. Die Mehrheit der Franzosen wollte die Errungenschaften von 1789 verteidigen. Daher erklärte die von Girondisten geführte Legislative „das Vaterland in Gefahr". An weitergehender Revolution war sie allerdings nicht interessiert.

88 „Das Vaterland ist in Gefahr". Patriotische Feier der Pariser Stadtverwaltung am 22. und 23. Juli 1792. In den Zelten meldeten sich in den zwei Tagen 15 000 Bürger zu den Waffen. Die Szene spielt auf der Pont Neuf.

Ende der Monarchie

Die patriotische Begeisterung nahm dagegen in regionalen Vereinigungen, den Föderationen, politische Gestalt an, in denen sich vor allem vom Wahlrecht ausgeschlossene Passivbürger zusammenfanden. Sie bekannten sich zu Revolution und Nation als Grundlage des neuen Frankreich, was zur Folge hatte, daß nun auch die Pariser Sektionen und die Nationalgarde Passivbürger aufnahmen. Als 1792 Föderierte aus dem ganzen Land zum nationalen Föderationsfest nach Paris kamen, forderten sie zusammen mit den Pariser Sektionen die Absetzung des Königs. In ihren Augen war der König ein Verräter. Die Atmosphäre erhitzte sich durch ein Manifest, mit dem der Herzog von Braunschweig, Kommandeur der Truppen der österreichisch-preußischen Koalition, die Franzosen bedrohte, dem König ja nicht die „geringste Beleidigung" zuzufügen. Da die Legislative immer noch zögerte, den König abzusetzen, bildeten die Pariser Sektionen eine neue revolutionäre Stadtverwaltung, die Kommune. Am 10. August 1792 marschierten Bewohner der ärmeren Vorstädte zusammen mit Föderierten aus den Departements zu den Tuilerien, dem Königlichen Stadtschloß, und stürmten es in blutiger Auseinandersetzung. Der König begab sich in den Schutz der Nationalversammlung, die ihn seines Amtes enthob, als sich die neue Revolution als siegreich erwies. Gleichzeitig beschloß sie auf Vorschlag Robespierres, einen Nationalkonvent einzuberufen, der nach allgemeinem Männerwahlrecht gewählt werden sollte. Girondisten und Feuillants hatten damit ihren Einfluß verloren. Eine demokratische Republik Frankreich war im Entstehen.

89 **Die Föderierten – eine revolutionäre Bewegung.** Der Föderationsvertrag von Brignoles, Mai 1790:

Wir sind freie französische Bürger, von den Gemeinden der Departements der Provence nach diesem Ort delegiert, um hier in ihrem Namen den Föderationsvertrag eines Bundes der Brüderlichkeit und des Bürgersinns zu beschwören.

In Anerkennung, daß die Freiheit ein Erbgut der Menschen darstellt und der Gesellschaftsvertrag nur dann auf einer unveränderlichen Grundlage ruht, wenn er auf den ewig geltenden und geheiligten Naturrechten fußt;

in Anerkennung, daß uns allein die Verfassung, deren erste Wohltaten Frankreich bereits genießt, diese zweifellos unwandelbaren, indessen durch 13 Jahrhunderte voller Irrtümer und Mißbräuche grausam verfälschten Rechte zu verschaffen vermag und es schließlich der Streitmacht zukommt, die Ausführung von Gesetzen zu gewährleisten, die die Gerechtigkeit vorschreibt,

beschließen wir, unsere Erkenntnisse und unsere bewaffneten Kräfte zusammenwirken zu lassen, um solch großartige Interessen zu verteidigen, uns gegenseitig durch Ratschläge zu helfen und uns brüderlich mit unseren Waffen beizustehen.

Als unsere Feinde sehen wir all jene an, die wider die Verfassung sind, und erklären zu unserem Feind jeden, der sich Anschläge gegen die allgemeine oder persönliche Freiheit herausnimmt, wie auch jeden, der gegen die Dekrete der Nation Einspruch zu erheben wagt.

Wir rufen die Rache des Himmels auf jene Ungeheuer herab, die versuchen, die Brandfackel zu entzünden und den Dolch des Fanatismus zu wetzen unter dem abscheulichen Vorwand, eine Religion, die sie beleidigen, zu verteidigen.[1] [...]

Geboren, als freie Menschen unter der Herrschaft der Gesetze zu leben, vereint fortan durch die Bande einer patriotischen Gleichheit, stolz und eifersüchtig einzig und allein auf den Titel französischer Bürger, schwören wir jedem Vorrecht, jedem Rang und jedem Titel ab, der dazu führte, uns von der großen Familie zu unterscheiden.

Um schließlich die Durchführung des Verbündnisses zu gewährleisten, dessen Garant unser eigenes Interesse ist, schwören wir im Namen Gottes [...] und in Gegenwart unserer Brüder, [...] der Nation, dem Gesetz und dem König treu zu sein und die Verfassung bis zu unserem letzten Atemzug aufrechtzuerhalten.

W. Markov: Revolution im Zeugenstand. Bd. 1. S. 137 f.

[1] Gemeint ist die katholische Opposition gegen die Revolution, wie sie im April 1790 in Unruhen in Südfrankreich zum Ausdruck kam. Dieser „Fanatismus" wird als Beleidigung der (wahren) christlichen Religion bezeichnet.

Entnehmen Sie dem Text das Selbstverständnis und die politischen Ziele der Föderierten.

90 **Die Laterne als politisches Symbol.** Bei den Vorbereitungen für das Föderationsfest zum Jahrestag des Bastillesturms (14. Juli 1790) wurde auf dem Pariser Marsfeld das Lied „Ça ira" (Das geht los) von den Bewohnern der Vorstädte gesungen. In einer gemäßigteren Fassung wurde „Ça ira" zu einer ersten „Nationalhymne" der Revolution.

Das geht los!
Ah, das geht los, das geht los, das geht los,
An die Laterne mit den Aristokraten;
Ah, das geht los, das geht los, das geht los,
Hängt sie auf, die Aristokraten!
Und wenn sie alle hängen,
Haun wir ihnen auf den Arsch.
Ah, das geht los, das geht los, das geht los ...
Ah, das geht los, das geht los, das geht los,
Trotz Aristokraten und trotz Regen [...]
Was macht's mir, wenn ich naß werd',
Wenn es um die Freiheit geht?
Und wenn es schüttete Hellebarden, [...]
Schrie' ich lauter noch:
Wasser, Wasser, Wasser,
Ich bin naß bis auf die Knochen.

Erörtern Sie die politischen Vorstellungen, die sich in diesem Lied widerspiegeln.

91 **Bedrohung**

a) König Gustav III. von Schweden (1771–1792) nimmt Stellung am 10. 7. 1791:

Wenngleich meine Anteilnahme an der königlichen Familie sehr groß ist, so ist doch das Interesse, das ich an der allgemeinen Sache und am ureigensten Interesse Schwedens und der Sache aller Könige habe, noch größer. Ich bestehe auf der Wiederherstellung der französischen Monarchie, gleichgültig, ob Ludwig XVI., Ludwig XVII. oder Karl X. den Thron einnehmen, Hauptsache ist nur, daß er wiedererrichtet wird und das Ungeheuer in der Manège[1] niedergeschmettert wird. Alle jene für die Autorität verderblichen Prinzipien müssen mit der niederträchtigen Versammlung und der Höhle, in der sie ausgebrütet werden, verschwinden. Man muß verhindern, daß eine neue Legislatur im Namen der Nation[2] einen Teil der bereits dekretierten Attentate bestätigt. Dagegen gibt es nur ein Mittel: Eisen und Kanonen.

Geschichte in Quellen (Bd. 4). S. 263

[1] Nationalversammlung, die in der Reithalle in den Tuilerien tagte
[2] Die Wahlen zur Gesetzgebenden Versammlung waren in vollem Gange.

b) Am 2. 11. 1791 wurde in der Gesetzgebenden Versammlung ein Brief verlesen, in dem ein Herr Bellerodon folgendes berichtet:

[...] In Koblenz angekommen, sehe ich alle Prinzen in hektischer Beschäftigung mit den erstaunlichsten Plänen. Die ganze Stadt ist voll von begeisterten Aristokraten, denen in Zornesanfällen oft folgende Redensart entfährt: „Mein König ist meine Seele, und da ein Körper nicht ohne Seele leben kann, will ich lieber mein Leben verlieren, als mein Land so entehrt zu sehen." Redensarten von verlorenen Söhnen, die ihre Augen abwenden, um nicht zu sehen, wie ein mütterliches Vaterland die Arme nach ihnen ausstreckt [...] In dieser Stadt stehen vier Schwadronen Leibgarde im aktiven Dienst [...]
Ich war in Trier, wo ich alle unsere emigrierten Priester gesehen habe [...] Einige von ihnen werfen die Kutte aus der Hand und ziehen die Uniform an. Als ehemalige Äbte werden sie Soldaten des Papstes [...] Die meisten Offiziere der Grenzregimenter haben sich in die Emigrantenliste eintragen lassen [...]
Sie hegen den Plan, sollten alle anderen Vorhaben scheitern, alle Quellen zu vergiften. Die wahre Quelle der Freiheit jedoch werden sie nie vergiften oder austrocknen können. [...]
Die Zahl der Emigranten, die bereit sind, zu den Waffen zu greifen, liegt bei 13000 Mann.
Die Emigranten wollen Emissäre nach Frankreich schicken, um hier falsche Assignaten in Umlauf zu bringen. Hier die Beschreibung eines solchen: Angeblich heißt er Lebrun, Kaufmann aus Lyon, etwa dreißig Jahre alt, fünf Fuß zwei Daumen groß, starkes blondes Haar und geschwollenes rechtes Auge. Er reist in einem leichten, von einem Rappen gezogenen Wagen [...]

Geschichte in Quellen (Bd. 4). S. 274

Beurteilen Sie die Wirkung solcher Äußerungen und Informationen auf das politische Klima in Frankreich.

92 Für und gegen den Krieg

a) Brissot am 16. 12. 1791 im Jakobinerklub:

Die Frage, die einer Prüfung unterzogen werden muß, ist die, ob wir die deutschen Fürsten, die den Emigranten Hilfe leisten, angreifen sollen oder ob wir ihre Invasion abwarten müssen. [...]

Die Kraft der Überlegung und der Tatsachen hat mich davon überzeugt, daß ein Volk, das nach 10 Jahrhunderten der Sklaverei die Freiheit errungen hat, Krieg führen muß. Es muß Krieg führen, um die Freiheit auf unerschütterliche Grundlagen zu stellen; es muß Krieg führen, um die Freiheit von den Lastern des Despotismus rein zu waschen, und es muß schließlich Krieg führen, um aus seinem Schoß jene Männer zu entfernen, die die Freiheit verderben könnten.

[...] In den letzten zwei Jahren hat Frankreich alle gütlichen Mittel ausgeschöpft, um die Rebellen [= Emigranten] in seinen Schoß zurückzuführen. Alle Versuche, alle Aufforderungen sind fruchtlos gewesen; sie setzten ihren Aufruhr fort. Die fremden Fürsten halten beharrlich daran fest, sie zu unterstützen. Dürfen wir noch zögern, sie anzugreifen? [...]

Und nun: Welches Ergebnis wird dieser Krieg haben? [...] Er muß uns rächen, indem wir diese Räuberbande austilgen, oder wir werden es uns gefallen lassen müssen, die Spaltungen, Verschwörungen und Verwüstungen fortdauern und die Unverschämtheit unserer Aristokraten mehr denn je ausufern zu sehen. Sie bauen auf die Armee in Koblenz, und daher rührt ebenfalls die Halsstarrigkeit unserer Fanatiker [die antirevolutionären Priester und ihr Anhang]. Wenn ihr mit einem einzigen Streich die Aristokratie, die eidverweigernden Priester und die Mißvergnügten austilgen wollt, dann müßt ihr Koblenz in Schutt und Asche legen. Das Oberhaupt der Nation [= der König] wird dann genötigt sein, gemäß der Verfassung zu regieren, sein Heil nur in seiner Verfassungstreue zu erblicken und sein Verhalten einzig und allein nach ihr auszurichten.

W. Markov: Revolution im Zeugenstand. Bd. 2. S. 198ff.

b) Robespierre am 2. 1. 1792 im Jakobinerklub:

[...] ich aber habe bewiesen, was jedermann klar war, daß nämlich der Vorschlag zu sofortigem Krieg auf einen seit langem vom inneren Freiheitsfeind aufgestellten Plan zurückgeht; dessen Ziel habe ich Ihnen aufgezeigt; die Mittel zu seiner Durchführung habe ich Ihnen genannt. Andere haben Ihnen bewiesen, daß der Kriegsvorschlag nur eine offensichtliche Falle ist. [...] Sie haben selbst zugegeben, daß der Krieg den Emigranten gefiele, daß er dem Ministerium gefiele, den Ränkeschmieden des Hofes, jener starken Fraktion, deren allzu bekannte Führer seit langem alle Schritte der Regierung lenken [...] Trotzdem, Sie nehmen zunächst die Last einer Eroberung Deutschlands auf sich; Sie führen [so hoffen Sie] unser siegreiches Heer zu allen benachbarten Völkern; Sie richten überall Gemeindeverwaltungen ein, Direktorien, Nationalversammlungen, und Sie rufen selber aus, daß dies ein stolzer Gedanke sei – als wenn das Schicksal der Reiche von unseren Redewendungen geregelt würde. Unsere von Ihnen geleiteten Generäle sind nur die Sendboten der Verfassung, [sagen Sie], unser Heerlager nur eine Schule des Staatsrechts; die Satelliten der fremden Monarchien, weit entfernt davon, die Durchführung dieses Planes zu behindern, fliegen auf uns zu, aber nicht um uns zurückzutreiben, sondern um uns willig anzuhören.

Leider werden diese herrlichen Weissagungen von der Wahrheit und dem gesunden Menschenverstand widerlegt; in der Natur der Dinge liegt es, daß die Vernunft auf ihrem Vormarsch nur langsam Boden gewinnt. Die lasterhafteste Regierung findet im Vorurteil, in der Gewohnheit, in der Erziehung der Völker eine gewaltige Stütze. Der Despotismus gar verdirbt die Gesinnung der Menschen, bis es ihm gelingt, ihre Verehrung zu erlangen und die Freiheit beim ersten Anlaß verdächtig und schreckensvoll zu machen. Niemand liebt Sendboten in Waffen; und das erste, was Natur und Klugheit gebieten, ist, sie als Feinde zurückzutreiben. Eine solche Invasion, wie ich sagte, könnte viel eher die Erinnerung an die Verwüstungen der Pfalz [1688 durch die Franzosen unter Ludwig XIV.] und die der letzten Kriege wachrufen, als daß sie konstitutionelle Ideen zum Keimen brächte; denn die Masse des Volkes in diesen Landstrichen kennt jene Ereignisse besser als unsere Verfassung. Die Berichte aufgeklärter, gut informierter Menschen widerlegen alles, was man uns von der Glut erzählt, mit der sie [angeblich] nach unserer Verfassung und unserer Armee schmachten. [...]

Die Erklärung der Menschenrechte ist nicht das Sonnenlicht, das gleichzeitig allen Menschen leuchtet; sie ist nicht der Blitz, der in einem Augenblick alle Throne zerschmettert. Sie auf Papier zu schreiben oder in Erz zu hauen ist leichter, als ihre geheiligten Zeichen, die von Unwissenheit, Leidenschaften und Despotismus verwischt wurden, in der Seele des

Menschen zum Tönen zu bringen. Weiter! Wird sie nicht jeden Tag aufs neue verkannt, mit Füßen getreten, übersehen selbst von Ihnen, die Sie sie öffentlich bekanntgemacht haben?

[...] Ehe Sie sich in die Politik und die Angelegenheiten der Fürsten Europas verirren, beginnen Sie damit, Ihre Betrachtungen auf Ihre Position im Innern zu lenken. Schaffen Sie erst Ordnung bei sich zu Hause, bevor Sie die Freiheit anderswohin tragen [...] Nehmen Sie zur Kenntnis, daß nach Auffassung aller aufgeklärten Franzosen das wahre Koblenz in Frankreich liegt und das Koblenz des Bischofs von Trier nur einer der Schlupfwinkel der gegen die Freiheit angezettelten tiefgehenden Verschwörung ist, deren Herd, deren Mittelpunkt und deren Anführer sich in unserer Mitte befinden.

W. Markov: Revolution im Zeugenstand. Bd. 2. S. 200 ff.

a) Wägen Sie die Argumente für und gegen eine Kriegserklärung gegeneinander ab.
b) Wie schätzen Sie Robespierres Ansicht über die Wirkung von Menschenrechtserklärungen und importiertem Fortschritt ein? Begründen Sie.
c) Bestimmen Sie Robespierres innenpolitische Position.

93 Der Fehler des Herzogs von Braunschweig. Manifest Karl Wilhelm Ferdinands von Braunschweig (1780–1806), der die österreichisch-preußischen Koalitionstruppen befehligte. Koblenz, 25. Juli 1792:

[...] Diejenigen, welche sich die Regierung in Frankreich angemaßt haben, sind, nachdem sie die Rechte und Besitzungen der deutschen Fürsten im Elsaß und in Lothringen diesen willkürlich entrissen; nachdem sie im Innern die gute Ordnung und die rechtmäßige Regierung gestört und umgestürzt und nachdem sie gegen die geheiligte Person des Königs und seiner erlauchten Familie Gewalttätigkeiten begangen haben, die sich noch täglich erneuern, endlich so weit gegangen, daß sie Sr. Majestät dem Kaiser einen ungerechten Krieg erklärten und in seine niederländischen Provinzen einfielen; [...] Überzeugt, daß der gesunde Teil des französischen Volks die Ausschweifungen der herrschenden Partei verabscheut und daß der größere Teil der Bewohner mit Ungeduld den Augenblick der Hilfe erwartet, um sich offen gegen die verhaßten Maßregeln seiner Unterdrücker zu erklären, fordern Ihre Majestäten dieselben auf, ohne Verzug zur Vernunft, zur Gerechtigkeit, zur Ordnung und zum Frieden zurückzukehren. In dieser Hinsicht erklärt der Unterzeichnete, Oberbefehlshaber der verbündeten Heere, folgendes:

7. daß die Bewohner von Städten, Marktflecken und Dörfern, welche es wagen sollten, sich gegen die Heere Ihrer Majestäten zu verteidigen, und auf dieselben entweder im offenen Felde oder aus den Fenstern, Türen oder andern Öffnungen ihrer Häuser zu schießen, sogleich nach der ganzen Strenge des Kriegsrechts bestraft und ihre Wohnungen zerstört oder angezündet werden sollen. [...]

8. die Stadt Paris und alle ihre Bewohner ohne Unterschied sind schuldig [= verpflichtet], sich sogleich ihrem König zu unterwerfen, [...] Ihre Majestäten machen alle Mitglieder der Nationalversammlung, des Departements, der Bezirke und des Gemeinderats, alle Friedensrichter von Paris und wen es sonst betreffen mag, persönlich bei ihrem Leben und bei Strafe, vor einem Kriegsgericht ohne Hoffnung auf Begnadigung verurteilt zu werden, verantwortlich für alle Vorfälle. Ihre Majestäten erklären ferner auf Ihr kaiserliches und königliches Ehrenwort, daß, wenn das Schloß der Tuilerien gestürmt oder sonst verletzt, wenn die mindeste Beleidigung dem Könige, der Königin und der ganzen königlichen Familie zugefügt, nicht unmittelbar für ihre Sicherheit, ihr Leben und ihre Freiheit gesorgt wird, sie eine beispiellose und für alle Zeiten denkwürdige Rache nehmen und die Stadt Paris einer militärischen Exekution und einem gänzlichen Ruine preisgeben, die Verbrecher selbst aber dem verdienten Tode überliefern werden [...]

W. Grab: Die Französische Revolution. S. 108 ff.

Zeigen Sie die sachliche und die psychologische Fehleinschätzung der Adressaten durch den Herzog von Braunschweig.

94 Die Erstürmung der Tuilerien am 10. August 1792. Ausschnitt aus einem Gemälde von Jean Duplessis-Bertaux von 1793, das die entscheidende Phase der Erstürmung des königlichen Schlosses in Paris durch die Volksmassen darstellt.

95 **Sturm auf die Tuilerien am 10. August 1792.** Edmond Géraud, Sohn einer reichen Familie in Bordeaux, Student in Paris, schreibt an einen Freund:

Paris, den 11. August 1792, im Jahre IV der Freiheit. Mein Freund, mein lieber Freund, nun sind sie wirklich gekommen, die Tage der Wut des Volkes, [...] exemplarisch und ewig denkwürdig; der 10. August 1792 wird für die Nachwelt das Bild vom 14. Juli 1789 abrunden, und wenn die Erstürmung der Bastille für immer die Eroberung unserer Rechte, den Sturz des Despotismus und das Erwachen des unterdrückten souveränen Volkes besiegelt hat, so werden die großen Ereignisse des heutigen Tages für immer den festen Bestand unserer Freiheit, die Fortführung der Revolution, die Bestrafung der Verschwörer und den Schrecken unserer Feinde besiegeln.

[...] Seit zwei Tagen herrschte die größte Bewegung in der Hauptstadt, und am zweiten Tage erreichte sie ihren Höhepunkt, als das Dunkel der Nacht die Bestürzung und Besorgnis der Bürger vergrößerte. [...] Das Gewitter dröhnt die ganze Nacht, jeder wacht, die Straßen sind beleuchtet und starren von Piken und Bajonetten. Gegen zwei Uhr morgens, ohne einen Befehl, ohne Aufforderung und ohne Signal, hallt Paris plötzlich wider vom Ton all seiner Glocken und vom Lärm all seiner Trommeln. Die Sektionen strömen zusammen; augenblicklich sind alle Bande zerrissen und alle öffentliche Gewalt vergessen; die Wachsamkeit des Volkes tritt vorläufig an die Stelle des Bürgermeisters von Paris und seines Stellvertreters. Die Stadt, die Vorstädte und die Föderierten eilen zugleich vor den Palast des Tyrannen und in die Nähe der Nationalversammlung, die schon vorgestern ihre Sitzung für permanent erklärt hatte. Eine angeblich nationale Streife, mit Säbeln, Pistolen und Dolchen bewaffnet und aus Priestern, Höflingen und Dienern des Hofes zusammengesetzt, wird überrascht, verhaftet und eingekerkert; mit Tagesanbruch beginnen die Hinrichtungen durch das Volk, und die von den Sektionen abgeurteilten und anschließend dem Volke ausgelieferten Schuldigen werden auf der Stelle erwürgt und enthauptet. Sieben Köpfe werden in den Tuilerien und deren Umgebung herumgezeigt. [...]

Der König verläßt um acht Uhr morgens den Palast, inspiziert in Person die Wachen des Schlosses und nimmt die Parade einer zahlreichen Formation von Schweizergarden ab, die durch Geheimbefehl aus Courbevoie herangeführt worden sind. Eine Handvoll Grenadiere der Sektion „Filles-Saint-Thomas“ vergißt sich so weit, „es lebe der König!“ zu rufen; die

Bürger auf der gegenüberliegenden Terrasse der Feuillants antworten ihnen mit einem einzigen Aufschrei der Wut und Entrüstung. Nach diesem Auftritt ziehen sich Ludwig XVI., die Königin, ihre Kinder und Madame Elisabeth [die Schwester des Königs] zurück; [...] Einen Augenblick nach ihrem Rückzug in den Schoß der Gesetzgebenden Versammlung nähert sich ein Trupp von Föderierten aus Marseille und von einigen Veteranen der Nationalgarde den Schweizern, die kampfbereit im Hof des Schlosses stehen, und fordert sie auf, sich dem Volke anzuschließen und jeden Keim der Zwietracht zu ersticken. Die Schweizer lassen sie herankommen und blicken ihnen freundlich entgegen; plötzlich aber gibt ihr Bataillon eine Salve ab und zerschmettert die Marseiller, die ihnen Friedensvorschläge machen wollten; mehrere Kanonen, die im Schloß in den Fensteröffnungen aufgestellt sind, fegen eine Ansammlung von Bürgern hinweg, die in Waffen auf dem angrenzenden Platz bereitstehen; das Volk flieht mit lautem Geschrei. Die Artillerie der Pariser Kanoniere, die in der Nähe ist, erwidert das Feuer und zerstreut das Bataillon der Schweizer, die sich in das Innere des Schlosses zurückziehen und aus den Fenstern feuern. Drei Feldgeschütze der Marseiller schießen von der Terrasse der Feuillants aus das Schloß in Trümmer; das Volk strömt von allen Seiten zusammen, um den Kanonieren zu helfen; die Lastträger der Markthalle eilen wohlbewaffnet herzu, vor ihnen her sprengt die berittene Nationalgendarmerie. Rasch ist das Schloß erstürmt, die Schweizergarden ermordet, ihre Anführer enthauptet und viele von ihnen aus den Fenstern geworfen; das Volk setzt die Stallungen des Königs und die an das Schloß angebauten Kasernen der Schweizer in Brand; Rauchschwaden hüllen die Sieger und die Besiegten ein; die Gemächer schwimmen von Blut und werden geplündert, alle Möbel zerschlagen und in Stücken hinausgeworfen. Mehrere Schweizer, die dem Gemetzel entkommen waren, sind unbarmherzig auf offener Straße ermordet worden. Die Zahl der Opfer der Volkswut beläuft sich, wie es heißt, auf elfhundert. Man kann nicht einen Schritt tun, ohne auf einen Kopf, auf einen Leichnam, auf noch zuckende Glieder zu stoßen; [...]

Ich will keine eigenen Gedanken hinzufügen zu diesen Tatsachen, für deren reine Wahrheit ich Ihnen garantieren kann, weil ich sie zum größten Teil selbst gesehen habe. Das Volk ist grausam gewesen, das muß man zugeben, aber viele Umstände verschlimmern die Verbrechen des Hofes und rechtfertigen das Verhalten des Volkes! Wenn Sie diese Verbrechen kennen würden, würden Sie erfassen, wie sehr das Volk, ich sage nicht zu entschuldigen, sondern des höchsten Lobes würdig ist. Außerdem, wenn es grausam gewesen ist, so war es doch auch zugleich mutig, tugendhaft und sogar selbstlos. Raub und Plünderung sind nicht vorgekommen. Die Edelsteine, das Geschirr und das Münzgold sind in die Nationalversammlung gebracht worden. [...]

Paris, den 12. August 1792, im Jahre IV der Freiheit

[...] Das Volk hat den gestrigen Tag damit verbracht, die Standbilder aller Könige umzustürzen, die unsere öffentlichen Plätze verschandeln. [...] Unser Freund Chaudruc aus Bordeaux hat mit Tausenden von Bürgern die Statue desselben Königs [Ludwigs XIV.] auf dem Victoires-Platz gestürzt. Dieses Abbild eines verhaßten Tyrannen hat der Kraft so vieler Arme nicht lange widerstanden, und mit einem um seinen Hals gelegten Kabel haben wir den drohenden Koloß heruntergerissen, der das freie und souveräne Volk zu verhöhnen schien. Dann haben sich die Leute plötzlich auf ihn gestürzt und ihm mit Beilen und Sägen den Kopf abgeschnitten; jeder wollte sich auf den gewaltigen Klotz setzen; der Sturz der Könige und die Erringung unserer Freiheit ging unter Gesang vor sich: das Lied „Ça ira“ erscholl über den Platz, und die Rufe „Es lebe die Nation!“ und „Tod den Tyrannen!“ beschlossen die fröhliche Zeremonie. [...] Die Nationalversammlung hat sogleich durch ein Dekret das Vorgehen der Bürger gebilligt, und diese Statuen der Könige werden dazu dienen, ein nationales Münzgeld zu schaffen.

U. F. Müller: Die Französische Revolution. S. 41ff.

a) Bestimmen Sie den Begriff „das Volk“ im Text genauer.
b) Versuchen Sie, die Blutorgie zu erklären.
c) Géraud rechtfertigt das Massaker. Nehmen Sie Stellung dazu.

6. Fassen Sie die Gründe für den Sturz der Monarchie in Frankreich zusammen.
7. Welche Probleme ergaben sich für das revolutionäre Frankreich durch die Kriegserklärung?

3. Die radikale Revolution 1792–1794

Mit dem Sturm auf die Tuilerien war eine Phase der Ereignisse eröffnet, die man als zweite Revolution bezeichnen kann. Die konstitutionelle Monarchie, in der nur den Besitzenden Wahlrecht eingeräumt worden war, hatte die Sympathie des politischen aktiven Bevölkerungsteils, vor allem der Massen in Paris, verloren. Nation, Republik und Gleichheit waren die Schlagworte, welche die weitere Entwicklung bestimmten, eine Entwicklung, die durch die Notwendigkeit angeheizt wurde, sich im Krieg gegen die Mehrheit der europäischen Mächte zu behaupten. Sind die Exzesse von Gewalt, zu denen es im Namen der Ideale kam, damit ausreichend erklärt oder gar gerechtfertigt?

3.1. Nationalkonvent und revolutionäre Regierung

1792	
2.–5. September	Septembermorde: Revolutionäre Haufen ermorden in den Pariser Gefängnissen über 1000 Häftlinge.
20. September	Kanonade von Valmy: Die Revolutionstruppen zwingen die Truppen der europäischen Koalition zum Rückzug.
21. September	Republik Frankreich: Der neugewählte Nationalkonvent schafft die Monarchie ab. Am 22. September beginnt das Jahr I der Republik.
1793	
21. Januar	Nach einem Prozeß vor dem Konvent wird der König durch die Guillotine hingerichtet.
10. März	Der Konvent richtet das Pariser Revolutionstribunal als Sondergericht ein.
6. April	Der Konvent setzt den Wohlfahrtsausschuß als Exekutivorgan ein.
2. Juni	Die Bergpartei der Jakobiner stürzt die Girondisten mit Hilfe einer Erhebung in Paris.

Invasion und Septembermorde

Mit der Erhebung vom 10. August begann ein Machtkampf zwischen der aufständischen Kommune von Paris und der Gesetzgebenden Nationalversammlung. Die Legislative und der als Regierung wirkende Vollzugsrat schickten Kommissare zu den Armeen und in die Departements, um sie für die Veränderungen nach der Amtsenthebung des Königs zu gewinnen. Die akute Angst vor dem Vormarsch der österreichisch-preußischen Truppen und einer Emigrantenarmee schuf eine Atmosphäre des Mißtrauens. Die Kommune ließ Waffen verteilen und Schanzen bauen und erklärte zur Bekämpfung der Gegenrevolution den Ausnahmezustand. Sie setzte die Einrichtung eines politischen Strafgerichtshofes durch, ließ die Häuser nach Verdächtigen und Waffen durchsuchen und Tausende festnehmen.
Als die feindlichen Heere Verdun, die letzte Festung vor Paris, erreichten, wurden in der Hauptstadt alle waffenfähigen Männer aufgeboten. Vor ihrem Abmarsch löste die Nachricht von einem Aufstandsversuch in der Vendée und die Furcht vor einer Erhebung der inhaftierten „Verdächtigen" im Rücken der kämpfenden Armee die „September-Massaker" aus, bei denen in den Pariser Gefängnissen mehr als 1100 Gefangene, vom Adligen und eidverweigernden Priester bis zur Prostituierten, von erregten Revolutionären ermordet wurden. Die revolutionäre Armee, zum großen Teil aus freiwilligen Bürgern bestehend, hielt den regulären Truppen der europäischen Monarchien stand, und mit dem Sieg der revolutionären Truppen über das Invasionsheer bei Valmy endete auch die Hysterie der Angst.

Kirchenfeindliche und soziale Maßnahmen

Solange die Legislative bestand, suchte sie den Einfluß der ihr feindlichen katholischen Kirche einzuschränken. Sie untersagte Prozessionen und drohte eidverweigernden Priestern mit Deportation, falls sie nicht unverzüglich das Land verließen. Sie verfügte, die noch bestehenden Ordensgesellschaften zu lösen, das Personenstandswesen den Gemeindeverwaltungen zu übertragen, die Ehescheidung zuzulassen. Damit war der Graben zwischen Kirche und Revolution tiefer geworden.

Auch die sozialen Reformen trieb die Legislative weiter. Die ablösbaren Feudalabgaben schaffte sie entschädigungslos ab, das Gemeindeland privatisierte sie, und die Güter der Emigranten ließ sie in kleinen Parzellen zum Verkauf anbieten. Den örtlichen Behörden wurde erlaubt, Höchstpreise für Lebensmittel festzusetzen, um die Grundversorgung der Bevölkerung zu sichern.

Der Nationalkonvent

Als die Legislative unter dem Eindruck der Erstürmung der Tuilerien Wahlen zum Nationalkonvent ausschrieb, beteiligte sich nur eine politisch engagierte Minderheit der Bevölkerung daran, obwohl nun auch die Passivbürger das Wahlrecht hatten. Im Konvent waren dann weder Royalisten noch Konstitutionelle vertreten. Es dominierten die Girondisten, zu denen die Jakobiner, jetzt Bergpartei oder Montagnards genannt, in Opposition standen (▷ M 99). Zunächst herrschte allerdings Einmütigkeit: Am 21. September schaffte der Konvent das Königtum ab, am 22. September, dem Datum der Tagundnachtgleiche, begann das Jahr I der republikanischen Zeitrechnung, deren Kalender am 5. Oktober 1793 in Kraft gesetzt wurde (▷ Kap. III. 3.2).

Im Nationalkonvent gingen die Girondisten bald zum Angriff gegen die Jakobiner und den von den Jakobinern bestimmten politischen Einfluß der Stadt Paris über, die sie auf ein gewöhnliches Departement herunterstufen wollten. Danton brachten sie durch den Vorwurf der Bestechlichkeit ins Zwielicht, Robespierre hielten sie Streben nach der Diktatur vor. Der Bruch zwischen den beiden Gruppierungen verschärfte sich.

Die Girondisten, die Partei der Legalität, vertraten das besitzende Bürgertum der Kaufleute und Unternehmer, pochten auf das Eigentumsrecht und die Wirtschaftsfreiheit, unterstützt von lokalen Behörden in den Provinzen. Von ihnen war die Initiative zum Krieg ausgegangen. Sie saßen nunmehr auf dem rechten Flügel. Die Bergpartei vertrat das mittlere Bürgertum der Handwerker, kleinen Geschäftsleute und Verbraucher. Die wichtigsten Politiker der Jakobiner stammten aus Paris, wodurch die Hauptstadt für sie besonderes Gewicht hatte, obwohl sich ja das Netz von Jakobinerklubs über alle Departements erstreckte. Die Jakobiner, im Grunde ebenfalls Anhänger eines wirtschaftlichen Liberalismus, waren zu Einschränkungen beim Privateigentum und den individuellen Freiheiten bereit, wenn dies die Zeitumstände erforderten. Obwohl Girondisten wie Jakobiner aus dem Bürgertum stammten, näherte sich ihre Auseinandersetzung doch einem Klassenkonflikt. Zwischen beiden Parteien saßen im Konvent die republikanischen Gruppen der „Ebene" oder des „Sumpfes", die sich nicht festgelegt hatten.

Die Gegensätze zwischen Girondisten und Jakobinern ließ der Prozeß, den der Konvent gegen Ludwig XVI. anstrengte, klar hervortreten. Als die Geheimverhandlungen des Königs mit dem Ausland aufgedeckt wurden, konnten die Girondisten den Prozeß nicht weiter hinauszögern. Anträge, das Volk über die Verurteilung des Königs abstimmen zu lassen oder, später, das Todesurteil auszusetzen, wurden verworfen. So bedeutete die Hinrichtung des Monarchen eine Niederlage der Girondisten.

Revolution und Annexion

Die Hinrichtung Ludwigs XVI. vertiefte auch den Graben zwischen dem revolutionären Frankreich und den europäischen Monarchien. Nach dem Erfolg bei Valmy stießen die Revolutionsarmeen bis Belgien und zu den Alpen (Savoyen) vor. Das Schlagwort von den natürlichen Grenzen Frankreichs tauchte wieder auf. Ein Gürtel von Republiken sollte Frankreich umgeben, und der Konvent versprach aufständischen Völkern brüderliche Hilfe gegen ihre Herrscher. Doch von der Befreiung zur Annexion war nur ein Schritt, und die französischen Befreier wurden von der Bevölkerung Belgiens und des Rheinlandes mehr und mehr als Besatzer empfunden, die neben

96 Die belagerte Republik. Juli–August 1793.
Inwiefern war die Bedrohung Frankreichs eine doppelte Gefahr für das Land? – Vergleichen Sie die Karte mit M 74.

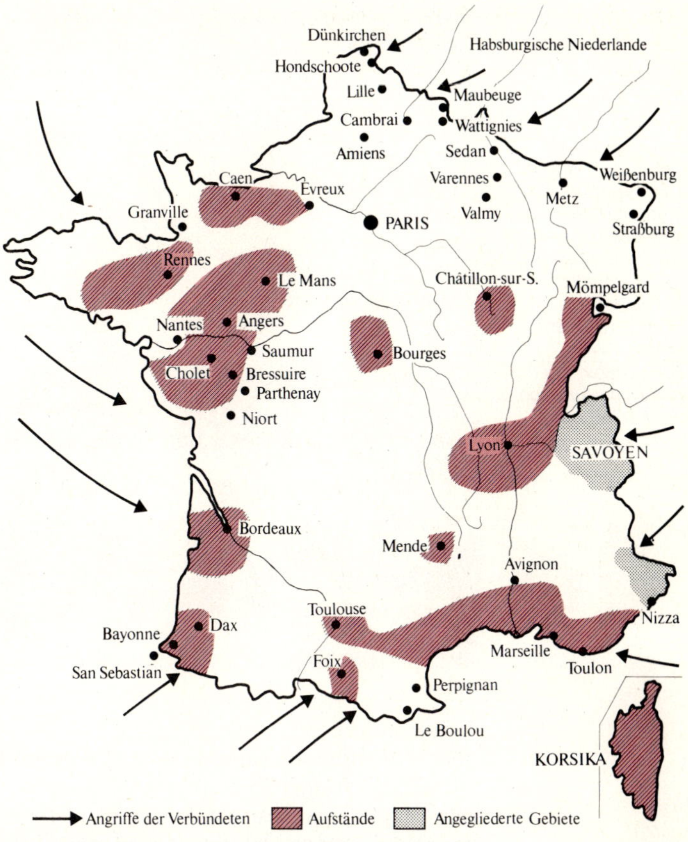

den Errungenschaften der Revolution auch Lasten brachten. Die europäischen Mächte reagierten mit einer Koalition, deren treibende Kraft vor allem England war. Am 1. Februar 1793 erklärte der Konvent an England und Holland den Krieg. Da man in England kein Verständnis für die Revolution des Jahres 1792 und die Hinrichtung des Königs hatte, verschärfte der ideologische Aspekt die wiederauflebende alte englisch-französische Rivalität um den Einfluß auf die Niederlande, ihren Handel und die Bank von Amsterdam.
Von 1793 an verlor das Revolutionsheer seine Überlegenheit, weil viele Freiwillige nach Hause strebten. Das Nebeneinander von regulären Truppen und Freiwilligenverbänden war ohnehin problematisch. Man hatte sie zu einer nationalen Armee von gemischten Verbänden zusammengeschlossen, bei denen revolutionärer Schwung und professionelle Disziplin sich ergänzen sollten. Die gelichteten Reihen wurden durch neue Aushebungen wieder gefüllt, und die Soldaten konnten von nun an ihre Offiziere wählen. Danach konnten die Koalitionstruppen wieder vordringen, was in Paris erneut den Ruf nach radikalen Maßnahmen laut werden ließ.

Das Bündnis von Jakobinern und Sansculotten

Bei ihrer Auseinandersetzung mit den Girondisten suchten die Jakobiner die Unterstützung des Volkes, vor allem verbündeten sie sich mit den Sansculotten, die die Versammlungen der Pariser Sektionen beherrschten. Sansculotten trugen, wie der Name sagt, nicht die Kniehose (culotte) der Adligen, sondern eine lange Hose und eine rote Mütze und waren mit einer Pike bewaffnet. Sie sprachen sich mit „Bürger" (citoyen) an und duzten sich. Verwirklichung von Gleichheit verstanden die Sansculotten als sozialen Fortschritt, obwohl sie keine einheitliche soziale Schicht darstellten. Sie forderten die allgemeine Militärdienstpflicht ohne die Möglichkeit des Freikaufs. Die freie Lebensgemeinschaft von Mann und Frau war bei ihnen häufig anzutreffen. Da die Lebensbedingungen der Sansculotten sehr bescheiden waren, litten

97 Patriotische Lieder und Tänze. Anonyme Radierung, 1792/93.
Das Volk tanzt, der Sansculotte, an den langen Hosen und der phrygischen Mütze erkennbar, weist auf die preußische Kavallerie, die von der Festung Frankreich vertrieben wird.
Formulieren Sie die politische Aussage der Karikatur.

sie besonders unter Preissteigerungen und Versorgungsschwierigkeiten. So wies diese Koalition aus Handwerkern, Gesellen, kleinen Geschäftsleuten, Tagelöhnern und einigen Bürgerlichen innere Widersprüche auf, die etwa bei Lohnfragen zutage traten. In der egalitären Leidenschaft, in der Forderung nach tatsächlicher Gleichheit lag ein wichtiger Unterschied zu den Jakobinern, welche die gesellschaftliche Hierarchie nicht in Frage stellten.

Krise der Revolution

Seit Herbst 1792 stiegen die Lebenshaltungskosten. Trotz Warnungen wurden immer mehr Assignaten ausgegeben, so daß ihr Kurs bis Februar 1793 auf 50% ihres Nennwertes fiel. Zwar war die Ernte im Sommer 1792 gut gewesen, aber die Händler wollten Getreide nicht gegen Assignaten verkaufen, so daß die Bevölkerung Mangel litt. In ganz Frankreich brachen Unruhen aus. Kommune und Sektionen in Paris verlangten Maßnahmen zur Preisregulierung. Dabei tat sich besonders die radikale Gruppe der Sansculotten, die „Enragés" unter Führung des katholischen Priesters Jacques Roux (1752–1794), hervor.

Zu äußerer Gefahr und inneren Spannungen kam der Aufstand in der Vendée, einer Landschaft im Westen Frankreichs, hinzu. Ausgelöst wurde er durch den Widerstand der Bevölkerung gegen Truppenaushebungen, aber drückende Armut, allgemeine Unzufriedenheit, Königstreue und Bindung an die katholische Kirche verstärkten diese im Kern bäuerliche Protestbewegung. Ein blutiger und grausamer Bürgerkrieg zwischen republikanischen Truppen und Freischärlern, die in der Bevölkerung starken Rückhalt fanden, war die Folge.

Angst vor feindlicher Invasion, wirtschaftliche Not und der Bürgerkrieg in der Vendée führten zu einer Krise, die der von Jakobinern beherrschte Konvent nur durch außergewöhnliche Maßnahmen beherrschen zu können glaubte. Im März 1793 beschloß er, ein Sondergericht ohne Berufungsmöglichkeit sowie allerorts revolutionäre Überwachungsausschüsse einzusetzen, die die politische Zuverlässigkeit der Bürger überwachen sollten. Die Emigranten wurden auf Lebenszeit verbannt, ihr Vermögen fiel an den Staat. Am 5. April wurde der Wohlfahrtsausschuß gegründet. Er bestand aus neun Mitgliedern des Konvents, die monatlich wechselten, verhandelte geheim und

98 Der Wohlfahrtsausschuß 1793. Zeitgenössisches Aquarell. Der Ausschuß im Hintergrund ist vom Publikum im Vordergrund nur durch eine Holzschranke getrennt. Allerdings sind nicht alle Sitzungen öffentlich.
Welchen Eindruck von Arbeit und Stellung des Wohlfahrtsausschusses vermittelt das Bild? Beachten Sie die Kleidung.

erhielt diktatorische Vollmachten einschließlich der Aufsicht über die Minister und die Armee. Er entsandte Kommissare der Republik mit unbegrenzten Befugnissen zu den Armeen und in die Departements. Sie mußten täglich dem Ausschuß und wöchentlich dem Konvent berichten.
Die Revolutionsregierung, wie sich der Wohlfahrtsausschuß jetzt nannte, setzte Zwangskurse für Assignaten fest und schließlich einen Höchstpreis für Getreide. Diese wirtschaftlichen und sozialpolitischen Maßnahmen trieben die Auseinandersetzung zwischen Bergpartei und Girondisten in die letzte Phase. Die Girondisten stützten sich auf den föderalistischen, gegen den Pariser Zentralismus gerichteten Widerstand in den Provinzen und versuchten, gegen die Machtstellung der Jakobiner im Konvent anzugehen. Daraufhin rief Robespierre das Volk und die Jakobiner zum Aufstand auf. Der Aufstand schlug fehl, doch wurde der Konvent drei Tage später, am 2. Juni 1793, auf Veranlassung der Aufständischen von der Nationalgarde umstellt. Die 29 girondistischen Abgeordneten wurden verhaftet und ihre führenden Politiker im Herbst hingerichtet. Jakobiner und Sansculotten waren die Sieger.

Volk, Nation: Der Begriff Volk bedeutet ursprünglich eine große Menge: viel Volks. Im Zeitalter des Humanismus nimmt Volk auch die Bedeutung „Gesamtheit von durch Sprache, Kultur und Geschichte verbundener Menschen" an: das deutsche Volk. Diese Bedeutung steht in Konkurrenz zu dem Begriff Nation, der im französischen Sprachbereich, vor allem in der Französischen Revolution, die Gemeinschaft der Angehörigen eines Staates bezeichnet.
Treue des Bürgers zur Nation sollte an die Stelle der Treue des Untertanen zum Monarchen treten: „Vive la Nation" als Gegenruf zu „Vive le Roi".
Die zweite Bedeutung von Volk meint die Masse der Bevölkerung, insbesondere die der Unterschichten, im Gegensatz zur Oberschicht, oft verächtlich gebraucht im Sinne von Pöbel (von frz. peuple). Durch Rousseaus Lehre von der Volkssouveränität wurde der Begriff „Volk" aufgewertet und zum Symbolwort im politischen Kampf, das der Rechtfertigung politischer Entscheidungen diente. An der Frage, wie denn der politische Wille des Volkes ermittelt werden sollte, d.h. wer an Wahlen und Abstimmungen teilnehmen dürfe und auf welche Weise die politische Willensbildung beeinflußt werden sollte, schieden sich schon in der Französischen Revolution die Geister.

1789: Verfassunggebende Nationalversammlung

Demokraten	*Konstitutionelle*	*Monarchisten*	*Aristokraten*
Interessenvertreter des Kleinbürgertums fordern das allgemeine Wahlrecht	Interessenvertreter der Bourgeoisie Befürworter einer konstitutionellen Monarchie	meist adlige Verteidiger der könglichen Vorrechte	Verteidiger der alten Privilegien

1791: Gesetzgebende Versammlung

Jakobiner		*Unabhängige (,,Konstitutionalisten")*	*,,Feuillants" (liberale Adlige und Bürger)*
radikale	*gemäßigte (,,Girondisten")*		
Vertreter des Kleinbürgertums	Vertreter des mittleren und gehobenen Bürgertums	ohne klare politische Konzeption, meist für Beibehaltung der konstitutionellen Monarchie	Verteidiger der Vorherrschaft der Bourgeoisie und der Beibehaltung der konstitutionellen Monarchie
meist Republikaner			

1792: Nationalkonvent

,,Montagnards" (Die Bergpartei)	*,,Plaine" (Die Ebene)/ ,,Marais" (Der Sumpf)*	*,,Girondisten"*
egalitäre Jakobiner, Vertreter der unteren Schichten	bürgerliche Republikaner mit Neigung nach links	gemäßigte Vertreter des Besitzbürgertums

99 Politische Gruppierungen in den Nationalversammlungen.
Beschreiben Sie die Veränderungen zwischen 1789 und 1792 und ziehen Sie dazu die einschlägigen Materialien und die Darstellung heran.

100 **Revolution und besetzte Gebiete.** Dekret des Konvents über die Politik in den von den republikanischen Armeen besetzten Ländern, 15. Dezember 1792:

Art. 1. In den Ländern, die von den Armeen der Französischen Republik besetzt sind oder noch besetzt werden, proklamieren die Generäle unverzüglich im Namen der französischen Nation die Abschaffung der bisher dort geltenden Abgaben und Steuern, des Zehnten, der widerruflichen und der unwiderruflichen Feudalrechte, der dinglichen und persönlichen Leibeigenschaft, des alleinigen Jagdrechts, des Adels und überhaupt aller Privilegien. Die Generäle erklären dem Volke, daß sie ihm Frieden, Beistand, Brüderlichkeit, Freiheit und Gleichheit bringen.

Art. 2 Sie proklamieren die Souveränität des Volkes und die Aufhebung aller bisher bestehenden Gewalten. Sodann rufen sie das Volk in Ur- oder Gemeindeversammlungen zusammen, um eine vorläufige Verwaltung ins Leben zu rufen und zu organisieren. Sie lassen die dem vorliegenden Dekret angefügte Proklamation durch öffentliche Bekanntmachung und Aushängung in der Sprache oder Mundart des jeweiligen Landes in jeder Gemeinde verbreiten.

W. Grab: Die Französische Revolution. S. 127

Welche Vorstellung und welche Absicht haben den Konvent wohl zu diesem Dekret veranlaßt? Ziehen Sie auch die Rede Robespierres zur Kriegserklärung (M 92 b)) heran.

101 **Revolutionstribunal.** Aus der Debatte darüber im Nationalkonvent am 10. März 1793:

Lindet[1]*:* Das Sondergericht soll aus neun Mitgliedern bestehen, die vom Konvent ernannt werden. Diese sind während der Voruntersuchung an keinerlei Formvorschriften gebunden.
Um sich Gewißheit zu verschaffen, haben sie freie Handhabe bei der Wahl ihrer Mittel. Das Gericht kann sich in zwei Kammern teilen.
In dem für das Gericht bestimmten Saal soll sich immer ein Mitglied aufhalten, das die Aussagen der Belastungszeugen entgegennimmt.
Das Gericht soll gegen alle vorgehen, die ihm durch ein Konventsdekret überantwortet werden.
Es kann sich unmittelbar mit jenen befassen, die aus Mangel an Gemeinsinn ihre Amtspflichten versäumt oder vernachlässigt haben, ferner mit allen, die durch ihr Benehmen oder ihre mündlichen Äußerungen versuchten, das Volk aufzuwiegeln und all denen, deren Betragen, Schriften oder ehemaligen Ämter geeignet sind, die Erinnerung an die angemaßten Vorrechte der Despoten wachzuhalten.
(Einige Parteigänger der Linken stimmen dem Entwurf zu und beantragen seine Weiterleitung an den Rat. Lebhafte Proteste der Rechten.)
Vergniaud[2]*:* Eher wollen wir sterben, als daß wir der Einrichtung einer Inquisition zustimmten, die noch tausendmal schlimmer ist als die von Venedig. Ich beantrage, daß der Entwurf diskutiert wird.
(Viele rufen: „Schluß mit der Debatte, wir wollen abstimmen"!)
La Révellière-Lépaux[3]*:* So ein Dekret verlangt namentliche Abstimmung! Die hätten nur Konterrevolutionäre zu befürchten! [...]
[Es kommt zu einer stürmischen, aber ergebnislosen Debatte. Schließlich drängt alles zu den Türen, um die Sitzung zu beenden.]
Danton (springt auf die Tribüne): Ich fordere alle wahren Patrioten auf, ihren Posten nicht zu verlassen. *(Alle Konventsmitglieder nehmen wieder Platz. Es herrscht Totenstille im Saal.)* Was, Bürger! In einem Augenblick, in dem wir in einer so heiklen Situation stecken, [...] geht ihr auseinander, ohne die für das Wohl des Staates erforderlichen Maßnahmen getroffen zu haben? Ich weiß, wie wichtig es ist, die geeigneten rechtlichen Maßnahmen zu treffen, um die Konterrevolutionäre zu bestrafen. Für sie allein ist dieses Gericht gedacht! An ihnen soll es die höchste Instanz - das Volk - vertreten und Rache üben. Nichts ist schwieriger als ein politisches Verbrechen zu definieren. Aber, wenn einerseits ein Mann des Volkes für ein bestimmtes Verbrechen sofort bestraft wird, wenn andererseits politische Verbrechen zu schwer zu ahnden sind, werden dann nicht Ausnahmeregelungen erforderlich, die unserer Gesellschaftsordnung widersprechen mögen, die aber geeignet sind, Rebellen abzuschrecken und die Schuldigen zu treffen? Hier zwingt uns das Wohl des Volkes, zum Äußersten zu gehen und radikale Maßnahmen zu treffen. Für mich gibt es keinen Kompromiß zwischen ordentlicher und revolutionärer Gerichtsbarkeit; [...]

Geschichte in Quellen (Bd. 4). S. 339

[1] Konventsabgeordneter, Mitglied des Wohlfahrtsausschusses
[2] Girondist, Mitglied der Legislative und des Konvents
[3] Girondist, Mitglied des Konvents

Nehmen Sie Stellung zu
a) der Frage der Rechtsstaatlichkeit der Grundsätze des Revolutionstribunals (▷ auch M 104):
b) der Art der Debattenführung in einem Parlament,
c) den Argumenten Dantons.

8. Warum ist der Begriff „Nation" besser für die Forderung nach den „natürlichen Grenzen" geeignet als „Volk"?
9. Inwiefern förderte die Lage in Deutschland die Verwendung des Begriffes „deutsches Volk" statt „Nation"?
10. Begründen Sie die Bezeichnung Zweite Revolution für die Ereignisse vom August 1792.
11. Nennen Sie Faktoren, die zu den Ereignissen führten.

3.2. Bergpartei und Wohlfahrtsdiktatur

1793	
24. Juni	Der Konvent verabschiedet die neue Verfassung.
23. August	Einführung der Massenaushebung für die Revolutionsarmee
17. September	Gesetz gegen die Verdächtigen: Die Zeit des Terrors beginnt.
29. September	Der Konvent setzt ein Allgemeines Maximum für Lebensmittel und Löhne fest.
5. Oktober	Der Konvent führt den republikanischen Kalender ein.
10. Oktober/ 4. Dezember	Der Wohlfahrtsausschuß erhält die Funktion einer provisorischen Revolutionsregierung.
10. November	In der Kirche von Notre-Dame wird das Fest der Freiheit und der Vernunft gefeiert. Die Entchristianisierung beginnt.
1794	
13. März	Robespierre läßt den radikalen Sansculotten Hébert und seine Anhänger verhaften.
30. März	Danton und seine gemäßigten Anhänger werden verhaftet und kurz darauf hingerichtet.
8. Juni	In Paris wird das Fest des „Höchsten Wesens" gefeiert.
10. Juni	Der Konvent erläßt ein neues Gesetz gegen die Verdächtigen. Die Phase des Großen Terrors beginnt.
27. Juli (9. Thermidor)	Robespierre und seine Anhänger werden verhaftet.

Die Herrschaft der Bergpartei

Nach der gewaltsamen Entfernung der Girondisten aus dem Konvent ging der von der Bergpartei beherrschte Konvent zügig an die Schaffung einer demokratischen Verfassung. Das mächtigste Organ sollte die von allen Bürgern direkt zu wählende Volksvertretung sein. Die neue Verfassung wurde zwar mit großer Mehrheit in einer Volksabstimmung angenommen, ihr Inkrafttreten aber auf die Friedenszeit verschoben, da Wohlfahrtsausschuß und Konvent freie Hand behalten wollten. Dabei setzte sich der Wohlfahrtsausschuß gegenüber dem Konvent und dessen anderen Ausschüssen immer mehr als zentrale politische Instanz durch, vor allem nachdem im Juli 1793 Robespierre Mitglied geworden war. Robespierre hatte das Vertrauen der Sansculotten, da er nicht nur Mut und Scharfblick bewiesen hatte, sondern auch ein guter Redner und unbestechlich war. In der Provinz löste der Sturz der Gironde Aufstände aus. In etwa 60 Departements kam es zu föderalistischen, gegen Paris gerichtete Erhebungen. In Lyon wurden Jakobiner hingerichtet, und den Kriegshafen Toulon lieferten Royalisten den Engländern aus. Die Gefahr einer erneuten Invasion war offensichtlich.

Maßnahmen der Jakobiner unter dem Einfluß der Sansculotten

Verteidigung nach innen und nach außen und die Versorgung der Bevölkerung waren die Hauptprobleme in der Mitte des Jahres 1793. So verkündete das Mitglied des Wohlfahrtsausschusses, Lazare Carnot (1753–1823), auf Druck der Sansculotten das Massenaufgebot, die „levée en masse", für die Revolutionsarmee. Die gesamte Bevölkerung sollte für den Krieg herangezogen werden, selbst Frauen und Kinder wollte man in die Materialbeschaffung einspannen. Tatsächlich zog man nachher nur ledige Männer von 18 bis 25 Jahren ein. Die Frage der Bewaffnung und Versorgung einer Hunderttausende umfassenden Armee war allerdings nicht gelöst.

Um die Versorgung von Armee und Bevölkerung zu sichern und die Inflation aufzuhalten, die sich im Wertverlust der Assignaten zeigte, erhoben die Sansculotten weitere Forderungen zugunsten des Gemeinwohls. Den Vorstellungen der Jakobiner entsprachen diese nicht, doch mußten sie nachgeben. Der Konvent erließ eine allgemeine Festsetzung von Höchstpreisen, das Maximum, und führte die Todesstrafe für Wucherer ein. Allerdings: als Gegenstück zum Preisstopp und gegen den Willen der

102 Maximilien de Robespierre (1758–1794). Gemälde von Louis-Lêopold Boilly. Das Gemälde, vermutlich von 1791, zeigt Robespierre als 33jährigen Abgeordneten der Nationalversammlung. Von 1779–1785 war Robespierre als Rechtsanwalt in armen Verhältnissen tätig gewesen. Seine Wahl in die Generalstände führte ihn nach Paris, wo er – auch noch als quasi-Diktator der Schreckensherrschaft – ein bescheidenes Leben führte und seit 1791 ein Zimmer bei einem Schreiner in der rue Saint Honoré 398 hatte. Er war immer korrekt und konventionell gekleidet. Mit dem im Hintergrund abgebildeten Koffer soll er nach Paris gekommen sein.

Sansculotten setzte die jakobinische Revolutionsregierung auch einen Lohnstopp im Interesse der Arbeitgeber durch. Streiks erboster Arbeiter wurden unterdrückt. Zu den Vorstellungen der Sansculotten gehörte auch eine Obergrenze für Vermögen, denn ihr Ideal war der kleine Produzent oder Handwerker, der in vorindustrieller Arbeitsweise eine Familie ernähren konnte. Einige Gesetze gingen daher in diese Richtung wie die gleiche Erbberechtigung für alle Kinder, die Aufteilung der Emigrantengüter und die Beihilfen für Bedürftige.

Die Säuberung der Verwaltung und der Konventsausschüsse von unzuverlässigen oder bestechlichen Personen ging ebenfalls auf Forderungen der Sansculotten zurück. Mit der Durchsetzung der Zahlungen von Sitzungsgeldern für die Anwesenheit in den Sektionsversammlungen ermöglichten sie die Mitwirkung des armen Volkes an der politischen Willensbildung. Größerer Gleichheit sollte schließlich ein Plan zur Verwirklichung allgemeiner Schulbildung des Volkes dienen. Diesen Plan einer Nationalerziehung hatte der ursprüngliche Abgeordnete des Adels in den Generalständen und spätere radikale Revolutionär Louis Michel Lepeletier de Saint-Fargeau (1760–1793) entworfen. Da er als Königsgegner am Tag vor der Hinrichtung Ludwigs XVI. von einem Mitglied der königlichen Garde ermordet worden war, verlas Robespierre im Juli 1793 im Jakobinerklub und im Konvent dessen Erziehungsprogramm. Für die Zeitgenossen war Lepeletier ein Märtyrer der Revolution.

Wirtschaftslenkung

Zur Mobilisierung der Kräfte für den Krieg verstaatlichte der Konvent Teile der Produktion und den ganzen Außenhandel. Im Sinne der nationalen Verteidigung verpflichtete der Wohlfahrtsausschuß Gelehrte, mit ihren Forschungen die Rüstungsproduktion zu verbessern. Die Arbeiter in den Eisenhütten wurden zwangsverpflichtet, die Bürger aufgefordert, salpeterhaltige Erde für die Gewinnung von Schießpulver zu sammeln. Für das Gießen von Kanonen holte man die Glocken von den Kirchtürmen, und das Kirchengold verwandte man zur Stützung der Assignaten. Insgesamt profitierten Armee und die ärmere Bevölkerung von diesem Wirtschaftssystem

„Terreur"

Die Angst vor Feinden der Revolution im Lande sowie die Notwendigkeit, die Höchstpreise zu erzwingen und die Versorgung sicherzustellen, führten zu drakonischen

103 Revolutionskomité. Bild von Berthault nach einer Zeichnung von A. E. Fragonard, 1793. Von links kommen die Angeklagten herein. Die Büsten rechts an der Wand stellen die Märtyrer der Revolution Marat und Lepeletier dar.

Maßnahmen. Man ging nicht nur gegen überführte Täter vor, sondern man verfolgte auch bloß Verdächtige. Das Pariser Revolutionstribunal wurde personell erweitert und das Verfahren gegen „Revolutionsfeinde“ abgekürzt. In den letzten drei Monaten des Jahres 1793 wurden 45% aller Angeklagten zum Tode verurteilt und hingerichtet. Auch Königin Marie-Antoinette (1755–1793), letztes Symbol der Monarchie, mußte das Schafott besteigen. Die Revolutionsregierung in Paris ging auch gegen die Konventsopposition und gegen radikale Gruppen wie die „Enragés“ vor, deren Forderungen nach Eingriffen in das Recht auf Eigentum ihnen zu weit gingen. Frauenklubs, die den Frauen politische Rechte erkämpfen wollten, wurden unterdrückt. Dabei wurden die Gegensätze zwischen den jakobinischen Bürgern und den Sansculotten sichtbar. Auch wurden Aufstände in einigen Departements oft mit äußerster Grausamkeit niedergeschlagen. In Nantes ertränkten die Jakobiner ihre Gegner, oder wen sie dafür hielten, in der Loire, in Lyon fuhren sie Geschütze gegen sie auf und schossen sie nieder.

Revolution und Religion

Die Radikalisierung der Revolution steigerte das Mißtrauen nicht nur gegen Verdächtige, sondern auch gegen Priester, die den Eid auf die Verfassung abgelegt hatten, die man aber – wohl nicht zu Unrecht – für Sympathisanten der gestürzten Girondisten oder gar der Monarchie hielt. Außerdem war in den Augen sansculottischer Radikaler der Glaube der Kirche „Fanatismus“, der den Fortschritt der Aufklärung behinderte und deshalb zu bekämpfen war. So erfaßte eine Welle der Entchristianisierung das Land, wobei es den einen um die Religion überhaupt, anderen um das kirchliche Christentum ging.

Die Revolutionsregierung schaffte die christliche Zeitrechnung und den Sonntag ab, benannte die Monate nach den Jahreszeiten und teilte sie in drei Dekaden ein. Bei Revolutionsfesten entwickelte man neue Kultformen. Die Kirche von Notre-Dame in Paris wurde der Vernunft geweiht, und kurz darauf wurden sämtliche Pariser Kirchen geschlossen. Ende 1793 wurde die Trennung von Staat und Kirche vollzogen und die Gehaltszahlungen an die Priester eingestellt. Der Wohlfahrtsausschuß hielt die Abschaffung jeden religiösen Kultes allerdings für gefährlich und führte deshalb den neuen Kult des Höchsten Wesens ein, um die verschiedenen sozialen Gruppen zusammenzuhalten.

Wohlfahrtsdiktatur

Bis zum Frieden mit den gegenrevolutionären Mächten, von denen Frankreich weiterhin bedroht war, wollte die Regierung „revolutionär" bleiben, d. h. mit Ausnahmegesetzen regieren. Daher wurde das System der revolutionären Ausschüsse durch Verordnungen festgeschrieben und die Zentralregierung verstärkt. Minister, Generale und Körperschaften wurden dem Wohlfahrtsausschuß unterstellt. Allerdings wurden die Gegensätze innerhalb der Bergpartei größer. Robespierre und seine Anhänger wollten die politische Tugend patriotischer Selbstlosigkeit durch den Terror der Regierung erzwingen. Die Gruppe der Cordeliers wollte die Gewaltherrschaft zur Durchsetzung sozialer Gleichheit verschärfen. Die gemäßigte Richtung um Danton strebte einen Abbau des Terrors an, schwächte aber ihre Stellung durch Bestechungsaffären und Kontakte einiger ihrer führenden Politiker mit ausländischen Spekulanten.

Drohende Hungersnot und Schlangen vor den Lebensmittelgeschäften zeigten der Bevölkerung im Winter 1793/94, daß die Maßnahmen der Regierung ihr nicht geholfen hatten. Im Frühjahr 1794 wurden härtere Verordnungen erlassen. Die Güter der Verdächtigen sollten beschlagnahmt und Hilfsmaßnahmen für Bedürftige eingeleitet werden. Dabei gelang es dem Wohlfahrtsausschuß, erst die extreme, dann die gemäßigte Opposition zu zerschlagen und ihre exponierten Vertreter zusammen mit ihren Anhängern hinrichten zu lassen: am 24. März Jacques René Hébert (1757–1794), der zu den Enragés gehörte, und am 5. April Danton, der für Mäßigung der Revolution eintrat. In den Prozessen vor dem Revolutionstribunal wurden Verteidigung und Verhör abgeschafft, die unterschiedlichsten Fälle und Personen in einem einzigen Verfahren abgeurteilt. Das Pariser Gericht hatte nur noch die Wahl zwischen Freispruch und Todesurteil. Allein im Juni und Juli 1794 wurden 2554 Menschen hingerichtet. Der „Große Schrecken" beherrschte die Bevölkerung.

Der 9. Thermidor: Sturz Robespierres

Im Sommer 1794 ließen die Erfolge der französischen Truppen an den Fronten die Angst weichen. Die Notwendigkeit staatlichen Terrors war nicht mehr einleuchtend. Die Herrschaft des Wohlfahrtsausschusses entfremdete sich zusehends von der Volksbewegung, die Bevölkerung hatte genug vom Blutvergießen. Robespierre verlor sein Ansehen als unbestechlicher Patriot und Revolutionär und erschien mehr und mehr als unberechenbarer Diktator. Im Konvent bildete sich eine oppositionelle Gruppe von Politikern, die sich persönlich gefährdet fühlten. Der Wohlfahrts- und der Sicherheitsausschuß spalteten sich. In dieser Entzweiung konnte der Konvent zum Schiedsrichter werden. Robespierre machte in der Debatte seine Gegner für Auswüchse des Terrors verantwortlich, nannte aber keine Namen, so daß das Gefühl der Bedrohung um sich griff und sich eine Mehrheit für die Verhaftung Robespierres und seiner Anhänger fand. Schlecht organisiert, versuchten sie sich am 9. Thermidor, dem 27. Juli 1794, vergeblich zur Wehr zu setzen. Ohne Widerstand ließen sich Robespierre und seine Gefolgsleute am Tag danach zur Hinrichtung aufs Schafott führen. Weitere 71 Personen folgten. Die demokratische und egalitäre Republik war gescheitert.

104 Die Verfassung der Französischen Republik von 1793

a) Aus der Verfassung, die nie in Kraft trat

Im Anschluß an die Erklärung der Menschen- und Bürgerrechte heißt es:

Das französische Volk hat in der Überzeugung, daß Vergessen und Verachtung der natürlichen Menschenrechte die einzigen Ursachen des Unglücks in der Welt sind, sich entschlossen, in einer feierlichen Erklärung diese heiligen und unveräußerlichen Rechte darzulegen, damit alle Bürger ständig die Handlungen der Regierung mit dem Ziel jeder gesellschaftlichen Einrichtung vergleichen können und sich daher niemals durch die Tyrannei unterdrücken und entehren lassen; damit das Volk immer die Grundlagen seiner Freiheit und seines Glückes, die Obrigkeit den Maßstab ihrer Pflichten, der Gesetzgeber den Gegenstand seiner Aufgaben vor Augen haben.

Infolgedessen verkündet sie in Gegenwart des Allerhöchsten folgende Erklärung der Menschen- und Bürgerrechte:

Art. I. Das Ziel der Gesellschaft ist das allgemeine Glück.
Die Regierung ist eingesetzt, um dem Menschen den Genuß seiner natürlichen und unveräußerlichen Rechte zu verbürgen.

Art. 2. Diese Rechte sind Gleichheit, Freiheit, Sicherheit, Eigentum.

Art. 3. Alle Menschen sind von Natur und vor dem Gesetz gleich.

Art. 4. Das Gesetz ist der freie und feierliche Ausdruck des allgemeinen Wissens; es ist für alle das gleiche, sei es, daß es schützt, sei es, daß es bestraft; es kann nur das befehlen, was gerecht und der Gesellschaft nützlich ist; es kann nur das verbieten, was ihr schädlich ist.

Art. 16. Das Recht auf Eigentum ist das, das jedem Bürger erlaubt, seine Güter, seine Einkünfte, den Ertrag seiner Arbeit und seines Fleißes zu genießen und über sie nach seinem Gutdünken zu verfügen.

Art. 17. Keine Art der Arbeit, des Erwerbes und des Handels kann dem Fleiße der Bürger verwehrt werden.

Art. 35. Wenn die Regierung die Rechte des Volkes verletzt, ist für das Volk und jeden Teil des Volkes der Aufstand das heiligste seiner Rechte und die unerläßlichste seiner Pflichten.

Verfassungsurkunde

Von der Republik

Art. I. Die Französische Republik ist einheitlich und unteilbar.

Von der Einteilung des Volkes

Art. 2. Das französische Volk ist zur Ausübung seiner Souveränität in Urversammlungen nach Kantonen eingeteilt.

Art. 3. Es ist für die Verwaltung und Rechtspflege in Departements, Bezirke und Gemeinden eingeteilt.

Vom Stand der Bürger

Art. 4. Jeder in Frankreich geborene und ansässige Mann, der das Alter von 21 Jahren erlangt hat,
jeder Ausländer, der das Alter von 21 Jahren erlangt hat, in Frankreich seit einem Jahre ansässig ist und dort von seiner Arbeit lebt oder ein Besitztum erwirbt oder eine Französin geheiratet hat oder ein Kind annimmt oder einen Greis ernährt;
jeder Ausländer endlich, von dem die gesetzgebende Körperschaft erklärt, daß er sich um die Menschheit besonders verdient gemacht hat, ist zur Ausübung der Rechte eines französischen Bürgers zugelassen.

Von der Volkssouveränität

Art. 7. Das souveräne Volk ist die Gesamtheit der französischen Bürger.

Art. 8. Es wählt unmittelbar seine Abgeordneten.

Von den Streitkräften der Republik

Art. 109. Alle Franzosen sind Soldaten. Alle werden im Gebrauch der Waffen geübt.

Von den Beziehungen der Französischen Republik zu fremden Nationen

Art. 118. Das französische Volk ist der Freund und natürliche Verbündete aller freien Völker.

Art. 119. Es mischt sich nicht in die Regierung anderer Nationen ein; es duldet nicht, daß andere Nationen sich in die seine einmischen.

Art. 120. Es gewährt Ausländern, die um der Sache der Freiheit willen aus ihrem Vaterland vertrieben wurden, Zuflucht. Es verweigert sie den Tyrannen.

Art. 121. Es schließt keinen Frieden mit einem Feind, der sein Gebiet besetzt hält.

Von der Garantie der Menschenrechte

Art. 122. Die Verfassung verbürgt allen Franzosen Gleichheit, Freiheit, Sicherheit, Eigentum, öffentliche Schuld, freie Ausübung des Gottesdienstes, allgemeinen Unterricht, öffentliche Unterstützung, unbeschränkte Preßfreiheit, das Petitionsrecht, das Recht, sich in Volksversammlungen zu vereinen, den Genuß aller Menschenrechte.

Art. 123. Die Französische Republik ehrt Treue, Mut, kindliche Liebe und Unglück. Sie stellt das Gut ihrer Verfassung unter die Hut aller Tugenden.

Art. 124. Die Erklärung der Menschenrechte und die Verfassungsurkunde sind auf Tafeln in der Mitte der gesetzgebenden Körperschaft und an öffentlichen Plätzen eingegraben worden.

W. Grab: Die Französische Revolution. S. 150 ff.

b) Kritik an der Verfassung. Einen Tag nach der Verabschiedung der Verfassung veröffentlichten die Enragés, eine Gruppe der Führer der Sektionen und Volksviertel unter Leitung von Jacques Roux, ein Manifest:

„Volk, deine Rechte zu verteidigen,
fürchte ich den Tod nicht. Nur tu mir
den Gefallen und achte Personen und Eigentum.“
Jacques Roux.

Abgeordnete des französischen Volkes!
Hundertmal wurden in diesem hohen Haus die Verbrechen der Eigennützigen und Gauner laut; immer wieder habt ihr uns versprochen, den Blutsaugern des Volkes das Handwerk zu legen. Nun wird das Verfassungswerk dem Souverän [d. h. dem Volk] zur Bestätigung übergeben. Habt ihr darin das Spekulantentum geächtet? Nein. Habt ihr die Todesstrafe für Schieber ausgesprochen? Nein. Habt ihr bestimmt, worin die Freiheit des Handels besteht? Nein. Habt ihr den Verkauf von Edelmetallgeld verboten? Nein.

ısten folgende Erklärung der Menschen- und errechte:

l. Das Ziel der Gesellschaft ist das allgemeine k.

ₗegierung ist eingesetzt, um dem Menschen den ıß seiner natürlichen und unveräußerlichen ıte zu verbürgen.

2. Diese Rechte sind Gleichheit, Freiheit, ːrheit, Eigentum.

3. Alle Menschen sind von Natur und vor dem ız gleich.

4. Das Gesetz ist der freie und feierliche Aus- ˌ des allgemeinen Wissens; es ist für alle das ıe, sei es, daß es schützt, sei es, daß es bestraft; ınn nur das befehlen, was gerecht und der Ge- haft nützlich ist; es kann nur das verbieten, was hädlich ist.

6. Das Recht auf Eigentum ist das, das jedem ːr erlaubt, seine Güter, seine Einkünfte, den Er- einer Arbeit und seines Fleißes zu genießen ıber sie nach seinem Gutdünken zu verfügen.

7. Keine Art der Arbeit, des Erwerbes und des els kann dem Fleiße der Bürger verwehrt ːn.

5. Wenn die Regierung die Rechte des Volkes zt, ist für das Volk und jeden Teil des Volkes ufstand das heiligste seiner Rechte und die un- ıchste seiner Pflichten.

ssungsurkunde

er Republik

Die Französische Republik ist einheitlich und bar.

er Einteilung des Volkes

. Das französische Volk ist zur Ausübung Souveränität in Urversammlungen nach Kan- eingeteilt.

Es ist für die Verwaltung und Rechtspflege in ıements, Bezirke und Gemeinden eingeteilt.

tand der Bürger

Jeder in Frankreich geborene und ansässige der das Alter von 21 Jahren erlangt hat, \usländer, der das Alter von 21 Jahren erlangt Frankreich seit einem Jahre ansässig ist und on seiner Arbeit lebt oder ein Besitztum er- oder eine Französin geheiratet hat oder ein ınnimmt oder einen Greis ernährt;
ˌusländer endlich, von dem die gesetzgebende ːschaft erklärt, daß er sich um die Menschheit lers verdient gemacht hat, ist zur Ausübung chte eines französischen Bürgers zugelassen.

r Volkssouveränität

Das souveräne Volk ist die Gesamtheit der sischen Bürger.

Es wählt unmittelbar seine Abgeordneten.

Von den Streitkräften der Republik

Art. 109. Alle Franzosen sind Soldaten. Alle werden im Gebrauch der Waffen geübt.

Von den Beziehungen der Französischen Republik zu fremden Nationen

Art. 118. Das französische Volk ist der Freund und natürliche Verbündete aller freien Völker.

Art. 119. Es mischt sich nicht in die Regierung anderer Nationen ein; es duldet nicht, daß andere Nationen sich in die seine einmischen.

Art. 120. Es gewährt Ausländern, die um der Sache der Freiheit willen aus ihrem Vaterland vertrieben wurden, Zuflucht. Es verweigert sie den Tyrannen.

Art. 121. Es schließt keinen Frieden mit einem Feind, der sein Gebiet besetzt hält.

Von der Garantie der Menschenrechte

Art. 122. Die Verfassung verbürgt allen Franzosen Gleichheit, Freiheit, Sicherheit, Eigentum, öffentliche Schuld, freie Ausübung des Gottesdienstes, allgemeinen Unterricht, öffentliche Unterstützung, unbeschränkte Preßfreiheit, das Petitionsrecht, das Recht, sich in Volksversammlungen zu vereinen, den Genuß aller Menschenrechte.

Art. 123. Die Französische Republik ehrt Treue, Mut, kindliche Liebe und Unglück. Sie stellt das Gut ihrer Verfassung unter die Hut aller Tugenden.

Art. 124. Die Erklärung der Menschenrechte und die Verfassungsurkunde sind auf Tafeln in der Mitte der gesetzgebenden Körperschaft und an öffentlichen Plätzen eingegraben worden.

W. Grab: Die Französische Revolution. S. 150 ff.

b) Kritik an der Verfassung. Einen Tag nach der Verabschiedung der Verfassung veröffentlichten die Enragés, eine Gruppe der Führer der Sektionen und Volksviertel unter Leitung von Jacques Roux, ein Manifest:

„Volk, deine Rechte zu verteidigen,
fürchte ich den Tod nicht. Nur tu mir
den Gefallen und achte Personen und Eigentum.“
Jacques Roux.

Abgeordnete des französischen Volkes!
Hundertmal wurden in diesem hohen Haus die Verbrechen der Eigennützigen und Gauner laut; immer wieder habt ihr uns versprochen, den Blutsaugern des Volkes das Handwerk zu legen. Nun wird das Verfassungswerk dem Souverän [d. h. dem Volk] zur Bestätigung übergeben. Habt ihr darin das Spekulantentum geächtet? Nein. Habt ihr die Todesstrafe für Schieber ausgesprochen? Nein. Habt ihr bestimmt, worin die Freiheit des Handels besteht? Nein. Habt ihr den Verkauf von Edelmetallgeld verboten? Nein.

Nun, so erklären wir euch, ihr habt für das Glück des Volkes nicht genug getan.

Die Freiheit ist ein leerer Wahn, solange eine Menschenklasse die andere ungestraft aushungern kann. Die Gleichheit ist ein leerer Wahn, solange der Reiche mit dem Monopol das Recht über Leben und Tod seiner Mitmenschen ausübt. Die Republik ist ein leerer Wahn, solange Tag für Tag die Konterrevolution am Werk ist, mit Warenpreisen, die drei Viertel der Bürger nur unter Tränen aufbringen können.

Indessen muß man dem halsabschneiderischen Geschäftemachen Einhalt gebieten und es vom Handel genau abgrenzen. Nur wenn ihr die Lebensmittel für die Sansculotten erschwinglich macht, werdet ihr sie für die Revolution gewinnen und sie um die Verfassung scharen.

[...] Die für alle notwendigen Gebrauchsgüter müssen zu einem Preis geliefert werden, der für alle erschwinglich ist. Noch einmal also, erklärt euch! Die Sansculotten mit ihren Piken werden eure Beschlüsse ausführen [...]

[...] Abgeordnete der Montagne, wäret ihr in den Häusern dieser revolutionären Stadt nur ein einziges Mal vom dritten bis zum neunten Stockwerk hinaufgestiegen, die Tränen und der Jammer der Massen ohne Brot und Kleidung hätten euch gerührt. In dieses Elend und Unglück haben Spekulanten und Schieber es gestürzt, denn die Gesetze, nur von Reichen für Reiche gemacht, waren grausam gegen die Armen [...]

W. Markov: Revolution im Zeugenstand. Bd. 2. S. 450 ff.

a) Nennen Sie die politischen und gesellschaftlichen Vorstellungen der Verfassung.
b) Vergleichen Sie sie mit denen der Verfassung von 1791. (M 84)
c) Nehmen Sie zu einzelnen Regelungen und Formulierungen der Verfassung von 1793 kritisch Stellung.
d) Wie erklärt das Manifest die Not der Massen?
e) Nehmen Sie zu den politischen Vorstellungen der Enragés kritisch Stellung.

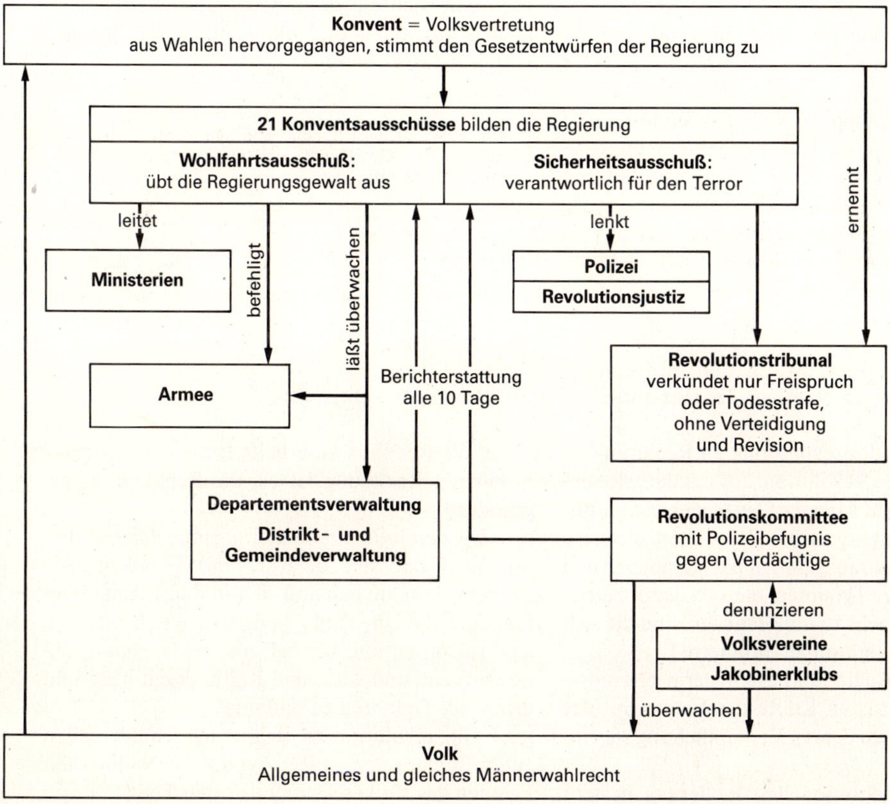

105 Machtfülle und Allgegenwart der „Revolutionären Regierung" (nach H. Meyer/W. Straszewski: Die Französische Revolution, Hannover 1981, S. 99)
Erklären Sie die Macht des Wohlfahrts- und des Sicherheitsausschusses. – Überlegen Sie, auf welchem Wege „das Volk" Einfluß auf die politische Willensbildung nehmen konnte.

106 Forderung nach Gleichheit.

Petition der Pariser Sektion „Sans-Culottes" an den Nationalkonvent, 2. September 1793:

Abgeordnete des Volkes!

[...]

1. Die ehemaligen Adligen sollen keinerlei militärische Funktionen ausüben noch irgendein öffentliches Amt bekleiden dürfen, welcher Art es auch sei; die ehemaligen Priester, Parlamentsräte und Finanzleute sollen aus allen Verwaltungs- und richterlichen Funktionen entfernt werden.

2. Alle Hauptnahrungsmittel sind unveränderlich auf den Preis der sogenannten „früheren Jahre" 1789 bis 1790 festzusetzen, jedoch in Ansehung ihrer unterschiedlichen Qualität.

3. Ebenso sollen die Rohstoffpreise festgesetzt werden, und zwar so, daß die Industrieprofite, die Arbeitslöhne und die Handelsgewinne, die durch Gesetz in Grenzen gehalten werden, den Industriearbeiter, den Bauern, den Kaufmann in die Lage versetzen, sich nicht nur die Dinge zu verschaffen, die er zum Leben braucht, sondern auch all das, was es ihm angenehm machen kann.

4. Alle Bauern, die durch irgendeinen Zwischenfall keine Ernte hatten, werden aus dem Staatschatz entschädigt.

5. Jedem Departement wird eine genügende Summe bewilligt, damit der Preis der Hauptlebensmittel für alle Einwohner der Republik gleich ist.

6. Die den Departements bewilligten Summen sind dazu zu verwenden, die Ungleichheiten zu beseitigen, die in den Preisen der Hauptlebensmittel und anderer Dinge entstehen könnten durch Transporte innerhalb der französischen Republik, die jedem ihrer Kinder die gleichen Vorteile einräumen muß.

7. Die Pachtverträge werden aufgehoben und zu dem Preis wieder geschlossen, den sie in den Durchschnittsjahren hatten, die Ihr auswählen werdet, um ein für allemal das Maximum der notwendigsten Lebensmittel und anderer Dinge festzusetzen.

8. Es soll ein Maximum für Vermögen festgesetzt werden.

9. Ein einzelner soll nur ein Maximum besitzen dürfen.

10. Keiner soll mehr Ländereien pachten dürfen, als für eine festgesetzte Anzahl von Pflügen gebraucht wird.

11. Ein Bürger soll nicht mehr als eine Werkstatt oder einen Laden besitzen dürfen.

12. Alle, die Waren oder Ländereien unter ihrem Namen innehaben, sollen als deren Eigentümer gelten.

Die Sektion „Sans-Culottes" denkt, daß diese Maßnahmen Überfluß und Ruhe wieder herbeiführen, nach und nach die zu große Ungleichheit der Vermögen beseitigen und die Zahl der Besitzenden ansteigen lassen werden.

Walter Markov/Albert Soboul: Die Sansculotten von Paris. Dokumente zur Geschichte der Volksbewegung 1793–1794. Berlin 1957. S. 139 ff.

a) Wie wollen die Verfasser der Petition Gleichheit verwirklichen?
b) Zeigen Sie die Problematik der einzelnen Forderungen.

107 Die Grundsätze der „revolutionären Regierung".

Rede Robespierres im Konvent am 25. Dezember 1793 (4. Nivôse des Jahres II):

[...] Die Theorie der revolutionären Regierung ist ebenso neu wie die Revolution, aus der diese Regierung entstanden ist. Man darf sie weder in den Büchern der politischen Schriftsteller suchen, die diese Revolution nicht vorausgesehen haben, noch in den Gesetzbüchern der Tyrannen, die sich damit zufriedengeben, ihre Macht zu mißbrauchen, und die sich wenig um deren Legitimität kümmern. [...]

Die Funktion der Regierung besteht darin, alle moralischen und physischen Kräfte der Nation auf das Ziel hinzulenken, zu dessen Verwirklichung sie eingesetzt ist.

Das Ziel der konstitutionellen Regierung besteht darin, die Republik zu erhalten; das Ziel der revolutionären Regierung ist es, die Republik zu begründen.

[...] Die revolutionäre Regierung muß daher außerordentlich aktiv sein, denn sie führt einen Krieg. Sie ist nicht einheitlichen und starren Regeln unterworfen, denn die Umstände, in denen sie sich befindet, sind stürmisch und bewegt, und sie ist ständig genötigt, neue und wirksame Kräfte gegen neue und dringende Gefahren zu entfalten.

[...] Die revolutionäre Regierung schuldet allen guten Bürgern den ganzen Schutz der Nation; den Feinden des Volkes schuldet sie den Tod [...]

Wenn die revolutionäre Regierung in ihrer Arbeit aktiver und freicr sein muß als die gewöhnliche Regierung, ist sie deshalb weniger gerecht und weniger legitim? Nein, sie stützt sich auf das heiligste aller Gesetze, nämlich auf das Wohl des Volkes, und auf die unbestreitbarste aller Vollmachten, nämlich auf die Notwendigkeit. [...]
Sie hat nichts mit Willkür gemein, denn es sind keine persönlichen Leidenschaften, die sie leiten sollen, sondern das öffentliche Interesse [...] je grausamer sie gegenüber böswilligen Menschen auftritt, desto günstiger ist sie für die guten Bürger. Je mehr ihr die Umstände unerbittliche Härte diktieren, desto behutsamer muß sie vor Maßnahmen zurückschrekken, die unnötigerweise die Freiheit einschränken und die privaten Interessen antasten, ohne daß sich ein Vorteil für die Allgemeinheit zeigt.
Sie muß zwischen zwei Klippen hindurchschwimmen, zwischen Schwäche und Kühnheit, zwischen gemäßigter und maßloser Gesinnung [...]

W. Grab: Die Französische Revolution. S. 215 ff.

a) Bestimmen Sie den Begriff „revolutionäre Regierung" inhaltlich.
b) Was soll die revolutionäre Regierung bewirken?

108 Teilnahme an der politischen Willensbildung durch den Besuch der Sektionsversammlungen

Besuch der Sektionsversammlungen zwischen Juni 1793 und Juli 1794

Datum		Sektion	Anwesende Bürger	Gesamtzahl der Bürger	%
1793	10. Juni	Champs-Elysées	90	–	–
	10. Juni	Muséum	304	3318	9
	17. Juni	Droits-de-l'Homme	212	–	–
	19. Juni	Sans-Culottes	678	–	–
	23. Juni	Théâtre-Français	245	2418	10
	29. Juni	Bonne-Nouvelle	458	4181	11
	1. Juli	Bondy	245	–	–
	7. August	Mail	228	3139	7
	7. September	Brutus	215	2670	8
	2. Oktober	Contrat-Social	105	3224	3
	15. November	Arsenal	143	3142	5
1794	4. April	Droits-de-l'Homme	283	–	–
	24. Mai	Théâtre-Français	188	2418	8
	18. Juli	Arsenal	272	3142	9

Nach Geschichte in Quellen (Bd. 4). S. 698

a) Wie kann man sich die geringe Beteiligung an den Sektionsversammlungen erklären?
b) Welche Folgen hat die geringe Beteiligung für die politische Willensbildung?

109 Lepeletiers Plan einer Nationalerziehung, 1793:

Ungleichheit entsteht infolge des verschiedenen Vermögens der Eltern, und hier haben die Wohlhabenden, das heißt der kleinste Teil der Nation, den ganzen Vorteil. Diese bedürfen nicht der Arbeit des Kindes, um es zu ernähren, und können es also leicht alle Tage und mehrere Stunden am Tage in die Schule schicken. Aber können die Armen das? Dies arme Kind, - Ihr bietet ihm Unterricht dar; aber vorher müßt Ihr ihm Brot darreichen. Der arbeitsame Vater desselben knappt sich freilich die eine Hälfte des Brotes ab, um es dem Kinde zu geben, die andere Hälfte muß das Kind sich aber selbst verdienen. Seine Zeit ist an die Arbeit gekettet; denn von der Arbeit hängt seine Existenz ab. Wollt Ihr, daß es, wenn es einen mühsamen Tag auf dem Felde gewesen ist, nun, um auszuruhen, in die Schule gehen soll, die vielleicht eine halbe französische Meile entfernt ist? Vergebens würdet Ihr ein Zwangsgesetz erlassen gegen den Vater, der nicht täglich die Arbeit eines Kindes entbehren könnte, welches acht, neun, zehn Jahre alt, schon einiges zu verdienen versteht. Ein paar Stunden die Woche, das wäre alles, was er opfern könnte. Demnach würden die Schulen, so wie man sie Euch vorschlägt, in Wahrheit nur einer kleinen Zahl der unabhängigen Bürger Nutzen bringen; [...] Dieses Gesetz besteht darin, eine Erziehung zu gründen, die wahrhaft national, republikanisch, in Form und Wirkung gemein für alle und alleine imstande ist, das Menschengeschlecht zu regenerieren, sowohl am Leibe wie an der Seele; [...]
Ich verlange, daß Ihr dekretiert, daß vom fünften bis zwölften Jahre für die Knaben, vom fünften bis elften Jahr für die Mädchen, alle Kinder, ohne Unterschied und ohne Ausnahme, gemeinschaftlich erzogen werden sollen auf Kosten der Republik und daß alle unter dem heiligen Gesetz der Gleichheit dieselbe Kleidung, dieselbe Nahrung, denselben Unterricht, dieselbe Sorgfalt erhalten. [...] das Kind des Armen soll erzogen werden auf Kosten des Reichen, so aber, daß alle den Beitrag liefern in einem gerechten Verhältnis, dergestalt, daß man die Armen nicht die Demütigung fühlen läßt, welche der Empfang einer Wohltat hervorruft.

Robert Alt (Hrsg.): Erziehungsprogramme der Französischen Revolution. Mirabeau-Condorcet-Lepeletier. Berlin–Leipzig 1949. S. 123–125, 137

a) Was sagt der Text über das Schulwesen?
b) Wieweit halten Sie den Plan Lepeletiers – der nicht verwirklicht wurde – für vernünftig und praktikabel?

110 Idealbild einer „republikanischen" Grundschule. Kupferstich nach einer Zeichnung von Binet, 1793. Auf den Tafeln stehen die Menschenrechte und die Verfassungsakte. Die Büsten stellen Marat und Lepeletier dar. Inschrift an der Empore: „Frei leben oder sterben." Jungen und Mädchen werden gemeinsam unterrichtet. Vorne sitzen zuhörende Erwachsene, vielleicht die Eltern.
a) Wie hoffen die Revolutionäre ihr Ideal eines „republikanischen" Unterrichts im Gegensatz zum bisherigen religiös geprägten zu verwirklichen?
b) Welches Unterrichtsziel wird dabei deutlich?

12 Sallust, Die Heeresreform des Marius

Nach den Mißerfolgen vornehmer römischer Heerführer wird Marius das Konsulat und der Oberbefehl gegen Jugurtha übertragen:

Marius hingegen, nach dem dringenden Wunsche der Masse ... zum Konsul ernannt, ging, nachdem ihm das Volk Numidien als Provinz zugewiesen hatte, ... dem Adel, dem er schon vorher feind war, jetzt erst recht unermüdlich und wild zu Leibe, beleidigte bald einzelne, bald die Gesamtheit, erklärte, er habe das Konsulat als Beute nach seinem Siege über sie erhalten, und was solcher Äußerungen, die ihn selbst herausstellten und jene herabsetzten, mehr waren. Die Kriegsnotwendigkeiten stellte er dabei in die erste Linie. Er verlangte Ersatz für die Legionen, zog Hilfstruppen von freien Völkern, Königen und Bundesgenossen ein, holte außerdem aus Latium herbei, was es an Tapferen gab, von denen er die meisten im Felde, einige bloß nach ihrem Ruf kennengelernt, und veranlaßte durch persönlichen Besuch ausgediente Leute, mit ihm ins Feld zu gehen. Auch wagte der Senat, wie sehr er ihm entgegen war, doch nicht, ihm irgend etwas abzuschlagen. Den Ersatz bewilligte er ihm sogar gern, weil man glaubte, der Kriegsdienst sei nicht nach dem Sinne des Volkes, und Marius werde entweder um den nötigen Kriegsbedarf oder um die Gunst der Masse kommen. Doch die Hoffnung trog. Eine solche Begeisterung, mit Marius ins Feld zu gehen, hatte die meisten befallen. Ein jeder klammerte sich an die Vorstellungen, er werde durch die Beute ein reicher Mann werden, als Sieger heimkehren und anderes dergleichen.
Auch vermochte Marius sie durch seine Worte tüchtig anzufeuern ...

Marius hält dann eine Rede mit heftigen Ausfällen gegen die militärische Unfähigkeit der Nobilität. Ein Teil seines Heeres unter dem Legaten Aulus Manlius geht nach Afrika ab.

111 Religion der Vernunft?

a) Verspottung des „Fanatismus". Der „Moniteur", eine offizielle Zeitung, berichtet:

Am 30. Brumaire [20. 11. 1793] zieht eine Deputation der Sektion Unité durch den Saal des Konvents. An ihrer Spitze marschiert ein Zug Bewaffneter, nach ihnen Tamboure, Sapeure und Kanoniere, die in Priestergewänder gekleidet sind, und eine Gruppe von Frauen in weißen Kleidern mit dreifarbigem Gürtel. [...] Auf Tragbahren werden Kelche, Hostiengefäße, Monstranzen, Leuchter, goldene und silberne Schalen, ein wunderbares Reliquienkästchen, ein perlengeschmücktes Kreuz und tausend andere Gegenstände herbeigetragen, die zum Gebrauch im Kultus des Aberglaubens[1] bestimmt sind. Der Zug betritt den Saal unter dem Beifall der Zuschauer und Rufen: Es lebe die Freiheit, die Republik, die Montagne! Fanfaren und andere kriegerische Instrumente ertönen. [...]

Dubois, der Sprecher der Deputation an der Schranke: Die Vernunft hat einen großen Sieg über den Fanatismus davongetragen; eine bluttriefende und im Irrtum befangene Religion ist vernichtet. Sie hatte achtzehn Jahrhunderte lang der Erde nur Übel gebracht, und diese Religion nannte man göttlich! Kreuzzüge, Albigenser- und Waldenserkriege, die Untaten in den Cevennen, Sizilianische Vesper, das Blutbad der Bartholomäusnacht - das ist ihr Werk. Sie soll von der Erde verschwinden, denn dann wird das Glück wiederkehren, dann sind die Menschen nur noch ein einziges Volk von Brüdern und Freunden. Ich wage es vorherzusagen: Der Tag ist nahe! Muse der Geschichte, zerbrich deine Pinsel! Bis zum heutigen Tag hattest du nichts als Verbrechen zu malen; von jetzt an wirst du nur noch Tugenden feiern! Wir schwören *(alle erheben die Hand),* wir schwören, keinen anderen Kult als den der Vernunft, der Freiheit, der Gleichheit und der Republik mehr zu haben!

(Ein einziger Schrei aus allen Ecken des Saales: Wir schwören es! Es lebe die Republik!)

Geschichte in Quellen (Bd. 4). S. 382 f.

[1] Gemeint ist der christlich-katholische Kultus

b) Verehrung des Höchsten Wesens statt Atheismus. Robespierre erklärt einen Tag nach der antichristlichen Zeremonie im Konvent am 21. November 1793 vor dem Jakobinerklub:

Es gibt nun Menschen, die noch weiter gehen möchten, die unter dem Vorwand, den Aberglauben zu vernichten, aus dem Atheismus selbst eine Art von Religion machen möchten. Darüber kann sich jeder Philosoph, kann sich jedes Individuum die Meinung bilden, die ihm gefällt. Wer daraus ein Verbrechen machen möchte, ist verrückt, aber der öffentlich wirkende Mann, aber der Gesetzgeber, der sich einem derartigen System zuwenden wollte, wäre hundertmal verrückter. Der Konvent verabscheut das. Der Konvent ist kein Bücherschreiber, er ist nicht Autor metaphysischer Systeme, er ist eine politische und volkstümliche Körperschaft, beauftragt, nicht allein den Gesetzen Achtung zu verschaffen, sondern auch dem Charakter des französischen Volkes. Es ist nicht sinnlos geschehen, daß er die Erklärung der Menschenrechte in Gegenwart des höchsten Wesens proklamiert hat.

Nun könnte man vielleicht sagen, ich sei engstirnig, belastet mit Vorurteilen, was weiß ich? Vielleicht ein Fanatiker?

Ich habe schon gesagt, daß ich nicht als Individuum, nicht als systematischer Philosoph hier spreche, sondern als Abgeordneter des Volkes. Der Atheismus ist aristokratisch, aber die Vorstellung eines großen Wesens, das über der unterdrückten Unschuld wacht und das triumphierende Verbrechen bestraft, ist ganz und gar volkstümlich. *(Lebhafter Beifall.)* Das Volk, die Unglücklichen, klatschen mir Beifall; wenn ich Kritiker fände, müßten die wohl aus den Reihen der Reichen und der Schuldigen sein. Seit meiner Schulzeit war ich ein ziemlich schlechter Katholik, aber ich war niemals ein kaltherziger Freund oder ein untreuer Verteidiger der Menschlichkeit. Ich bin nur um so tiefer den moralischen und politischen Ideen ergeben, die ich Euch gerade auseinandergesetzt habe. Wenn es Gott nicht gäbe, müßte man ihn erfinden.

Geschichte in Quellen (Bd. 4). S. 284.

a) Was meint Dubois mit Fanatismus (Z. 18/19)? (▷ M 89, Anm. 1)
b) Informieren Sie sich über die erwähnten historischen Ereignisse (Z. 22–25).
c) Kennzeichnen Sie die Weltanschauung der Deputation und ihres Sprechers.
d) Welche politischen Motive werden in Robespierres Rede deutlich?

112 **Kampf gegen die „Konterrevolution".** Nach einem Aufstand der Girondisten gegen die revolutionäre Regierung berichten die Kommissare für Lyon an den Wohlfahrtsausschuß, 16. Oktober 1793:

Ville-Affranchie[1], ehemals Lyon, 16. Oktober 1793.
Bürger Kollegen,
die Lektüre des Dekretes des Nationalkonvents und eures Briefes vom 21. des ersten Monats hat uns mit Bewunderung erfüllt. Ja, Lyon muß seinen Namen verlieren, der unter den Freunden der Freiheit nur Abscheu erregen kann. Diese Stadt muß zerstört werden und muß als großes Beispiel für all die Städte dienen, die es wie sie wagen würden, gegen das Vaterland zu revoltieren. Von allen großen und kraftvollen Maßnahmen, die der Konvent bereits ergriffen hat, war uns nur eine entgangen: das ist die totale Zerstörung[2]. Aber schon hatten wir die Mauern niedergerissen, die Wälle, die inneren und äußeren Verteidigungsstellen, dazu alle Monumente, die an den Despotismus erinnern und den Rebellen günstig sein könnten, schon haben wir eine Militärkommission eingesetzt, die seit dem zweiten Tage nach unserem Einmarsch in Lyon täglich schuldige Häupter fallen läßt. Auch hatten wir in Lyon und in Feurs Volksjustizkommissionen gebildet, die den Auftrag haben, alle politischen Verbrecher revolutionär zu bestrafen. Ebenso haben wir Überwachungsausschüsse eingesetzt, die uns aller verdächtigen Personen versichern. [...] Alle Tage werden neue solche Beispiele bringen, bis endlich die Erde ganz und gar von Ungeheuern reingewaschen sein wird, die sie allzu lange mit ihrer Gegenwart besudelt haben.
Die Nationalgendarmen von Lyon, die es gewagt haben, unter dem infamen Précy Dienst zu tun, sind gestern öffentlich degradiert und unter Arrest genommen worden, um vom Revolutionsausschuß als Rebellen abgeurteilt zu werden.
Die Stadtverwaltung und der Überwachungsausschuß haben Order, uns ohne Verzug vorzulegen
1. eine Liste der Gebäude, die Reichen und Konterrevolutionären von Lyon zur Wohnung gedient haben;
2. ein Verzeichnis der Besitzungen dieser Herren.
Sobald wir dieses Verzeichnis besitzen, werden wir es dem Nationalkonvent zugehen lassen. Heil, Brüderlichkeit und Freundschaft allen echten Montagnards!
Couthon, Châteauneuf-Randon, de Laporte, Maignet.

Geschichte in Quellen (Bd. 4). S. 379

1) „Befreite Stadt" als neuer Name für Lyon.
2) In Wirklichkeit verfügten die Kommissare nur den Abbruch einiger alter Häuser im Zentrum.

a) Zeigen Sie den demagogischen Charakter der Sprache dieses Berichts.
b) Schildern Sie die Vorgänge vom Standpunkt der aufständischen Bürger Lyons.

113 **Polizeibericht.** Der Polizeibeobachter Perrière berichtet am 4. März 1794:

Die Einwohner dieser Gegend[1] haben nur noch ein halbes Pfund Brot pro Tag, heißt es in dem Bericht, den mir Landleute gegeben haben, die von dort kamen. Sie sind jetzt gezwungen, die Körner, Blätter und anderen Nahrungsmittel, die sie früher ihren Tieren gaben, für sich selbst zu verbrauchen.
Die Maurer- und Zimmergesellen wollen nur noch für runde 6 Franken täglich arbeiten, von Dekade zu Dekade steigern sie ihre Ansprüche um 10 Sous. Ebenso ist es mit den Handlangern beider Berufe: Sie sind dahin gekommen, daß sie sich ihr Tagewerk mit 3 Franken 10 Sous bezahlen lassen. Wenn man Schwierigkeiten macht, ihren unmäßigen Forderungen nachzukommen, drohen sie mit Arbeitsniederlegung [...] So hörte ich gestern bei meiner Heimkehr gegen 9 Uhr, wie sieben oder acht Arbeiter, die sich an einer Straßenecke getroffen hatten, untereinander schworen, nicht mehr an die Arbeit zu gehen; dieser ihr Entschluß beruhte zweifellos darauf, daß ihnen ihre Meister ihre Lohnforderungen nicht bewilligt hatten. Von überall her kommen Klagen über diese Tyrannei der Arbeiter [...]

Geschichte in Quellen (Bd. 4). S. 419 f.

1) In Mantes, 50 km nordwestlich von Paris

Welchen Einblick in die soziale Lage gibt der Bericht?

114 Todesurteile der Revolutionstribunale

Todesurteile	
in Paris	
März 1793 bis 10. Juni 1794	1 521
11. Juni bis 28. Juli 1794	1 376
in Frankreich insgesamt	ca. 17 000
März bis September 1793	518
Oktober 1793 bis Mai 1794	10 800
Juni bis Juli 1794	2 554
Auf Paris entfielen	16%
auf die Hauptbürgerkriegsgebiete	71%
Verurteilungen wegen	
Rebellion	78%
eidverweigernder Agitation	19%
Wirtschaftsverbrechen	1%

Von den Verurteilten waren	
Bürger	25%
Bauern	28%
Sansculotten	31%
Adelige	8,5%
Kleriker	6,5%
Angehörige des Dritten Standes	84%
Gesamtzahl der Opfer der Revolution mit und ohne Todesurteile	35 000
Gesamtzahl der verhafteten Verdächtigen	200 000

Nach Volkmar Wittmütz: Die Französische Revolution. Frankfurt a. M. 1983. S. 59

a) Welche Aussagen über die Entwicklung der Terreur lassen sich machen?
b) Was zeigt die Verteilung der Opfer auf die verschiedenen sozialen Gruppen?

115 Der Alltag des Pariser Revolutionstribunals. 1794

Darstellung des französischen Historikers Jean-François Fayard:

5. Februar 1794 [Robespierre hält an diesem Tag im Konvent eine wichtige Rede über die Prinzipien der politischen Moral.]

Zwei Marquisen, von Paysac und von Marbeuf (letztere in Begleitung ihres „Agenten" Paye) werden dem Ankläger Fouquier-Tinville vorgeführt.

Erstere hat Korrespondenz mit ihrer emigrierten Familie geführt. Die Tatsachen sind unbestreitbar: die Todesstrafe.

Die zweite soll im Einvernehmen mit ihrem „Agenten", das heißt, ihrem Gutsverwalter, gewisse Felder, die hätten angebaut werden können, brach gelassen haben: sie wollte also das Volk aushungern! Nun ist jedoch einerseits offenkundig, daß besagte Marquise, die in Paris lebte, nicht wußte, was auf ihren Gütern vor sich ging; wenn andererseits gewisse Parzellen nicht bepflanzt worden waren, dann deshalb, weil man sie das Jahr zuvor angebaut hatte und nun nach klassischer Regel ein Jahr lang als Brachland belassen hatte. Denunzierung: sehr reiche Grundbesitzer [...] zwei Zeugen, die den Mut hatten, zur Entlastung sprechen zu wollen, werden diese Kühnheit mit ihrer Freiheit bezahlen, unter der Beschuldigung der „Verführung und Korruption". Die drei Angeklagten werden dem Henker übergeben.

7. Februar 1794

Fünf Adlige, darunter drei Frauen, werden vorgeführt. „Emigration, Korrespondenzen, Äußerungen"; einer von ihnen (man weiß nicht einmal sicher, welcher) soll gesagt haben, daß „die Regierung eines einzelnen weniger Nachteile habe als die von mehreren." Die Guillotine für die beiden Männer (Großgrundbesitzer) und ihre Schwestern. Die Frau und die Mutter des einen von ihnen werden freigesprochen.

Am gleichen Tag steigt ein Priester auf den Henkerskarren; er „fanatisiert" seine Schäfchen. Trotz lebhafter Proteste seiner Pfarreiangehörigen siegte der Denunziant, genauso wie bei einem Notar: „vom girondistischen Geist inspiriert", besaß er große Summen.

Jean-François Fayard: La Justice Révolutionnaire. Chronique de La Terreur. Paris 1987. S. 150 f. Übers. von A. Moser.

Kennzeichnen Sie die Mentalität und Atmosphäre, die die geschilderten Vorgänge möglich macht.

116 Die Atmosphäre in Paris während der Schreckenszeit. Ein Pariser Bürger, von den Ereignissen vertrieben, kommt nach einer Abwesenheit von anderthalb Jahren wieder nach Paris zurück und berichtet:

Welche Veränderung! Früher und selbst noch in der Zeit, als ich Paris verließ, war dies die Stunde, da die Stadt, vor allem in den belebten Vierteln, im Licht erstrahlte. [...]

Und anstelle dieses bunten Treibens, dieser angeregten Menge, dieses imposanten Glanzes herrscht nun in allen Straßen von Paris Grabesschweigen; alle Läden sind geschlossen, jeder verbarrikadiert sich eiligst in seinem Hause, und man möchte meinen, ein Trauerflor sei über alles, was atmet, gebreitet. [...]

[Er will bei einem Freund übernachten.]

Als ich an seine Tür klopfte, war es beinahe neun Uhr. Zu anderen Zeiten wäre diese Stunde nicht ungehörig gewesen, aber jetzt verursachte mein Klopfen und die Stunde, in der ich mich einfand, bei allen Hausbewohnern einen tödlichen Schrecken. Die Häuser wurden hauptsächlich in der Nacht visitiert und dabei unterschiedslos unzählige Bürger verhaftet, die die Gefängnisse füllten; jeder schauderte beim Geräusch des Klopfens; mein früherer Freund aber hatte noch mehr Angst als alle anderen, als er mich bei sich eintreten sah, und ohne sich nach meinem Befinden zu erkundigen oder danach, wie es mir ergangen war und was mich herführte, gab er mir in klaren und lakonischen Worten zu verstehen, da ich lange von Paris weggewesen sei, wäre es für mich gefährlich, dahin zurückzukommen, und für ihn, mich zu beherbergen. „Was?" sagte ich. „Gefährlich wegen einer Nacht?" – „Ja, wegen einer Nacht", erwiderte er. „Wenn in diesem Augenblick das Haus visitiert würde, wäre ich verloren." [...]

[Im Gasthaus wird er abgewiesen, weil sein Paß von der zuständigen Pariser Sektion nicht abgezeichnet ist. Er verbringt die Nacht auf der Posthalterei. Am nächsten Tag kann er die Stadt nicht verlassen, weil der Paß nicht abgezeichnet ist. Er begibt sich zum Revolutionsausschuß der Sektion.]

[...] Nachdem ich einen von hohen Mauern umgebenen engen und düsteren Hof durchschritten hatte, wo sich wahre Strauchdiebe mit Säbeln und Piken bewaffnet aufhielten, stieg ich eine dunkle Treppe hinauf, zu einem Vorzimmer, das vor dem Raum lag, in dem der Ausschuß tagte. Dieses Zimmer war voller noch häßlicherer Gesichter, als ich auf dem Hof gesehen hatte; ein Geruch von Pfeifenrauch, Branntwein und Fleisch, verstärkt durch die Hitze eines glühenden Ofens, legte sich erstickend auf die Brust der Menschen, die noch eben die Luft draußen geatmet hatten. „Was willst du?" fragte mich einer dieser schrecklichen Kerle, nachdem er in langen Zügen eine Tasse Wein getrunken hatte. „Ich will meinen Paß visieren lassen." „Dann tritt in dieses Zimmer." Es war das, in dem die Mitglieder des Ausschusses Sitzung hielten. Ich ging hinein. Es war noch schlimmer als das Vorzimmer; derselbe Gestank, dieselben Räubergestalten, unverschämter noch als die ersten; unter den Lumpen eines geheuchelten Elends hatten sie ein Herz aus Stein und den Blick von Despoten; sie sind von Kopf bis Fuß die unangenehmsten Erscheinungen, die man sich denken kann. Da das Sansculottenwesen angepriesen wurde und man sich, um nicht Luxus zur Schau zu tragen, in ein Extrem des Gegenteils gestürzt hatte, um arm und elend zu erscheinen, täuschten auch diese Kerle Elend vor. Unsauber zu sein war damals in Paris eine Art Passierschein, und niemand trieb die Unsauberkeit weiter als die Individuen, vor denen ich erscheinen mußte.

„Was willst du?" – „Meinen Paß visieren lassen." – „Woher kommst du?" – „Aus [...] bourg." – „Heimat von Aristokraten!" – „Sie irren sich, Bürger." – „Wen nennst du Sie? Man sieht, daß in deiner Kommune nicht Schritt gehalten wird; nur der Pitt und der Coburg nennen sich Sie; lerne erst mal, daß man sich in einem freien Land duzen muß!" – „Bürger, beim nächsten Mal werde ich es nicht versäumen." [...]

Georges Pernoud/Sabine Flaissier (Hrsg.): Die Französische Revolution in Augenzeugenberichten. München 1976. S. 282 ff. und Düsseldorf (Karl Rauch Verlag) 1962

a) Erklären Sie die einzelnen Beobachtungen des Bürgers aus der politischen Lage.
b) Auf welche politische Einstellung läßt seine Darstellungsweise schließen?

117 Neue Maße und Gewichte: das Dezimalsystem

Eine bleibende und schließlich weltweit verbreitete Neuerung der Französischen Revolution war die Einführung des Dezimalsystems anstelle historisch gewachsener, meist der Praxis des täglichen Lebens entnommener und von Region zu Region unterschiedlicher Maße, Gewichte und Währungseinheiten.

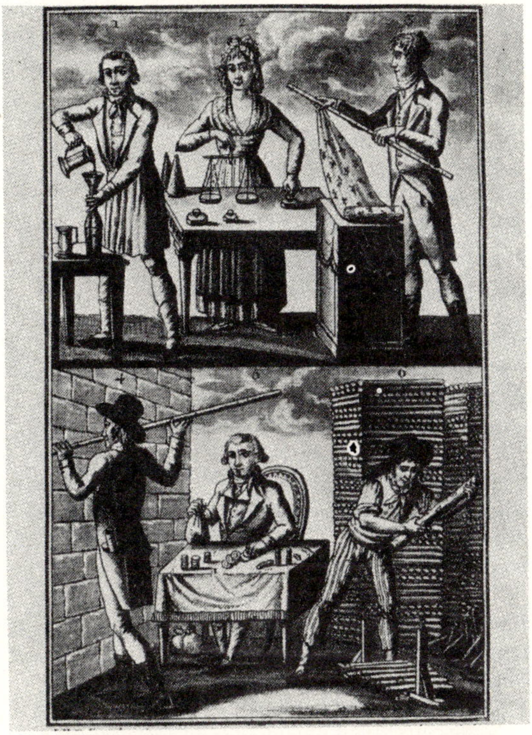

„Anwendung der neuen Maße". Stich nach J.-P. Delion, 1800.

b) Eine neue Ära – eine neue Zeiteinteilung

Die Einführung der neuen Zeitrechnung wurde am 5. Oktober 1793 mit folgendem Dekret verkündet:

Artikel 1:
Die Zeitrechnung der Franzosen zählt von der Gründung der Republik an, die am 22. September 1792 der gewöhnlichen Zeitrechnung stattgefunden hat, dem Tag, an dem die Sonne genau die Tagundnachtgleiche des Herbstes erreicht hat.

Artikel 2:
Die gewöhnliche Zeitrechnung wird für den bürgerlichen Gebrauch abschafft.

Dem für den Beginn der neuen Ära gewählten Zeitpunkt wurde symbolische Bedeutung beigemessen:

Und so war die Gleichheit von Tag und Nacht in den Himmel gezeichnet, genau in dem Augenblick, als die bürgerliche und moralische Gleichheit von den Vertretern des französischen Volkes als heiliges Fundament seiner neuen Regierung ausgerufen wurde.

Das Jahr bestand jetzt aus 12 Monaten zu 30 Tagen und 5–6 Schalttagen, Sansculottentage genannt. Die nach dem Jahreszyklus der Natur poetisch benannten Monate (z. B. Thermidor, Fructidor) wurden in je drei Zehn-Tage-Einheiten (Dekaden) eingeteilt. Der 10. Tag, der Decadi, trat als Ruhetag an die Stelle des Sonntags. In der Debatte über den neuen Kalender hieß es:

Eine lange Gewohnheit des gregorianischen Kalenders hat das Gedächtnis des Volkes mit einer beträchtlichen Anzahl von Vorstellungen erfüllt, die es lange verehrt hat und die auch heute noch die Quelle seiner religiösen Irrtümer sind; es ist also notwendig, an die Stelle dieser Einbildungen der Unwissenheit die Wirklichkeit der Vernunft und anstelle des Blendwerks der Priester die Wahrheit der Natur zu setzen.

Der Literaturwissenschaftler Hans Robert Jauss schreibt zur Durchführung der Reform:

Die Geschichte ihrer Durchsetzung, dann ihres stückweisen Abbaus und schließlich ihrer Abschaffung durch Napoleon, doch erst einundeinhalb Jahre nach seiner Kaiserkrönung, am 2. September 1805, erstreckt sich über 13 Jahre. Ihre einschneidende Wirkung ist Schritt für Schritt an den effektiven Veränderungen der Zeiteinteilung des administrativen, geschäftlichen wie auch des privaten Alltags, am Kampf gegen alte Gewohnheiten und geheiligte Traditionen wie an dem Streit über den Ruhetag – den alten Sonntag oder den neuen *Décadi* – abzulesen.

H. J. Jauss: Mythen des Anfangs, in: Peter Kemper (Hrsg.): Macht des Mythos – Ohnmacht der Vernunft?. Frankfurt a. M. 1989. S. 73 ff.

a) Erläutern Sie, welche Bedeutung diese Reform für den Alltag mit seiner Arbeit, seinen Festen und Traditionen hat.

b) Kennzeichnen Sie das Selbstverständnis und das Geschichtsbewußtsein der Reformer, die aus der Einführung des Dezimalsystems und des neuen Kalenders sprechen.

c) Nehmen Sie zu den Reformen kritisch Stellung.

Zur Diskussion

„Terreur": Der Schrecken als politisches Phänomen

Angst und Schrecken als kollektive Erfahrungen haben großen Einfluß auf politisch-historische Entwicklungen. Angst vor Verelendung, vor Verlust des sozialen Status, vor feindlichem Überfall oder Verschwörung läßt den Ruf nach radikalen Maßnahmen und dem starken Mann als Retter laut werden. Terror als gezielt eingesetztes Mittel der Politik einer Regierung kann, wenn gegen Minderheiten eingesetzt, den Beifall der Mehrheit finden oder die Herrschaft einer Minderheit über eine Mehrheit – zumindest auf Zeit – ermöglichen.

118 Ein Historiker setzt sich mit dem Phänomen der Terreur wissenschaftlich auseinander (1985):

[...] Nicht in dem Maße wie die objektive Bedrohung der Revolution, sondern in dem Umfang wie das Bewußtsein von einer allgegenwärtigen Gefährdung zunahm, kompensierte die *terreur* Zukunftsangst. Die psychologischen Phänomene der *émeutes populaires* [Volksunruhen], die Angst vor überall vermuteten, aber nirgends im Kern faßbaren oder durch exzessive Gewaltanwendungen zu verhindernden ‚Verschwörungen', die ebenso vage blieben wie die Begriffe, mit denen die Verschwörer bezeichnet wurden (*aristocrates, modérés, agents de Pitt,* etc. [Aristokraten, Gemäßigte, Agenten des englischen Premierministers Pitt]) prägten das Bewußtsein der Volksbewegung und der Montagne gleichermaßen und verstärkten die Suche nach Sündenböcken, die Robespierre beispielsweise in den Unsicherheit und Furcht verbreitenden Journalisten entdeckte, die keine vorbehaltlose Regimetreue zeigten.

Die Angst vor dem Komplott, vor dunklen Machenschaften und perfektem zielgerichtetem Vorgehen mutmaßlicher Gegner entsprach kaum der Realität, wohl aber dem Bedürfnis des eigenen Bewußtseins. Das ‚Komplott' und der latente ‚Schrecken', in den es die Patrioten versetzte, rechtfertigte es nicht nur, gegen die evidente Konterrevolution, sondern auch die mögliche Revolutionsfeindlichkeit vorzugehen, nicht der Tat, sondern bereits dem nicht konformen Gewissen mit präventiver *terreur* zu begegnen. Dazu bedurfte es der symbolhaften Überhöhung der wirklich gegen die Revolution oder ihre Repräsentanten gerichteten Handlungen: Das unbedachte Verhalten des Bastille-Kommandanten [am 14. Juli 1789] wurde zum Zeichen der Aristokratenverschwörung, die schlecht organisierte, aber von Marat immer schon vorhergesagte Flucht des Königs zum Beweis der Verschwörung des Auslandes, die Ermordung des „Ami du Peuple" [Jean-Paul Marat am 13. Juli 1793] durch die Einzelgängerin Charlotte Corday zum Beweis für die unmittelbare Gefährdung aller Patrioten, das Attentat auf Robespierre und Collot d'Herbois schließlich zum Auslöser der *Grande Terreur.* In dieser Hinsicht waren die psychologischen Grundlagen der *terreur* in den Jahren 1789 und 1793/94 identisch. Stellte jedoch die Verschwörung und ihre Bekämpfung durch *terreur* bis zum Sommer 1793 eine mögliche Interpretation der Revolution dar, so bildete diese Ideologie im Jahre II die raison d'être [Rechtfertigung der Existenz] der Regierung. Eine Ideologie, die bisher Sinnbildungsbedürfnisse angesichts der gewaltsamen Aktion eines Teils des Volkes befriedigte, wurde nun zur Maxime staatlichen Handelns im Namen des Volkes. Legitimität und Legalität des Terrors fielen zusammen; erst jetzt kann von einem Terrorsystem gesprochen werden.

Gerd van den Heuvel: Terreur, Terroriste, Terrorisme, in: Handbuch politisch-sozialer Grundbegriffe in Frankreich 1680–1820. Heft 3. München 1985. S. 20 ff.

a) Erläutern Sie den letzten Satz des Textes. – b) Durch welche Entwicklungen verlor die „Terreur" in den Augen der Mehrheit ihre Rechtfertigung? – c) Suchen Sie historische Situationen, in denen ähnliche sozialpsychologische Prozesse erkennbar sind.

12. Fassen Sie zusammen, welche Bedingungen zur Schreckensherrschaft führten.
13. Zeigen Sie, inwiefern diese Phase der Revolution den Charakter einer Kulturrevolution hatte.
14. Stellen Sie die Ereignisse und Maßnahmen seit September 1792, die Sie als Fortschritte ansehen, denen gegenüber, die Sie für einen Widerspruch zu den Grundsätzen der Freiheit, Gleichheit und Brüderlichkeit halten.

4. Die bürgerliche Republik und Europa 1794–1799

Robespierre war gestürzt worden, weil auch seine engsten Anhänger Angst vor seinem Mißtrauen bekamen, weil immer weniger Menschen glaubten, durch Terror Bürgertugend erzeugen zu können und immer mehr Menschen der Blutgeruch der Guillotine zuwider wurde. Aber welche politische Richtung würde sich durchsetzen, nachdem der Druck des Terrors gewichen und die revolutionäre Begeisterung vielfach verflogen war? Wie würde sich das Selbstverständnis der französischen Nation, Bannerträger des revolutionären Fortschritts zu sein, in seinem Verhältnis zu anderen Staaten auswirken?

4.1. Vom Thermidor zum Direktorium

1794	
18. September	Der Konvent beschließt die Trennung von Staat und Kirche.
11. November	Der Konvent läßt den Jakobinerklub schließen.
1795	
1. April	
(12. Germinal)	In Paris brechen Sansculotten-Unruhen aus.
5. April	Frankreich schließt mit Preußen den Frieden von Basel. Preußen scheidet aus der europäischen Koalition aus.
20.–23. Mai	
(1.–4. Prairial)	Ein erneuter Volksaufstand der Vorstädte wird niedergeschlagen. Die Vorstädte werden entwaffnet.
22. August	Der Konvent nimmt die neue Direktorialverfassung an.
1796	
10. Mai	François Babeuf wird nach einem Aufstand der „Verschwörung der Gleichen" verhaftet.

Umschwung

Nach dem Sturz Robespierres und seiner Anhänger zerfiel das revolutionäre Regierungssystem in wenigen Wochen. Der Wohlfahrtsausschuß verlor seine Machtstellung und die Bergpartei ihren Einfluß im Konvent, dessen Mehrheit nach dem Monat ihres Sieges Thermidorianer genannt wurde. Die Thermidorianer wurden von einer konservativen Presse unterstützt, die die öffentliche Meinung immer stärker beeinflußte. Das Revolutionstribunal stellte seine Tätigkeit ein, die Verdächtigen wurden freigelassen. Ende 1794 ließ der Konvent den Jakobinerklub schließen, die Gemälde der revolutionären Märtyrer Marat und Lepeletier aus dem Sitzungssaal und die Überreste Marats aus dem Pantheon entfernen. Dafür gewann die politische Reaktion an Boden. Banden modisch gekleideter junger bürgerlicher Leute, der „Jeunesse dorée", machten Jagd auf Jakobiner. Wer sich früher gegen Wucher und für Requisitionen von Privateigentum für öffentliche Zwecke und für feste Preise ausgesprochen hatte, wurde nun verfolgt. In Lyon und Südfrankreich kam es zu Massakern an Jakobinern und Sansculotten. Man sprach nun vom Weißen Terror. Extravagante Kleidung, Vergnügungssucht und Luxus einer Minderheit standen im Gegensatz zum Elend der großen Mehrheit.

Die Thermidorianer beendeten Zug um Zug die Zwangswirtschaft der Schreckenszeit. Die Kriegsproduktion übereigneten sie an Privatunternehmer. Das Preismaximum, das nicht nur die Versorgung der Armen gesichert, sondern auch einen blühenden Schwarzhandel hatte entstehen lassen, wurde Ende 1794 aufgehoben. Die Folge waren ungeheure Preissteigerungen bei gleichzeitigem Sturz des Wertes der Assignaten. Die außergewöhnliche Kälte des Winters und zunehmender Mangel an Lebensmitteln machten die Lage für die Masse der Bevölkerung, vor allem in Paris, schließlich unerträglich. Bei einem ersten Volksaufstand in Paris am 1. April 1795, schlecht organisiert und mehr eine Demonstration, drangen Aufständische in den Konvent ein und forderten gerechte Versorgung und die Wiederherstellung der demokratischen Verfassung von 1793. Dann brachen in ganz Frankreich Unruhen aus, die in den Aufstand der Pariser Vororte vom Mai 1795 mündeten. Der Konvent ließ den Aufstand niederschlagen und entschied so die Auseinandersetzung zwischen Bürgertum und unterbürgerlichen Schichten.

Krieg und Expansion

Die Thermidorianer ernteten die Früchte der Verteidigungsanstrengungen der Revolutionsregierung von 1793/94, obwohl die Versorgung der Armee unter dem Abbau der Kriegswirtschaft litt und private Finanzgesellschaften die Lieferungen an die Armee übernahmen. Das eigentliche Frankreich war befreit und begann über die „natürlichen Grenzen" – Rhein, Küsten, Pyrenäen, Alpen – hinauszugehen ohne Rücksicht auf Nationalität und Willen der betroffenen Bevölkerung. Französische Truppen drangen in Spanien ein und besetzten Holland, das im Januar 1795 in die Batavische Republik umgewandelt wurde. Zur gleichen Zeit zerfiel die Koalition der großen europäischen Mächte im Streit um die dritte Teilung Polens. Preußen schloß den Sonderfrieden von Basel, in dem es die künftige Abtretung des linken Rheinufers an Frankreich gegen die Aussicht auf rechtsrheinische Entschädigungen anerkannte. Seinem Ansehen in Deutschland fügte das schweren Schaden zu. Damit wurde eine Neuordnung der territorialen Verhältnisse in Deutschland unumgänglich (▷ Kap. III. 5.2.).

Eine Verfassung für das Bürgertum

Da die aufständischen Jakobiner und Sansculotten gefordert hatten, die demokratische Verfassung von 1793 wieder in Kraft zu setzen, hielt es der Konvent für wichtig, den politischen Einfluß der Masse der Bevölkerung wieder auszuschalten. Die politische Macht sollte dem besitzenden Bürgertum vorbehalten sein. So wurde die Erklärung der Menschen- und Bürgerrechte durch eine Erklärung der Pflichten ergänzt und das Zensuswahlrecht wieder eingeführt. Um eine diktatorische Machtkonzentration wie zur Zeit der Schreckensherrschaft zu verhindern, wurde die Gewaltenteilung streng beachtet. Die Gesetzgebung wurde zwei Kammern anvertraut, dem Rat der 500, der die Gesetzesinitiative hatte, und dem Rat der Alten mit 250 Mitgliedern über 40 Jahre, der die Gesetze zu beschließen hatte. An der Spitze der Exekutive stand ein Direktorium von fünf Mitgliedern, von denen jährlich einer neu bestellt wurde. Dieses Direktorium überwachte Regierung, Verwaltung und Armee. In die Departements entsandte das Direktorium Kommissare. Paris, das in der Revolution eine so große Rolle gespielt hatte, verlor seinen Einfluß und wurde in das Departement Seine eingegliedert. Nach nur zwei Monaten Beratung trat die Verfassung im August 1795 in Kraft.

Probleme des Direktoriums

Von Anfang an war das Direktorium zwischen Jakobinern auf der einen Seite und Royalisten auf der anderen gefährdet. Um die Stellung der Thermidorianer zu sichern, legte der Konvent fest, daß bei den ersten Wahlen zu den Kammern zwei Drittel der neuen Abgeordneten aus seinen bisherigen Mitgliedern zu wählen seien. Die Verfassung selbst wurde durch Volksentscheid angenommen. Ein royalistischer Aufstand vor den Wahlen konnte unterdrückt werden, doch erreichten die Royalisten bei den Parlamentswahlen im Oktober 1795 beträchtliche Stimmenanteile. Mit einer Generalamnestie löste sich der alte Konvent auf.

In einer Situation, in der die wirtschaftliche und soziale Überlegenheit des besitzenden Bürgertums über die hungernden Massen durch die Direktorialverfassung auch politisch abgesichert wurde, erschreckte der revolutionäre Journalist Gracchus – François Noël – Babeuf (1760–1797) die Regierung mit einer „Verschwörung der Gleichen". Babeuf, der seit 1789 mit radikalen Forderungen hervorgetreten war, wollte 1796 das Regime in einem Handstreich stürzen. Seine Idee war die vorübergehende Errichtung einer Diktatur, mit deren Hilfe er das Privateigentum beseitigen und eine Art Agrarkommunismus in einer egalitären, zentralistisch geleiteten Gesellschaft herbeiführen wollte. Die Verschwörung wurde aufgedeckt und zerschlagen, Babeuf hingerichtet.

119 Die Verschwörung des Babeuf. Zeitgenössische Karikatur. Das als Frau dargestellte Frankreich bewundert die Verfassung von 1795. Angestrahlt werden die Namen von Departments und verschiedener Verfassungsorgane. Der Geist des Aufruhrs will Frankreich erdolchen, wird jedoch von der Ordnungsmacht (des Direktoriums) unschädlich gemacht.

In Mißkredit geriet das Direktorium nicht nur durch seine politische Schwäche, sondern auch durch Korruption und die schlechte Finanzlage. 1796 löste man die wertlos gewordenen Assignaten durch neues Papiergeld ab, das in kürzester Zeit ebenfalls seinen Wert verlor. Zeitweise konnte man Waren für drei Preise kaufen, je nachdem ob man mit Assignaten, neuem Papiergeld oder Hartgeld bezahlte. Da keiner sein Hartgeld weggeben wollte, wurden die letzten Nationalgüter gegen Papiergeld verschleudert. Erst als die erfolgreichen Armeen 1797 Millionen in den besetzten Ländern erbeuteter Münzen ablieferten, konnte man das Inflationsgeld abschaffen.

120 **Aufstand vom 20. Mai 1795.** Erklärung der Aufständischen vom 1. Prairial des Jahres III:

Aufstand des Volkes, um Brot zu erhalten und seine Rechte zurückzuerobern.

In Erwägung, daß die Regierung das Volk auf unmenschliche Weise Hungers sterben läßt und die Versprechungen, die sie ohne Unterlaß wiederholt, Lug und Trug sind; in Erwägung, daß die Not viele Bürger veranlaßt, die Unglücklichen, die der Hunger täglich zu Haufen ins Grab sinken läßt, um ihr Los zu beneiden;

in Erwägung, daß der Aufstand für ein ganzes Volk wie für jeden Teil eines unterdrückten Volkes das heiligste aller Rechte, die unerläßlichste aller Pflichten ist, eine Notwendigkeit allerersten Ranges [...] beschließt das Volk wie folgt:

Art. 1. Unverzüglich werden noch heute die Bürger und Bürgerinnen von Paris in Massen zum Nationalkonvent ziehen, um von ihm zu fordern: 1. Brot; 2. die Absetzung der Revolutionsregierung, in der jede Partei reihum ihre Macht dazu mißbraucht hat, das Volk zugrunde zu richten, auszuhungern und zu unterjochen; 3. die sofortige Ausrufung und Inkraftsetzung der demokratischen Verfassung von 1793; 4. die Ablösung der gegenwärtigen Regierung, ihre sofortige Neubildung durch andere Mitglieder aus den Reihen des Nationalkonvents und die Festnahme aller Konventsmitglieder, aus denen sich augenblicklich die Regierungsausschüsse zusammensetzen, als schuldig des Verbrechens der Nationsbeleidigung und der Tyrannei gegenüber dem Volk; 5. die unverzügliche Freilassung der Bürger, die gefangengehalten werden, weil sie Brot gefordert und freimütig ihre Meinung kundgetan haben; [...] 7. die Einberufung einer Gesetzgebenden Nationalversammlung, die an die Stelle des Konvents treten soll [...]

Art. 10. Die Losung des Volkes lautet: Brot und die demokratische Verfassung von 1793 [...]

W. Markov: Revolution im Zeugenstand. Bd. 2. S. 662ff.

Ordnen Sie den Aufstand politisch ein und belegen Sie Ihre Einordnung anhand des Aufrufs.

121 **Eindrücke eines Besuchers von Paris im September 1795.** Der Schweizer Schriftsteller und Theologe Jakob Heinrich Meister (1744–1826) kommt als einer der ersten Reisenden nach dem Ende der Schreckensherrschaft aus Genf nach Paris und berichtet:

[...] Wenn man die Bevölkerungszahl von Paris nach dem großen Menschenstrom beurteilen würde, den man in bestimmten Vierteln, auf den Promenaden und vor allem in den Theatern sieht, so wäre man versucht anzunehmen, sie sei eher gewachsen als geringer geworden. Aber das Gegenteil ist bewiesen durch Berechnungen, die zuverlässiger sind, nämlich vor allem die des durchschnittlichen Verbrauchs lebensnotwendiger Güter. Zwei Klassen der ehemaligen Bevölkerung sind offensichtlich auf ein Viertel zusammengeschrumpft: die der Dienstboten und die der Handwerker für den Luxus. Ein Teil der ersten ist zweifellos in andere Klassen übergegangen, so in die des Handels, wo die Enteignung ihrer Herren oft die ersten Mittel für eine Geschäftsgründung hergab [...]

Es gibt Viertel in Paris, die völlig verlassen scheinen, und Sie erraten mühelos, daß das einsamste von allen das schöne Faubourg Saint-Germain ist, wo man in ganzen Straßen mit Palais nur ein paar von den neuen Behörden der Republik bewohnte Häuser sieht. Wenn Sie es sich einfallen lassen, eines von ihnen zu betreten, an deren Frontseite in dicken roten oder schwarzen Lettern steht: „Nationales Eigentum. Zu verkaufen.“, so werden Sie erschrekken über den verwahrlosten Zustand; [...] Überall, wo die Revolutionsausschüsse sich einnisteten, glaubt man die Spuren des verheerenden Durchzugs einer Armee von Hunnen oder Vandalen zu sehen. [...] Gerade nach Theaterschluß, gegen zehn Uhr abends, müssen die Traurigkeit und Öde in Paris vor allem dem Fremden auffallen, der die Stadt in glücklicheren Zeiten gesehen hat; denn das war recht eigentlich die Zeit des lebhaftesten und glänzendsten Treibens. Man eilte zu den Soupers oder zu anderen Vergnügungen, und das Rollen von Tausenden und Tausenden von Wagen ließ das Pflaster aller Straßen widerhallen vom Geräusch der Freude und der Torheit eines leichtsinnigen und oberflächlichen Volkes, das aber, zufrieden, wie es wenigstens schien, nicht einmal die Möglichkeit der Leiden und Schrecknisse ahnte, die seine Geschichte besudelt haben und deren Gedächtnis zweifellos noch die entfernteste Nachwelt entsetzen wird. Heute, wenn die Theater sich geleert haben, herrscht in allen Vierteln Grabesstille; es ist ein Ereignis, wenn einem ein Wagen begegnet, es ist sogar selten, daß man Fußgängern begegnet, wenn es nicht gerade Patrouillen sind.

Man fährt im Einspänner, seitdem das Spekulieren die erste, man kann sogar sagen, die einzige Beschäftigung von ganz Paris geworden ist; ich habe manchmal bis zu fünfzig Menschen am Tor des alten Louvre gezählt, wo gegenwärtig die Börse abgehalten wird.

Die weite Verbreitung und Betriebsamkeit des allgemeinen Feilschens übertreffen alle Vorstellungen, die man sich als Außenstehender davon machen kann, und Sie können keinen Schritt auf der Straße tun, ohne einem mehr oder weniger auffälligen, mehr oder weniger betrüblichen Beweis davon zu begegnen. Zunächst sind fast alle Häuserfronten, alle großen Alleen, wenigstens in den belebtesten Stadtvierteln, zu ebenso vielen Läden mit Möbeln, Kleidungsstücken, Bildern, Stichen usw. geworden. Sie sehen fast überall die gleichen Auslagen [...] Sozusagen alles, was sich einst im Innern der Wohnungen befand, wird mit einem Male auf der Straße ausgestellt. Die Hauptstadt der Welt sieht aus wie ein riesiger Trödelladen. Man ist versucht zu glauben, ganz Paris stehe unter einer Zwangsversteigerung [...] Bei jedem Schritt begegnen Sie Männern und Frauen, jeden Alters und jeder Stellung, die irgendein Paket unter dem Arm tragen, es sind Proben von Kaffee, Zucker, Käse, Öl, Seife und was weiß ich. Allzuoft ist es auch der letzte Einrichtungsgegenstand, das letzte Kleid, von dem ein Unglücklicher sich trennen will, um Nahrungsmittel zu kaufen, die er für sich und seine arme Familie braucht [...]

Es herrscht eine solche Angst, nicht früh genug zu verkaufen oder zu kaufen, daß selbst die bedeutendsten Käufe mit einer Leichtigkeit abgeschlossen werden, von der man Zeuge gewesen sein muß, um daran zu glauben [...] Man begnügt sich damit, im großen und ganzen zu wissen, ob es ein Erbgut ist, ein Klostergut oder ein Emigrantenbesitz (denn in der Schätzung dieser drei Eigentumsarten werden erstaunliche Unterschiede gemacht), den Preis bei der letzten Versteigerung zu kennen, die Zahl der Morgen usw. [...]

G. Pernoud/S. Flaissier: Die Französische Revolution in Augenzeugenberichten. S. 392 ff.

a) Erklären Sie die einzelnen Beobachtungen Meisters aus der politischen Lage.
b) Welche Einstellung ist aus seiner Darstellungsweise und seinem Urteil zu erkennen?

122 Das revolutionäre Frankreich in den besetzten Gebieten

a) Kunstraub. Der Abgeordnete und bekannte Chemiker Guyton-Morveau verkündete am 20. September 1794 im Konvent die Ankunft von Kunstschätzen aus den eroberten Niederlanden.

Vertreter des Volkes!

Die Früchte des Genies stellen das Erbe der Freiheit dar, und dieses Erbe wird stets von der Volksarmee respektiert werden. Die Armee des Nordens drang mit Feuer und Schwert in die Mitte der Tyrannen und ihrer Anhänger vor, aber sie schützte sorgfältig die zahlreichen Meisterwerke der Kunst, welche die Despoten in ihrer überstürzten Flucht zurückließen. Zu lang waren diese Meisterwerke durch den Anblick der Sklaverei beschmutzt worden. Im Herzen der freien Völker sollen diese Werke berühmter Männer ihre Ruhe finden; die Tränen der Sklaven sind ihrer Größe nicht würdig, und die Ehrung der Könige beunruhigt nur ihren Grabesfrieden. Nicht länger befinden sich diese unsterblichen Werke in fremdem Land; heute sind sie im Vaterland der Künste und des Genies, der Freiheit und Gleichheit angekommen. Ich habe diese kostbaren Bilder zusammengebracht und begleitet, die von weiteren gefolgt werden. Ich bitte Euch, Bürgervertreter, ihre Sicherstellung anzuordnen, so daß ich mit erfüllter Mission zurückkehren kann, um die Despoten zu bekämpfen. Lang lebe die Republik.

Paul Wescher: Kunstraub unter Napoleon. Berlin. 2. Aufl. 1978. S. 38

Wie wird der Kunstraub gerechtfertigt?

b) Revolutionskrieg oder Wirtschaftskrieg? Als die Truppen des General Moreau 1796 das vorderösterreichische Konstanz besetzen, gibt ihm das Direktorium am 16. August folgende Anweisung:

Aufgrund ihrer vorteilhaften geographischen Lage haben die in Konstanz gegründeten Seidenmanufakturen denen von Lyon zu allen Zeiten großen Schaden zugefügt. Gegenwärtig treten die Auswirkungen des Konkurrenzkampfes für diese Handelsbranche weit spürbarer in Erscheinung als früher. Während der unglückseligen Schreckensherrschaft sind etliche Bürger aus Lyon nach Konstanz geflohen und brachten den vollendeten Geschmack, der sie auszeichnet, mit in diese Stadt. Falls sie Nachwuchs ausbildeten, würden sie ihn in Konstanz verewigen.

Wir hegen die Befürchtung, daß ein längerer Aufenthalt dieser französischen Handwerker in einem fremden Land, das mit dem Herzen Deutschlands in Verbindung steht, einerseits die Bewohner dieses Landstrichs an einen Industriezweig gewöhnt, zu dem sie es bisher noch nicht gebracht hatten, und es andererseits für die Kunden der umliegenden Gegenden zur Sitte wird, sich beim Einkauf aller Gegenstände des Luxus und der Eleganz, die sie von uns abhängig machen, nicht mehr an die Manufakturen Lyons zu halten.

In Anbetracht dieses Zustandes, der, würde er fortdauern, Lyons Handel entweder in spürbarer Weise verringern oder gar völlig zum Erliegen bringen würde, hält es das Direktorium für notwendig, entsprechende Mittel, die ihm das Kriegsrecht in die Hand gibt, einzusetzen, um die nach Konstanz geflüchteten Lyoner Fabrikanten in ihr Vaterland zurückzuholen, indem der Stadt augenblicklich die Hilfsmittel entzogen werden, die sie ihnen zur Ausübung ihrer Talente zur Verfügung stellt.

In Ausführung dessen befiehlt Ihnen das Direktorium, Bürger General, einige mit dem Manufakturgewerbe vertraute Leute zu beauftragen:

1. alle Maschinen, deren vollendete Arbeitsausführung ihre Erhaltung verdient, der Stadt Konstanz wegzunehmen und nach Frankreich zu verbringen;
2. alle übrigen Maschinen zerstören zu lassen;
3. alle Betriebe, ganz gleich, ob sie sich mit Maurerarbeiten beschäftigen, mit Wasser oder mit Maschinen betrieben werden, soweit sie für den Bedarf dieser Seidenmanufakturen oder anderer der Lyoner Industrie ähnelnden Manufakturen errichtet sein könnten, gleichfalls zu zerstören.

Nachdem diese Vorbedingung erfüllt ist, wird das Direktorium prüfen, ob es angebracht ist oder nicht, die Einwohner von Konstanz durch eine Herabsetzung der Kontributionen, die sie als Mitglieder der gegen die Französische Republik gebildeten Koalition tragen müssen, zu entschädigen.

Gez. Carnot, Reubell, Barras.

W. Markov: Revolution im Zeugenstand. Bd. 2. S. 696f.

a) Entnehmen Sie die Gründe für die Abwanderung aus Lyon M 112.
b) Diskutieren Sie den wirtschaftlichen Sinn dieser Maßnahmen.

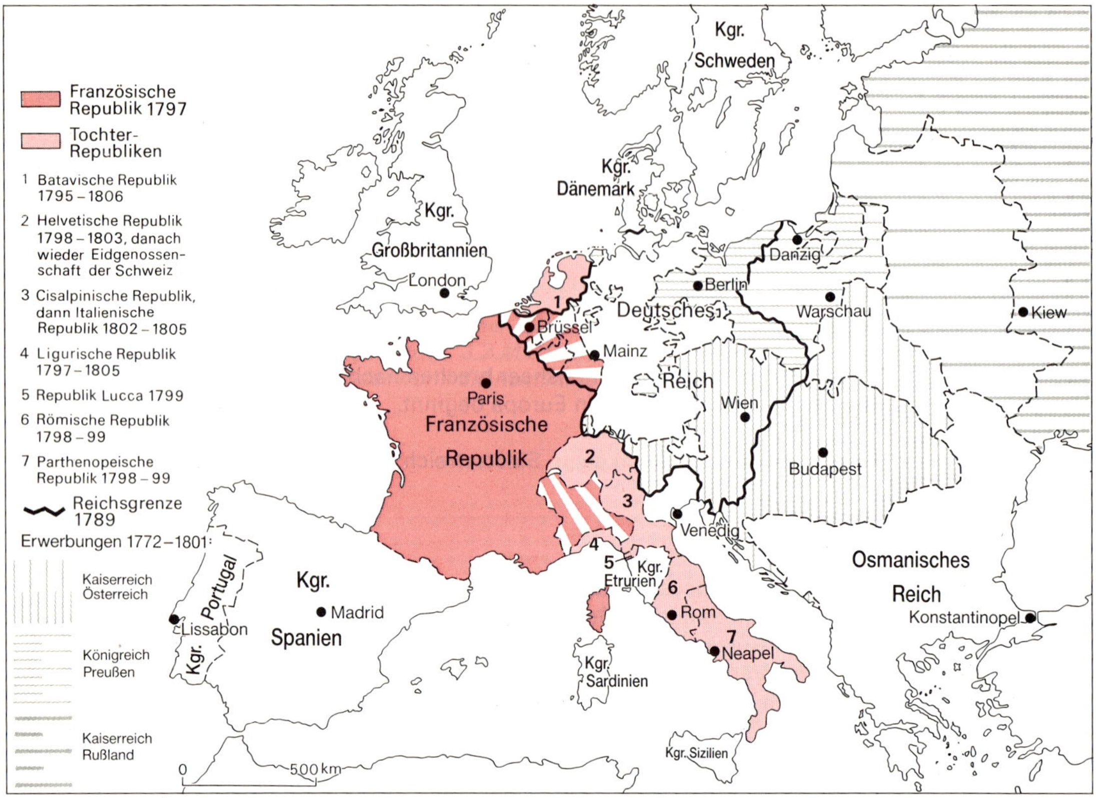

125 Die Französische Republik und Europa

die Politik der Rheingrenze, sondern die Politik einer Neuordnung Italiens. Den oberitalienischen Fürsten legte Bonaparte drückende Kriegsentschädigungen auf, und er duldete, daß die Bevölkerung ausgebeutet wurde. Ganz im Sinne des revolutionären Kunstraubes (▷ M 122 a) u. 123) ließ er Kunstwerke aus Italien nach Frankreich verschleppen. Schließlich diktierte er den Frieden von Campo Formio, in dem Österreich zugunsten Frankreichs auf die österreichischen Niederlande (Belgien) verzichten und die Abtretung des linken Rheinufers versprechen mußte.

Wie nach außen war das Direktorium auch nach innen mehr und mehr auf die Hilfe von Generalen angewiesen. Als im Frühjahr 1797 bei den Ergänzungswahlen zu den Kammern (▷ S. 116) die royalistische Rechte erstarkte, ließen Bonaparte und Hoche (▷ M 127) Truppen um Paris aufmarschieren und drohten in gleicher Weise Anhängern der Monarchie wie solchen der Verfassung von 1793 mit dem Tode. Wenn dem Direktorium Wahlergebnisse nicht paßten, ließ es sie für ungültig erklären. Mit dem Einsatz polizeistaatlicher Methoden und seinem Staatsstreich vom 4. September 1797 behauptete sich das Direktorium. Gegen Feinde der Republik zeigte es sich hart: Es erklärte emigrierte Adlige zu Ausländern, verwies heimgekehrte Emigranten und eidverweigernde Priester erneut des Landes und erhielt das Verbot jeglichen öffentlichen religiösen Kultes aufrecht. Die Deportationen von Priestern nach Guayana nannte man die „trockene Guillotine".

Bonapartes ägyptische Expedition

Nach dem Friedensschluß von Campo Formio stand nur noch England im Krieg gegen Frankreich. Das Direktorium dachte zunächst an eine Expedition gegen England unter Bonapartes Führung. Der setzte jedoch eine Expedition nach Ägypten durch, um seinen „orientalischen Traum" zu verwirklichen. Die Besetzung Ägyptens sollte Ersatz für verlorene Kolonien schaffen und Englands Verbindungen nach Indien behindern. Die geheimgehaltene Expedition erreichte zwar Ägypten, doch vernichteten die Engländer unter Admiral Horatio Nelson (1758–1805) die französische Flotte bei Abukir. So saßen die besten Truppen Frankreichs in Ägypten fest und standen nicht zur Verfügung, als im November 1798 England, Rußland, Österreich und Schweden die zweite Koalition des aristokratischen Europa bildeten. Sie war eine Reaktion auf die erfolgreiche Eroberungspolitik, die Frankreich unter der Fahne der Revolution als nationalistische Großmacht betrieb. Um gegen die Koalition militärisch zu bestehen, mußte das Direktorium auf das Massenaufgebot zurückgreifen. Die Wehrpflicht wurde wieder schärfer gehandhabt, und mehrere Jahrgänge wurden zugleich eingezogen. Zur Finanzierung dieser Maßnahmen belastete das Direktorium die Wohlhabenden mit Zwangsanleihen. Doch trotz aller Anstrengungen mußten die französischen Armeen überall zurückweichen, und Italien ging verloren. Erst im Sommer 1799 stabilisierte sich wieder die militärische Lage für Frankreich.

Die zweite Koalition und Frankreich

Staatsstreich

Obwohl die ägyptische Expedition ein Mißerfolg war, verließ Bonaparte seine Truppen. Im Oktober traf er in Paris ein. Dort wurde er begeistert empfangen, weil die Öffentlichkeit von ihm eine militärische Wende und eine Beendigung der inneren Unsicherheit erwartete. Während das besitzende Bürgertum und die Bauern den durch die Revolution erreichten Besitzstand endlich in Ruhe und Sicherheit genießen und mehren wollten, erlahmten die armen Massen, infolge guter Ernten besser versorgt, in ihrem politischen Engagement. Bonaparte, Revolutionsgeneral der Jakobiner mit Verbindungen zum alten Adel und einem großen Talent für Propaganda, sah seine Chance als starker Mann und Integrationsfigur des französischen Nationalismus gekommen.

Zur gleichen Zeit besaß das Direktorium nur noch wenig Kredit. Verfassungsänderungen und sogar eine Wiederherstellung der Monarchie wurden diskutiert. Das Direktoriumsmitglied Sieyès befürwortete einen Staatsstreich gegen die beiden Kammern. Mit dem Rücktritt des Direktoriums wollte er ein Vakuum in der Exekutive schaffen, das durch Bonaparte ausgefüllt werden konnte, der zum Staatsstreich entschlossen war. Ihm wurden in Paris die Truppen unterstellt, die unter Vorspiegelung falscher Tatsachen am 18. Brumaire (= 9. November) 1799 veranlaßt wurden, die beiden Kammern auseinanderzujagen.

Ein Triumvirat von drei Konsuln mit Bonaparte an der Spitze übernahm nun die Führung. Unter Ausnutzung sozialer Ängste und mit Hilfe der Armee schuf man eine starke Regierung: das Konsulat. Die Bevölkerung regte sich kaum.

126 Der Staatsstreich vom 18. Brumaire des Jahres VII (9. 11. 1799) im Sitzungssaal des Rates der Fünfhundert in Saint-Cloud. Stich nach einer Zeichnung von C. Monet. Rechts am Präsidententisch stehend Bonapartes Bruder Lucien, davor Bonaparte, von den Abgeordneten des Verfassungsbruchs angeklagt, aber von Grenadieren geschützt.

127 Kritik an den Verhältnissen der Direktorialzeit. General Lazare Hoche (1768–1797), Sohn eines königlichen Stallknechts, 1797 Oberbefehlshaber der Sambre- und Maasarmee, schreibt am 14. Februar 1797 in einem Brief:

So sind unsere Franzosen! Hintereinander mit dem Hof konstitutionell, mit Brissot gemäßigt, unter Robespierre jakobinisch, mit André Dumont thermidorianisch und royalistisch, wie es ein paar extreme Demagogen geworden sind, das sind die Grundsätze dieser Hammelklasse, die sich aus der Mehrheit der Rentiers[1], der gegenwärtigen öffentlichen Beamten, Advokaten, Sachwalter und Bourgeois zusammensetzt, für die die Rückkehr zur alten Ordnung der Dinge eine Art Auferstehung ist – und deren dauernde Meinung ist, daß es auf die Meinung der Nation, die öffentliche Wohlfahrt, Handel und Handwerk, die durch fortwährende Reaktionen gefährdet sind, wenig ankommt, wenn nur die Suppe recht heiß ist und man keine Steuern von ihnen haben will. Unglückliches Volk! du verdienst dein Los.

Gustav Landauer (Hrsg.): Briefe aus der Französischen Revolution. Berlin 1985. S. 436 f.

[1] Leben vom Ertrag (der Rente) ihres Vermögens

a) Differenzieren Sie die pauschale Kritik an den Stimmungsschwankungen der öffentlichen Meinung nach sozialen Gruppen.
b) Geben Sie Beispiele für die Ursachen solcher Schwankungen.
c) Geben Sie ein historisches Beispiel für ähnliche Wendungen der öffentlichen Meinung.

128 Politische Vorstellungen des Generals Bonaparte. Vertrauliche Erklärungen Bonapartes gegenüber dem französischen Gesandten in der Toscana, Miot de Mélito, 1. Juli 1797.

Glauben Sie, daß ich in Italien Siege erfechte, um damit das Ansehen der Advokaten des Direktoriums zu erhöhen? [...] Glauben Sie vielleicht, daß ich eine Republik begründen will? Welcher Gedanke! [...] Das ist eine Wahnvorstellung, in die die Franzosen vernarrt sind, die aber auch wie so manches andere vergehen wird. Was sie brauchen, ist Ruhm, die Befriedigung ihrer Eitelkeit, aber von der Freiheit verstehen sie nichts. Blicken Sie auf die Armee! Die Erfolge und die Triumphe, die wir soeben davongetragen haben, die haben den wahren Charakter des französischen Soldaten wieder hervortreten lassen. Für ihn bin ich alles. Das Direktorium soll es sich nur einfallen lassen, mir das Kommando über die Armee wegzunehmen! Dann wird man sehen, wer der Herr ist. Die Nation braucht einen Führer, [...] aber keine Theorien über Regierung, keine großen Worte, keine Reden von Ideologien, die die Franzosen nicht verstehen. [...]

Ich bin am Frieden nicht interessiert. Sie sehen, was ich bin, was ich jetzt in Italien vermag. Wenn Frieden geschlossen ist, wenn ich nicht mehr an der Spitze dieses mir ergebenen Heeres stehe, muß ich auf diese Macht, auf diese hohe Stellung, die ich mir verschafft habe, verzichten und im Luxemburg-Palast [Sitz des Direktoriums in Paris] Advokaten den Hof machen. Ich möchte Italien nur verlassen, um in Frankreich eine Rolle zu spielen, ungefähr der ähnlich, die ich hier spiele; aber der Augenblick ist noch nicht gekommen, die Birne ist noch nicht reif. [...] Ich will gerne eines Tages die republikanische Partei schwächen, aber es soll zu meinem eigenen Nutzen sein und nicht zu dem der alten Dynastie. Vorläufig gilt es, mit den Republikanern zu gehen.

I./P. Hartig: Französische Revolution. S. 108

a) Welche Einstellung hat Bonaparte zu den politischen Systemen?
b) Welche Rolle spielt für ihn die Armee? (▷ Kap. III. 4.1., M 122 c))

129 **Erwartungen der Bevölkerung.** Der „Moniteur universel", Pariser Tageszeitung, 1799–1869 offizielles Regierungsblatt, berichtet am 15. Oktober 1797 über Bonapartes Rückkehr aus Ägypten:

Der General Bonaparte ist am 17. [Vendémiaire] dieses Monats in Fréjus gelandet. [...] Er wurde von einer ungeheuren Volksmenge unter den Rufen ‚Es lebe die Republik' empfangen. Das Heer von Ägypten hat er in der zufriedenstellendsten Lage zurückgelassen. Es ist unmöglich, die Freude zu beschreiben, die man empfand, als man gestern diese Nachrichten in den Theatern ausrufen hörte. Allenthalben rief man; ‚Vive la république!' ‚Vive Bonaparte!' Begeisternde Beifallsrufe, die man immer wiederholte, wurden von allen Seiten laut. Jedermann war wie im Taumel! Der Sieg, der Bonaparte immer begleitet, war ihm diesmal vorangegangen, und er kommt, um der in den letzten Zügen liegenden Koalition die letzten Schläge zu versetzen. Ach, Herr Pitt! Welch schreckliche Nachricht, die man der der gänzlichen Niederlage der Anglo-Russen in Holland beifügen muß! Der Verlust dreier anderer Schlachten wäre besser für sie [die Engländer] gewesen als die Ankunft Bonapartes!

Geschichte in Quellen (Bd. 4). S. 536

Erklären Sie diese Reaktion der Volksmenge.

130 **Beendigung der Revolution.**
Proklamation der Konsuln an das französische Volk vom 15. Dezember 1799:

Franzosen, eine Verfassung wird euch vorgelegt. Sie beseitigt die Ungewißheiten der provisorischen Regierung in Bezug auf die auswärtigen Beziehungen, die Lage im Innern und die militärische Situation. [...]
Die Verfassung beruht auf den wahren Prinzipien der repräsentativen Regierung auf den geheiligten Rechten des Eigentums, der Gleichheit und der Freiheit. Die von ihr eingesetzten Gewalten werden stark und dauerhaft sein, wie es für die Garantie der Bürgerrechte und der Staatsinteressen unabdingbar ist. Bürger, die Revolution ist auf die sie auslösenden Prinzipien zurückgeführt und damit beendet.

Geschichte in Quellen (Bd. 4). S. 538

a) Analysieren Sie den propagandistischen Charakter der Proklamation.
b) Nennen Sie Gründe für den Aufstieg Bonapartes, die in der Situation, und solche, die in der Person liegen.

4.3. Die Wirkung der Revolution in Deutschland

Obwohl die Französische Revolution in Deutschland größte Aufmerksamkeit erregte, führte sie hier nicht zu ähnlichen Erhebungen. Die umfassende Umgestaltung der politischen, sozialen und rechtlichen Verhältnisse, die in Deutschland vor sich ging, war eine „Revolution von oben" als Folge des Siegeszuges Frankreichs unter Napoleon oder als Reaktion darauf. Grund für die verschiedene Entwicklung in Frankreich und Deutschland war die in vieler Hinsicht ganz andere Ausgangslage der deutschen Staaten.

Deutschland vor 1789

Das „Heilige Römische Reich Deutscher Nation" war ein vielgestaltiges, geschichtlich gewachsenes Gebilde aus weltlichen und geistlichen, großen, kleinen und winzigen Staaten – den Territorien –, aus Reichsstädten und Reichsrittern. Das Erstarken der Landesherren und ihre kleinräumige merkantilistische Wirtschaftspolitik hatte die Entwicklung der Städte, die Aktivität bürgerlicher Unternehmer und den Aufstieg eines starken Bürgertums nicht weniger behindert als das Ausgeschlossensein vom Kolonial- und Überseehandel und die Verheerungen des Dreißigjährigen Krieges. Die ständische Sozialhierarchie wurde nirgends ernsthaft in Frage gestellt. Bauern und Handwerker waren tief religiös und von der Aufklärung wenig berührt. Die Bevölkerung lebte insgesamt in beschränkterem Horizont als in Frankreich und war weniger politisch interessiert. Die neuen politischen und sozialen Ideen und Forderungen blieben mehr die Sache einzelner historisch-literarisch Gebildeter.

„Morgendämmerung eines glücklichen Zeitalters"

Die nur wenig einflußreiche politische Öffentlichkeit in den deutschen Staaten, also die von der Aufklärung und republikanischen Ideen geprägten Klubs und Salons, Lesegesellschaften und Zeitschriften, begrüßte den Ausbruch der Französischen Revolution zunächst begeistert. Zahlreiche „Revolutionspilger" reisten nach Paris, um Zeuge der Vorgänge zu werden. Manche blieben dort und gerieten in die Wirren der Revolution, andere kehrten heim und veröffentlichten ihre Erfahrungen. An etwa hundert Orten in Deutschland wurden Freiheitsbäume errichtet. So sollen die Philosophen Hegel und Schelling und der Dichter Hölderlin als Studenten 1793, am Jahrestag des Bastillesturms, einen Freiheitsbaum gepflanzt haben. Georg Wilhelm Friedrich Hegel (1770–1831) nannte die Revolution die „herrliche Morgendämmerung eines glücklichen Zeitalters", und noch dreißig Jahre später wertete er sie mit den Worten: „So lange die Sonne am Firmamente steht und die Planeten um sie herumkreisen, war das nicht gesehen worden, daß der Mensch sich auf den Kopf, das ist auf den Gedanken stellt und die Wirklichkeit nach diesem erbaut."

Drei deutsche Schriftsteller, die Dichter Klopstock und Schiller und der Pädagoge Campe, erhielten 1792 von der Nationalversammlung das französische Bürgerrecht. Doch mit der Radikalisierung der Revolution trat ein Stimmungsumschwung ein. Die Mehrzahl der Sympathisanten beharrte zwar auf den Ideen von 1789, wandte sich aber von der Revolution ganz ab.

„Deutsche Jakobiner"

Als einige Publizisten und Intellektuelle versuchten, die revolutionären Ideen in deutschen Staaten zu verbreiten, reagierten die deutschen Fürsten mit Zensur und Schikanen. Vielen dieser deutschen Jakobiner blieb nur die Flucht nach Frankreich. Der bedeutendste jakobinische Publizist, Andreas Georg Friedrich Rebmann (1768–1824), erreichte über viele Stationen Paris und kehrte später als französischer Richter in das besetzte Rheinland zurück. Für andere, vor allem aus dem Umkreis der Hohen Karlsschule in Stuttgart, wurde Straßburg zum Sammelpunkt. Dorthin gingen der Landschaftsmaler Josef Anton Koch, der Mediziner Georg Kerner und der Redakteur und Jurist Friedrich Christoph Cotta (1758–1838), der Bruder des Verlegers. Kerner und Cotta wurden französische Bürger. Cotta gründete in Straßburg eine Zeitung und wurde später Präsident des Mainzer Jakobinerklubs. Wortführer dieser deutschen Jakobiner war Eulogius Schneider (1756–1794), Professor der Theologie an der Karlsschule, dann in Bonn. Auch er gab eine Zeitschrift heraus und übersetzte die „Marseillaise". Er wurde öffentlicher Ankläger beim Straßburger Gericht und ließ als Drohung die Guillotine durch die Stadt führen. Er hatte zahlreiche Todesurteile zu verantworten und wurde kurz nach Robespierre in Paris hingerichtet.

Die Bevölkerung begrüßte die französischen Truppen vielfach als Befreier; in Mainz wurde nach der Besetzung 1792 eine kurzlebige Rheinische Republik gegründet. Vizepräsident der provisorischen Regierung wurde der Schriftsteller, Gelehrte und Weltreisende Georg Forster (1754–1794). Nach Wahlen zu einer verfassungsgebenden Versammlung trat im März ein Rheinisch-deutscher Nationalkonvent zusammen, der eine Delegation nach Paris schickte, um dem Konvent den Anschluß an Frankreich vorzuschlagen. Etwa 500 Mitglieder traten dem Jakobinerklub bei, der seine Statuten aus Straßburg besorgte. Die Rückeroberung der Stadt durch preußische Truppen 1793 beendete das Experiment.

Im Jahre 1797 bildete sich im Raum Köln – Bonn – Koblenz eine cisrhenanische Bewegung, die für eine an Frankreich angelehnte Tochterrepublik eintrat. Doch das Direktorium entschied sich für Annexion und machte die rheinischen Gebiete bis 1814

131 „Ah, ça ira! Ça ira!" Stich von 1793 aus dem Mannheimer „Tempel der Musen und Gracien. Ein Taschenbuch zur Bildung und Unterhaltung für 1796". Auf dem Domplatz in Mainz eine jubelnde Menge um den Freiheitsbaum, nachdem die Revolutionsarmee im Oktober 1792 einmarschiert ist.

132 Das linke Rheinufer als Grenze Frankreichs. Illustration einer Veröffentlichung von Georges-Guillaume (Georg-Wilhelm) Boehmer in Paris aus dem IV. Jahr der Republik (1798). Der Text unter dem Bild lautet: „Die Nachkommen der Gallier werden wieder Herren ihrer alten Grenzen. Ihr Interesse verlangt, sie zu bewahren, und ihr Mut wird sie garantieren." Frankreich mit dem Liktorenbündel und der phrygischen Mütze weist Germania auf ihre alten Rechte hin.
Inwiefern läßt das Bild darauf schließen, daß der Herausgeber der Veröffentlichung deutscher Emigrant in Paris war?

zu französischen Departements. Die Gebiete profitierten aber auch in dieser Form von den sozialen Errungenschaften der Revolution und erreichten so einen Vorsprung gegenüber dem übrigen Deutschland.
Als im Frühjahr 1798 in Rastatt ein diplomatischer Kongreß tagte, der über die Entschädigungen für deutsche Fürsten beraten sollte, die links des Rheines Gebiete abgetreten hatten, tauchten Flugblätter auf, die eine Republik in Deutschland forderten. Die Berichte aus Frankreich förderten nicht nur verfassungspolitische, sondern auch soziale Konflikte wie Bauernrevolten, Arbeiterstreiks und Unruhen von Handwerkern und Studenten, die sich jedoch nirgends zu einer großräumigen Bewegung entwickelten. Diese Konflikte versuchten Staat und Beamtenschaft im wesentlichen erst nach der territorialen Umgestaltung von 1803 bzw. 1806 zu lösen.

133 Reaktion deutscher Fürsten und deutscher Jakobiner

a) Warnung des Kurrheinischen Reichskreises gegen die Störer der öffentlichen Ordnung vom 9. Dezember 1789

Die Kurfürsten, Fürsten und Stände des Kurrheinischen Kreises, Räte, Botschafter und Gesandte verordnen u. a.:

1. Werden alle gefährlichen Zusammenkünfte, Komplotten und Beratschlagungen verdächtiger Art, wodurch der Samen des Zwietrachts und der Unzufriedenheit ausgebreitet wird, gänzlich andurch untersagt, welche sofort auf erstes Wahrnehmen gleichbald durch die an Händen habenden Mittel zu zerstreuen und aufzuheben sind.

2. Haben sich alle und jene Untertanen solcher ungeziemenden Anmaßungen gänzlich zu enthalten, wodurch sie entweder in Worten oder in der Tat gegen ihre rechtmäßige Landes-Herrschaften und vorgesetzte Obrigkeiten sich gröblich vergehen, vielmehr haben sie denselben nach wie vor den in allem Betracht schuldigen, ohnehin auch eidlich angelobten Gehorsam mit gebührender Unterwürfigkeit zu leisten.

Deutsche Jakobiner. Mainzer Republik und Cisrhenanen 1792–1798. Bd. 3. Mainz 2. Aufl. 1982. S. 32 f.

b) Hoffnungen deutscher Jakobiner. Ein Hamburger Jakobiner, Friedrich Wilhelm von Schütz, gab Anfang 1793 in der Zeitschrift „Niedersächsischer Merkur" diese weltliche Fassung eines protestantischen Kirchenliedes heraus:

Es ist gewißlich an der Zeit,
Daß die Franzosen kommen,
Zum Heil der lieben Christenheit,
Zur Freiheit aller Frommen;
Nun wird das Lachen werden rar
Bei der Aristokraten Schar,
Denn diese werden heulen [...]
Ach Franken helft! Jetzt ist es Zeit!
Kommt doch in unsre Lande!
Und stürzt die Ungerechtigkeit
Und löset unsre Bande!
Macht uns von allem Übel los
Und setzt durch einen Gnadenstoß
Die Despotie vom Throne!
Wir wollen, tapfrer Franken Schar,
Mit Vivat euch begegnen,
Und euch zu diesem Neuenjahr
Mit Heil und Freude segnen!

Walter Grab (Hrsg.): Freyheit oder Mordt und Todt. Revolutionsaufrufe deutscher Jakobiner. Berlin 1979. S. 89

Was für ein politisches Weltbild spricht aus dem Erlaß der Fürsten, welches aus dem Gedicht?

134 Deutsche Soldaten hüben und drüben.

Friedrich Christian Laukhard, Sohn eines Predigers aus der Pfalz, nahm am Ersten Koalitionskrieg gegen Frankreich teil. Er berichtet in seiner Lebensgeschichte über Erlebnisse 1793:

Die Franzosen waren, wie gesagt, nur durch einen schmalen Kanal von unserem Posten getrennt, und sonach konnte man gegenseitig alles hören, was auf dieser oder jener Seite gesprochen wurde, wenn man nur vernehmlich sprach. Merkten nun die Deutschen, daß auch Deutsche unter den Franzosen waren, so ging sofort das Geschimpfe an, welches zuweilen viele Stunden immer im nämlichen Tone fortging, endlich bloß zum Spaße. [...]

Preuße: Hör, du sakkermentischer Patriot, wirst du bald die Schwerenot kriegen?

Franzose: Elender Tyrannenknecht, sag, wird dich dein Korporal bald lahm- oder totprügeln müssen?

Preuße: Du verfluchter Königsmörder!

Franzose: Du niederträchtiger Sklav!

Preuße: Ihr Spitzbuben habt euren König ermordet, und dafür müßt ihr alle zum Teufel fahren.

Franzose: Wenn ihr keine Hundsfötter wäret, so würdet ihr es allen Tyrannen ebenso machen! Wenn ihr das tätet, so wäret ihr noch Menschen, so aber seid ihr Tyrannensklaven und verdient alle Prügel, die ihr bekommt.

Preuße: Ihr habt noch alle eure Strafen vor euch. Die ganze Christenheit wird euch angreifen und eure gottlosen Taten bestrafen.

Franzose: Laßt sie doch kommen, die ganze Christenheit mit dem ganzen Heer des Teufels und mit der Armee des Erzengels: wir fürchten uns nicht! [...]

Preuße: Wenn ihr nur euren König nicht umgebracht hättet.

Franzose: Kamerad, sei kein Narr! Es ist nun einmal so, und weil's einmal so ist, daß wir keinen König mehr haben, so wollen wir auch dafür sorgen, daß

weder euer König noch der Kaiser noch der Teufel uns einen wiedergeben soll.
Preuße: Aber wo kein König ist, da sind auch keine Soldaten.
Franzose: Oh, du armer Kerl du, wie räsonnierst du so dumm! Ja freilich, solche Soldaten gibt es dann nicht wie du und deinesgleichen. Ihr seid Sklaven, leibeigene Knechte, die einen Tyrannen über sich haben müssen, der ihnen kaum halb satt zu essen gibt und sie prügeln, Spießruten laufen und krumm schließen läßt, wenn's ihm einfällt. Solche Soldaten sind wir nicht. Wir sind freie Leute, republikanische Krieger!
Preuße: Das ist aber bei uns anders; wir haben einen Herrn, dem wir gehorchen müssen.
Franzose: Weil ihr gehorchen wollt usw. usw.
Solche Gespräche fielen oft vor, und man hatte seinen Spaß daran und lachte darüber.

Hans Frevert (Hrsg.): Die Masken des Krieges. Ein Lesebuch, Baden-Baden 1969. S. 52/61

a) Welche Bedeutung hat die Anrede „Patriot" für den Preußen, welche für den Franzosen?
b) Bestimmen Sie die politischen Vorstellungen, die die Soldaten jeweils haben. – Überlegen Sie, warum die Soldaten lachen.

135 Vom Freiheitsbaum zur Unterdrückung.

Aus Goethes Versepos Hermann und Dorothea: Flüchtlinge aus dem Rheinland berichten:

Nicht kurz sind unsere Leiden;
Denn wir haben das Bittre der sämtlichen Jahre getrunken,
Schrecklicher, weil auch uns die schönste Hoffnung zerstört ward.
Denn wer leugnet es wohl, daß hoch sich das Herz ihm erhoben,
Ihm die freiere Brust mit reineren Pulsen geschlagen,
Als sich der erste Glanz der neuen Sonne heranhob,
Als man hörte vom Rechte der Menschen, das allen gemein sei,
Von der begeisternden Freiheit und von der löblichen Gleichheit! [...]
Wuchs nicht jeglichem Menschen der Mut und der Geist und die Sprache? [...]
Drauf begann der Krieg, und die Züge bewaffneter Franken
Rückten näher; allein sie schienen nur Freundschaft zu bringen.
Und die brachten sie auch: denn ihnen erhöht war die Seele
Allen; sie pflanzten mit Lust die munteren Bäume der Freiheit,
Jedem das Seine versprechend, und jedem die eigne Regierung;
Hoch erfreute sich da die Jugend, sich freute das Alter,
Und der muntere Tanz begann um die neue Standarte [...]
Aber der Himmel trübte sich bald. Um den Vorteil der Herrschaft
Stritt ein verderbtes Geschlecht, unwürdig das Gute zu schaffen.
Sie ermordeten sich und unterdrückten die neuen Nachbarn und Brüder, und sandten die eigennützige Menge.
Und es praßten bei uns die Obern, und raubten im großen,
Und es raubten und praßten bis zu dem Kleinsten die Kleinen; [...]

Johann Wolfgang von Goethe: Hermann und Dorothea. 6. Gesang

Auf welche historischen Vorgänge nimmt Goethe Bezug? (▷ auch Kap. III. 3.1., M 100)

15. Stellen Sie Gründe dafür zusammen, daß die Ideen der Französischen Revolution, obwohl vielfach begeistert aufgenommen, in Deutschland nicht zu einer Revolution führten. Beachten Sie geographische, politische und soziologische Gesichtspunkte.

5. Napoleon, Frankreich, Europa 1799–1815

Zehn Jahre nach der Erklärung der Menschen- und Bürgerrechte und der Einführung der Grundsätze der Volkssouveränität und der Gewaltenteilung in Frankreich war eine neue absolute Herrschaft im Entstehen, die des Generals Napoleon Bonaparte. Napoleon gelang es, die Mehrheit der in zehnjährigen revolutionären und blutigen Auseinandersetzungen ermüdeten Bevölkerung als starker Ordnungsstifter zu faszinieren und das in der Revolution entstandene neue Nationalbewußtsein der Franzosen in Begeisterung für imperiale Vorherrschaft in Europa zu verwandeln. Wie lange würde diese Begeisterung für die gloire Frankreichs Blut und Tränen fünfzehnjähriger Kriege ertragen? Wie lange würden sich die Staaten und Völker Europas, durch die Ideen der Französischen Revolution selbst verändert, unter Napoleons Herrschaft beugen?

5.1. Umgestaltung Frankreichs und Errichtung einer neuen absoluten Herrschaft

1799	Der Staatsstreich des Generals Napoleon Bonaparte führt zur Verfassung des Konsulats. Beim Ersten Konsul Bonaparte ist die Macht konzentriert.
1801	In einem Konkordat schließt Bonaparte Frieden mit der katholischen Kirche.
1802	Bonaparte wird Konsul auf Lebenszeit und durch Volksabstimmung bestätigt.
1804	Konsul Bonaparte krönt sich mit päpstlichem Segen als Napoleon zum „Kaiser der Franzosen" mit uneingeschränkter Macht. – Mit dem Code civil schafft Napoleon ein modernisiertes Recht.

Die Verfassung Bonapartes vom Jahre VIII

Nachdem Bonapartes Staatsstreich gelungen war, ließ er eine Verfassung ausarbeiten, die ihm die gewünschte Macht gab. Drei Konsuln, vom Senat auf zehn Jahre ernannt, bildeten die Spitze der Exekutive. Alle entscheidenden Befugnisse einschließlich der Berufung des Zweiten und Dritten Konsuls lagen beim Ersten Konsul Bonaparte. Die Gesetzgebung wurde nach einem komplizierten Verfahren auf vier Kammern aufgeteilt, deren Wahlmodus den Einfluß der Wähler gering hielt. Die Aktivbürger konnten nur eine Liste der örtlichen Notabeln zusammenstellen, diese eine Liste der Notabeln im Departement und diese wiederum eine Liste auf nationaler Ebene. Aus diesen Listen wählte die Regierung die Mitglieder der Kammern und die Verwaltungsbeamten der Provinz aus. Die neue Verfassung wurde einem Volksentscheid unterworfen, bei dem jeder Bürger in eine Namensliste der Gemeinde offen sein Ja oder Nein eintragen konnte. 1,5 Millionen Wähler stimmten dafür, nur 1500 dagegen, womit die Richtlinie, die Sieyès für die Ausarbeitung der Verfassung ausgegeben hatte, erfüllt war: „Die Autorität kommt von oben, das Vertrauen von unten."

Zentralisierung der Macht

Französische Siege im Jahre 1800 stärkten das Ansehen des Ersten Konsuls Bonaparte und ermöglichten ihm eine Zentralisation der Macht. Die wichtigsten zentralen Institutionen waren der noch heute bestehende Staatsrat, der Gesetze vorzubereiten und als Verwaltungsgerichtshof zu dienen hatte, und die allein dem Ersten Konsul verantwortlichen Minister. An die Stelle der Selbstverwaltung der Departements durch gewählte Kollegien trat der Präfekt, den die Regierung ernannte. Nach der Abschaffung der Gemeindeselbstverwaltung wurden auch die Bürgermeister ernannt, so daß das politische Leben in den Departements und in den Gemeinden nach militärischem Vorbild von der Zentralregierung abhing. Paris blieb zwar geistiges und ökonomisches Zentrum, sollte aber kein eigenständiger politischer Faktor mehr sein wie in der Revolutionszeit. Es erhielt weder Bürgermeister noch Stadtrat, sondern unterstand direkt der Regierungsaufsicht. Durch die Einführung eines modernen Staatsbeamtentums mit festgelegter Hierarchie und Pensionsanspruch schuf Bonaparte einen leistungsfähigen Verwaltungsapparat. In der Armee erhielt die fachliche Ausbildung zum Offizier wieder den Vorrang vor jugendlichem Elan oder revolutionären Überzeugungen. Die Zeit der steilen Karrieren vom einfachen Soldaten zum Heerführer war vorbei. Da immer mehr Offiziere aus den Offiziersschulen kamen, entwickelte sich die Armee wieder zu einer geschlossenen Gesellschaft.

Ebenso straff wie die Verwaltung wurden Justiz und Polizei organisiert. Die Richter wurden zu unabsetzbaren und dadurch im Prinzip unabhängigen Beamten ernannt, und nur die Friedensrichter fungierten weiterhin als gewählte Beamte. Die Polizei wurde landesweit ausgebaut und an ihre Spitze der Polizeiminister und Chef des Geheimdienstes Joseph Fouché (1759–1820) gestellt. Die Zensur der Presse, des Theaters, der Kunst und der Wissenschaft und die Propaganda wurden als Herrschaftsmittel verstärkt.

Wie Verwaltung und Justiz wurde auch das Finanzwesen zentralisiert. Die direkten Steuern (Grundsteuer, Mobiliarsteuer, Steuer auf Fenster und Türen, Gewerbesteuer) wurden endgültig vom Staat eingezogen und verwaltet. Der Staatshaushalt, seit 1789 erstmals wieder ordnungsgemäß ausgewiesen, konnte mit Hilfe der Kontributionen aus besetzten Ländern ausgeglichen werden. Die Bank von Frankreich, im Jahre 1800 als Zentralbank gegründet, kontrollierte den Geldverkehr. Vom Jahre 1803 an beruhte durch Gesetz der Franc auf einem Feingehalt von 5 Gramm Silber, das in einem festen Verhältnis zum Gold stand. Diese Währung blieb bis nach dem Ersten Weltkrieg stabil. Diese Zentralisierung der Macht führte zur innenpolitischen Beruhigung Frankreichs und zum wachsenden Ansehen Bonapartes.

Innerer Ausgleich

Bonaparte erstrebte Popularität über die Parteigruppierungen hinweg. „Weder rote Mützen (der Jakobiner) noch rote Absätze (der Adligen)!" war seine Devise. 140000 Emigranten konnten wieder zurückkehren, er amnestierte Revolutionäre der Schrekkenszeit und fand einen Ausgleich mit den noch immer rebellierenden Bauern in der Vendée. Weder Jakobiner noch Royalisten konnten fortan eine ernsthafte Opposition formieren.

Bonapartes wichtigster Schritt für die Stärkung seiner Macht war sein Frieden, den er mit der römischen Kirche durch ein Konkordat schloß. Er beendete die Feindschaft nach langen Verhandlungen mit der Anerkennung der Freiheit des katholischen Glaubens als „Religion der großen Mehrheit der Franzosen". Dafür erkannte der Papst den Verkauf der Kirchengüter während der Revolution an und stimmte der Einsetzung neuer Bischöfe mit dem Status von Staatsbeamten zu. Ohne Zustimmung der Regierung konnte der Papst auch keine Bulle in Frankreich veröffentlichen und keine Bischofskonferenzen abhalten. Selbst Glockengeläut und Prozessionen wurden staatlich reglementiert.

Errichtung des Kaisertums

Schon 1802 war Bonapartes Popularität so groß, daß sein Streben nach einer konstitutionellen Monarchie zunehmend Unterstützung fand. Ein erster Schritt in diese Richtung war ein neuer Volksentscheid über seine Ernennung zum Konsul auf Lebenszeit mit erweiterten Rechten. Die Legislative wurde weiter geschwächt. Aus General Bonaparte wurde nun Napoleon Bonaparte. Im Jahre 1804 wurde schließlich das erbliche Kaisertum proklamiert, bestätigt wiederum durch ein Plebiszit mit dem überwältigenden Ergebnis von 3,5 Millionen Ja-Stimmen gegen 2500 Nein-Stimmen. Napoleon wollte darüber hinaus eine zusätzliche Weihe des Kaisertums durch eine Krönungszeremonie mit päpstlichem Segen in der Kathedrale von Notre-Dame, mit der er bewußt an die Tradition der Karolinger anknüpfte. Er wurde damit der „gekrönte Vertreter der triumphierenden Nation".

Die Ausrufung des Kaiserreiches bedeutete eine Art neuer, auf den Kaiser Napoleon zugeschnittener absoluter Monarchie, sehr viel mächtiger als die alte, da sie sich auf einen zentralisierten, von ständischen und feudalen Elementen befreiten Machtapparat stützen konnte und entscheidende soziale Errungenschaften der Französischen Revolution beibehielt, auf die die Mehrheit der Bevölkerung nicht mehr verzichten

136 Wechsel der Zeiten – Wechsel der Symbole. Errichtung einer Bronzesäule mit den Reliefs der Feldzüge von 1805 und dem Standbild Napoleons auf der Place Vendôme in Paris. Bis 1792 hatte hier das Reiterstandbild Ludwigs XIV. gestanden (▷ M 95, S. 92), das dann durch eine Statue der Freiheit ersetzt wurde. Napoleons Standbild wurde nach seinem Sturz 1814 wieder heruntergeholt.

wollte. So konnten sich die französische Nation und ihre Armee auch unter Kaiser Napoleon als Träger geschichtlichen Fortschritts betrachten.

Das Kaisertum Napoleons entwickelte sich bald zu einer Dynastie, die sich 1810 mit der Familie der Habsburger verband, als Napoleon Marie-Louise (1791–1847), die Tochter des österreichischen Kaisers, heiratete. Die Propaganda sprach von der neuen vierten Dynastie Frankreichs nach den Karolingern, Kapetingern und Bourbonen. Die Geburt eines Sohnes, der den Titel „König von Rom“ erhielt, sicherte die Erbfolge. Hofstaat und Hofhaltung paßten sich denen anderer Monarchien an.

Gesellschaft und Wirtschaft des Kaiserreiches

Revolutionäre Errungenschaften und altes Recht wollte Napoleon 1804 mit Hilfe einer Reform des bürgerlichen Rechts verbinden. Im Code civil, auch Code Napoleon genannt, waren Gleichheit vor dem Gesetz und Freiheit der Person, des Gewissens und der Arbeit garantiert. Allerdings wurde die Autorität des Mannes in der Familie auf Kosten von Frau und Kindern stabilisiert. So sollte „die Frau ihrem Manne Gehorsam schuldig“ sein, wo auch immer bei ihm wohnen und nicht ohne seine Ermächtigung vor Gericht gehen können. Kinder sollten bis zum 21. Lebensjahr in der Gewalt der Eltern, insbesondere des Vaters bleiben (▷ Kap. III. 6.1., M 153). Mit einer nachdrücklichen Sicherung des Eigentumsrechts beruhigte er die Bourgeoisie und die Erwerber von Nationalgütern seit 1789. So entwickelten sich die besitzenden bürgerlichen Schichten, die als größte Steuerzahler in den Departements Notabeln durch Vermögen, nicht durch Geburt waren, zur Führungsgruppe innerhalb der gesellschaftlichen Hierarchie. Dabei blieb die Hauptquelle des Reichtums und des Ansehens der Grundbesitz.

Reformen im Wirtschafts- und Handelsrecht kamen den Interessen des unternehmenden Bürgertums entgegen. Ein neues Handelsgesetzbuch schuf die Aktiengesellschaft und erweiterte die Möglichkeit, privates Kapital außerhalb der Landwirtschaft zu investieren. Ein neues Bergbaurecht, das das Eigentum am Boden von dem an den Bodenschätzen trennte, erleichterte deren Nutzung. Neben Paris stieg Straßburg zum

neuen Handelszentrum auf. Die Lyoner Textilindustrie (▷ M 122 b)) erholte sich von den Revolutionswirren und profitierte von den Verkehrswegen zu den abhängigen italienischen Gebieten. Lediglich der Atlantikhandel lag infolge des Krieges mit England darnieder. Den Arbeitern, als Verlierern bei dieser Entwicklung, blieben Zusammenschlüsse und Streiks untersagt (▷ Kap. III. 2.2., M 83). Sie mußten ein Arbeitsbuch führen, das Auskunft über ihre Beschäftigungsverhältnisse und etwaige Unregelmäßigkeiten gab.
Die Folge all dieser Maßnahmen und Umstände war ein wirtschaftlicher Aufschwung, der die Kaiserzeit als Ära der Vollbeschäftigung erscheinen ließ, in der sich auch die materielle Lage der Arbeiter besserte. Auf dem Lande nahm die Zahl der mittleren und kleinen Grundbesitzer noch zu, und man konnte auch hier von einem gewissen Wohlstand sprechen. So blieb die Epoche Napoleons weiten Bevölkerungsschichten trotz Wehrpflicht und fortdauernder Kriege fast als goldenes Zeitalter in Erinnerung.

137 **Einführung des Kaisertums** vom 28. Floréal des Jahres XII, 18. Mai 1804:

Art. 1: Die Regierung der Republik wird einem Kaiser anvertraut, der den Titel „Kaiser der Franzosen“ annimmt.
Die Rechtsprechung erfolgt im Namen des Kaisers durch die von ihm eingesetzten Beamten.
Art. 2: Napoléon Bonaparte, zur Zeit Erster Konsul der Republik, ist Kaiser der Franzosen.
Titel II: Von der Erblichkeit
Art. 3: Die Kaiserliche Würde ist erblich in der direkten, natürlichen und legitimen Linie Napoléon Bonapartes in männlicher Folge nach dem Erstgeburtsrecht und unter dauerndem Ausschluß der Frauen und ihrer Nachkommen.
Art. 4: Napoléon Bonaparte kann die Kinder oder Enkel seiner Brüder adoptieren, wenn diese das achtzehnte Lebensjahr vollendet haben, er selbst aber im Augenblick der Adoption keine männlichen Kinder hat [...]
Art. 9: Die Mitglieder der kaiserlichen Familie, in der Folge des Erbrechts, tragen den Titel „französische Prinzen“. Der älteste Sohn des Kaisers führt den Titel „Kaiserlicher Prinz“.
Art. 10: Ein Senatsbeschluß regelt den Modus der Erziehung der französischen Prinzen [...]

Geschichte in Quellen (Bd. 4). S. 581

Vergleichen Sie dieses Dekret mit der Proklamation von 1799. (Kap. III. 4.2. M 130)

138 **Die Krönungszeremonie in Notre-Dame, 2. Dezember 1804.** Aus den Memoiren der Herzogin von Abrantès, die der Feierlichkeit beiwohnte:

Ich habe Notre-Dame seitdem wiederholt bei prunkvollen, feierlichen Gelegenheiten gesehen, aber der Anblick, den die Kirche bei der Krönung Napoleons gewährte, wurde dabei nicht annähernd erreicht. Die gotischen Bogenhallen mit ihren bunten Fenstern, der Gesang der Priester, die den Segen des Höchsten auf die bevorstehende Zeremonie herabflehten, indem sie den Stellvertreter Christi erwarteten, dessen Thron neben dem Hochaltar errichtet war, die mächtigen, altersgrauen Mauern, die jetzt mit Teppichen behangen waren, in langen Reihen sämtliche Staatsbehörden, die Deputierten aller Stände Frankreichs, die als Bevollmächtigte gekommen waren, um den zu segnen, der gekrönt werden sollte, diese Tausende von wallenden Federn, die die reichen und doch strengen Kostüme der Staatsräte, Senatoren und Tribunen beschatteten, die goldstrotzenden Uniformen, die Geistlichkeit mit ihrem Pomp, in Schiff und Chor junge, schöne Frauen, strahlend von Schmuck und Edelsteinen und mit der unserem Geschlecht eigenen Eleganz gekleidet – das alles bildete einen Kranz, der einen so entzückenden Anblick darbot, wie man ihn so leicht nicht mehr sehen wird.
Der Kaiser hörte diese Rede gesammelt und würdevoll an. Als aber der Papst die Krone vom Altar nehmen wollte, ergriff Napoleon dieselbe und setzte sie sich selbst auf. In diesem Augenblick war er wahrhaft schön. Seine stets ausdrucksvollen Züge nahmen jetzt ein besonderes Feuer und Mienenspiel an. Den goldenen Lorbeerkranz, den er beim Betreten der Kirche trug, hatte er abgenommen. Die geschlossene Krone paßte vielleicht weniger gut zu seinem Gesicht, aber der Ausdruck, den sie darauf hervorrief, verlieh ihm den Glanz wahrer Schönheit.

Der Augenblick, der vielleicht die meisten Blicke nach dem Altar richtete, an dem der Kaiser stand, war der, wo Joséphine von ihm die Krone empfing und feierlich zur Kaiserin der Franzosen gekrönt wurde. Welch ein Augenblick! Welche Huldigung! Wie groß war der Beweis der Liebe, den ihr damals der Mann gab, dessen Gefühle für sie echt und innig waren [...]
Alles, was ich eben beschrieben habe, sah ich in Napoleons Augen. Voll Freude betrachtete er die Kaiserin, als sie sich ihm nahte und niederkniete, und die Tränen, die sie nicht mehr zurückhalten konnte, über ihre gefalteten Hände rollten, die sie mehr zu ihm als zu Gott erhob. Dieser Augenblick, wo Napoleon ihre eigentliche Vorsehung war, enthielt für beide einige jener Minuten, die so selten im Menschenleben sind, aber die Leere ganzer Jahre ausfüllen.

Geschichte in Quellen (Bd. 4). S. 582f.

a) Nennen Sie die politischen Absichten, die Napoleon offenbar mit der Zeremonie in ihren Einzelheiten verband.
b) Wie erklären Sie den Eindruck, den die Feier auf die Herzogin machte?

139 „Napoleon krönt sich". Skizze zum Gemälde „Die Kaiserkrönung" von J. L. David. Die Kaiserkrönung erboste viele Republikaner. David scheint dieser Stimmung Ausdruck zu geben (im Gegensatz zu M 138!).

140 Kaisertum und Christentum. Aus dem Kaiserlichen Katechismus von 1806, Lektion VII:

Frage: Welches sind die Pflichten der Christen gegenüber den Fürsten, die sie regieren, und welches sind insbesondere unsere Pflichten gegenüber Napoleon I., unserem Kaiser?
Antwort: Die Christen schulden den Fürsten, die sie regieren, und wir schulden insbesondere Napoleon I., unserem Kaiser, Liebe, Respekt, Gehorsam, Treue, Militärdienst, die Abgaben, die für die Erhaltung und Verteidigung des Kaiserreiches und seines Thrones angeordnet sind; wir schulden ihm auch inbrünstige Gebete für sein Wohlergehen und für die geistliche und weltliche Blüte des Staates.
Frage: Warum sind wir zu allen diesen Pflichten gegenüber unserem Kaiser angehalten?
Antwort: Erstens weil Gott, der die Reiche schafft und sie nach seinem Willen verteilt, unseren Kaiser mit Gaben überhäuft, im Krieg wie im Frieden, und ihn zu unserem Herrscher eingesetzt hat, ihn zum Diener seiner Macht und zu seinem Abbild auf Erden gemacht hat. Unseren Kaiser ehren und ihm dienen heißt, Gott selber ehren und dienen.
Frage: Gibt es nicht besondere Motive, die uns stärker an Napoleon I., unseren Kaiser, binden sollen?
Antwort: Ja, denn er ist der, den Gott in schwierigen Umständen aufgefordert hat, den öffentlichen Kult der heiligen Religion unserer Väter wiederherzustellen und deren Schutzherr zu sein. Er hat durch seine tiefe und tätige Weisheit die öffentliche Ordnung wiederhergestellt und erhalten; mit seinem starken Arm verteidigt er den Staat; durch die Weihe, die er durch den Allerhöchsten Pontifex, das Haupt der Universalkirche, erhalten hat, ist er der Gesalbte des Herrn geworden.
Frage: Was muß man von denen halten, die ihre Pflichten gegenüber unserem Kaiser verfehlen?
Antwort: Nach dem Apostel Paulus würden sie sich der von Gott selbst errichteten Ordnung widersetzen, und sie würden sich der ewigen Verdammnis würdig erweisen [...]

Jean-Paul Bertaud: Le Premier Empire, legs de la Révolution. Paris 1973. S. 44f. Übers. von A. Moser

Inwiefern wurden mit diesem Katechismus Lehren aus den Erfahrungen der Revolution gezogen?

141 Propaganda statt Meinungsfreiheit. Brief Napoleons an den Polizeiminister Joseph Fouché:

Mailand, 30. Floréal Jahr XIII (20. Mai 1805).
Herr Fouché, es ist mein Wille, daß von jetzt an das „Journal des débats“ nicht mehr erscheint, wenn es nicht am Abend vorher der Zensur unterzogen worden ist. Ernennen Sie einen Zensor, einen zuverlässigen, ergebenen und taktvollen Mann, dem die Besitzer der Zeitung 12000 Francs Gehalt zahlen sollen. Unter dieser Bedingung ganz allein werde ich erlauben, daß diese Zeitung weiterhin erscheint. Übrigens soll sich die Zensur nicht auf das Feuilleton oder literarische Aufsätze erstrecken, sondern nur auf die Politik und den Teil der Literatur, der in einem schlechten politischen Geist gehalten ist [...] Der schlechte Geist belebt die Redakteure. Wenn ihnen trotz der Zensur noch einmal eine solche Dummheit entschlüpft, dann kann ich die Zeitung nur verbieten. Teilen Sie diese Maßnahme auch den anderen Zeitungen mit, und machen Sie ihnen klar, daß ich, wenn sie die Absicht haben, allzu dumme, von schlechtem Geist getragene Meldungen auszustreuen, ebenso mit ihren Blättern verfahren werde. Jede unangenehme und für Frankreich unheilvolle Meldung müssen sie in Quarantäne nehmen, denn sie müssen immer den Verdacht haben, sie sei von den Engländern diktiert.
Napoleon

Geschichte in Quellen (Bd. 4). S. 606f.

Nehmen Sie zur Rechtfertigung der Maßnahmen Stellung.

142 Der Überwachungsstaat. Joseph Fouché in seinen Memoiren, veröffentlicht 1824:

Ich schlug Napoleon vor, anläßlich der bevorstehenden Feierlichkeit seiner Heirat [mit Marie Louise von Österreich 1810] einen Teil der Staatsgefangenen in Freiheit zu setzen und eine große Zahl der Überwachungen aufzuheben. Anstatt meinem Vorschlag beizutreten, erhob er sich mit geheuchelter Menschlichkeit gegen die beklagenswerte Willkür, die die Polizei ausübe, und sagte mir, er habe daran gedacht, dem ein Ende zu setzen. Zwei Tage später schickte er mir den Entwurf eines Berichts in meinem Namen und das kaiserliche Dekret, das an Stelle eines Staatsgefängnisses deren sechs einrichtete und außerdem festsetzte, daß künftig eine Person nur noch kraft einer Entscheidung des Privaten Rates festgesetzt werden könne. Das war bitterer Hohn, denn der Private Rat war nichts anderes als der Wille des Kaisers. [...] Daran sieht man, wie Napoleon dem Problem auswich, den illegalen Verhaftungen ein Ende zu setzen, und wie er die ganze Häßlichkeit der willkürlichen Festnahmen auf die Polizei zurückfallen lassen wollte. Er nötigte mich auch dazu, ihm eine Liste der Personen vorzulegen, die überwacht wurden.
Die Überwachung war eine sehr erträgliche Polizeimaßnahme, die ich eben dazu ausgedacht hatte, um zahlreiche Opfer den Härten der willkürlichen Festnahme zu entziehen. Denn die bezahlten Denunzianten, die ich nur mit Mühe in gewissen Schranken halten konnte, meldeten und verfolgten täglich solche Opfer. [...]
In meiner zweiten Amtszeit hatte ich die folgende alte Polizeimaxime wieder aufleben lassen: drei Männer konnten sich nicht versammeln und in indiskreter Weise über die öffentlichen Angelegenheiten sprechen, ohne daß am nächsten Tag der Polizeiminister darüber informiert gewesen wäre. Es ist sicher, daß ich die Geschicklichkeit besaß, auszustreuen und glauben zu machen, daß überall, wo vier Leute zusammentrafen, Augen zu sehen und Ohren zu hören in meinem Sold zugegen waren. Zweifellos hing ein solcher Glaube auch mit der Korruption und der allgemeinen Erniedrigung zusammen; doch auf der anderen Seite, wieviel Leid, wieviel Bedauern und Tränen hat er nicht erspart!

Napoleon et l'Etat. La Documentation Photographique Nr. 6082. La Documentation française. Paris 1986. S. 20. Übers. von A. Moser

a) Suchen Sie Gründe für die Entwicklung zum Polizeistaat (▷ auch die Zeittafel zu Kap. III. 5.2.).
b) Berücksichtigen Sie bei der Bewertung dieser Quelle den Verfasser und den Zeitpunkt der Niederschrift.

143 **Unterdrückung sozialer Konflikte.** Beim Bau des Triumphbogens in Paris antwortet der Polizeipräfekt den Zimmerleuten auf ihre Forderung nach höheren Löhnen am 18. März 1810:

Der Staatsrat und Polizeipräfekt ist über Ihr Verhalten empört. Sie haben die Güte der Regierung mißbraucht. Sie haben 18 Francs pro Tag gefordert, und schon haben mehrere von Euch gewagt zu sagen, sie würden 24 Francs verlangen. Es ist Zeit, daß ein solcher Mißbrauch aufhört. Sie werden nur noch 4 Francs pro Tag erhalten. Der Staatsrat und Polizeipräfekt stellt Sie alle unter Dienstverpflichtung, es ist Ihnen unter Strafe für Ungehorsam verboten, die Baustellen zu verlassen.
Herr Architekt Chalgrin und die Bauunternehmer werden noch heute dem Herrn Staatsrat und Polizeipräfekten die Kontrolle aller Arbeiter übertragen, die beim Triumphbogen beschäftigt sind. Wer die Baustelle verläßt, wird festgenommen und wird nie mehr die Erlaubnis erhalten, in Paris zu arbeiten. Nach der Festnahme, die gegen ihn ausgesprochen werden wird, wird er von der Gendarmerie in seine Heimatgemeinde zurückgeschickt werden. Herr Veyrat wird den Kommandanten des Departements auffordern, jeden, der sich dem vorliegenden Befehl widersetzt, zu verhaften und vor uns zu führen.

J.-P. Bertaud: Le Premier Empire. S. 26. Übers. von A. Moser

Schließen Sie aus dem Text auf die soziale Lage der Arbeiter und die Einstellung der napoleonischen Regierung dazu.

♦

16. Man hat das Herrschaftssystem Napoleon Bonapartes „Bonapartismus" genannt. Nennen Sie die wesentlichen Merkmale dieses Systems.

17. Vergleichen Sie Napoleons System mit anderen Diktaturen der Vergangenheit oder Gegenwart, indem Sie Ähnlichkeiten und Unterschiede herausstellen.

144 Das Empire

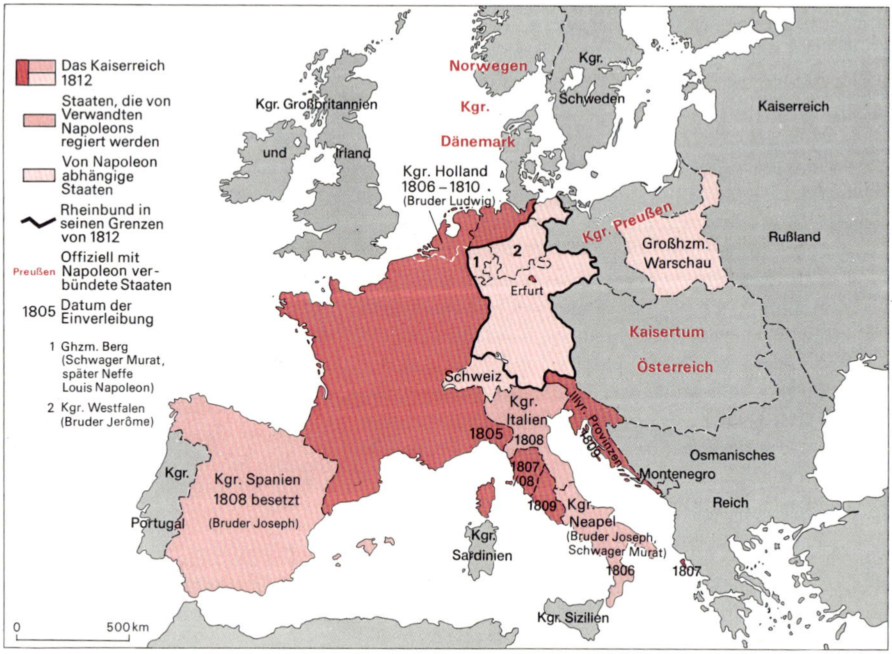

5.2. Herrschaft über Europa

Ende 1798 – März 1802	Zweiter Krieg gegen eine Koalition europäischer Staaten (u.a. England, Österreich)
1801	
9. Februar	Frankreich schließt mit Österreich den Frieden von Lunéville, der den Frieden von Campo Formio bestätigt.
1802	
25. März	Frankreich schließt mit England den Frieden von Amiens. Frankreich gibt Ägypten auf, England gibt die überseeischen Kolonien zurück.
1803	Neuordnung Deutschlands im Reichsdeputationshauptschluß
1805	Frankreich führt den dritten Koalitionskrieg. Er endet mit dem Frieden von Preßburg, in dem Österreich weitere Gebiete verliert.
1806	Frankreich führt den vierten Koalitionskrieg. Er endet für das isolierte Preußen mit dem Frieden von Tilsit.
12. Juli	Napoleon wird Protektor des Rheinbundes, eines Verbandes deutscher Satellitenstaaten.
21. November	Napoleon verfügt mit dem Dekret von Berlin die Kontinentalsperre gegen England.
1809	Frankreich führt den fünften Koalitionskrieg: Preußen und Österreich werden in das napoleonische System einbezogen.
1812	Das Große Kaiserreich erreicht seine größte Ausdehnung. Frankreich beginnt den sechsten Koalitionskrieg mit dem Einmarsch in Rußland.
1813/14	Frankreich wird im siebten Koalitionskrieg, in Deutschland Befreiungskrieg genannt, auf die Grenzen von 1792 zurückgeworfen.
1814	
6. April	Napoleon dankt ab und geht auf die Insel Elba.
1815	
1. März	Napoleon kehrt zurück: Herrschaft der Hundert Tage
18. Juni	Das französische Heer wird bei Waterloo besiegt.
22. Juni	Napoleon dankt erneut ab und wird auf die Insel Sankt Helena verbannt, wo er 1821 stirbt.

Hegemonialstreben

Auch nach dem Staatsstreich Bonapartes 1799 führte die europäische Koalition ohne Rußland den Krieg gegen Frankreich fort, wurde aber nach Rückschlägen in Deutschland und Italien zum Frieden von Lunéville und später zum Frieden von Amiens gezwungen. In Frankreich rief das Kriegsende große Begeisterung hervor. Im Frieden von Lunéville mußten Österreich und das Reich die französischen Tochterrepubliken anerkennen und in die Abtretung des linken Rheinufers an Frankreich einwilligen. Die Neuordnung Deutschlands, die Frankreich und Rußland praktisch diktierten, wurde 1803 im Reichsdeputationshauptschluß festgelegt. Kerngedanken waren die Mediatisierung, die Beseitigung kleiner und kleinster reichsunmittelbarer Territorien durch Einverleibung in wenige größere, und die Säkularisation, also die Aufhebung der geistlichen Territorien. Die Zahl der reichsunmittelbaren staatlichen Einheiten wurde damit von etwa 350 auf 35 reduziert. Hauptgewinner waren die süddeutschen Mittelstaaten und Preußen. Die deutsche Landkarte war damit bis zum preußisch-österreichischen Krieg von 1866, teilweise bis 1945, neu festgelegt. Doch bereits 1803 ging der Konflikt zwischen Napoleon und England weiter. Rußland, das das gleiche Interesse an der Wiederherstellung des europäischen Gleichgewichts hatte wie England, und Österreich schlossen sich dieser dritten Koalition an, die von Napoleon in der Drei-Kaiser-Schlacht von Austerlitz 1805 zerschlagen wurde. Erneut war Deutschland der Hauptschauplatz des Krieges.

145 Napoleon 1806 in Berlin. Ausschnitt aus einer Skizze des Augenzeugen Benjamin Zix. Nach seinem Einzug am 27. Oktober 1806 in Berlin verkündete Napoleon von hier aus die Kontinentalsperre mit dem Berliner Dekret. Der preußische König Friedrich Wilhelm III. hatte sich nach Tilsit in Ostpreußen zurückgezogen. Die beiden Gebäude, Oper und Hedwigs-Kathedrale, zeugten noch vom Ruhm Friedrichs des Großen.
Beschreiben Sie die Szene und versuchen Sie den Volksauflauf zu erklären.

Mit 16 deutschen Mittel- und Kleinstaaten gründete Napoleon 1806 den Rheinbund unter seinem Protektorat. In seiner Außen- und Militärpolitik war der Rheinbund völlig an Napoleons Willen gebunden, der durch die Einführung des Code civil auch eine Anpassung der inneren Verhältnisse der Staaten an das französische Vorbild forderte. Kaiser Franz II. (1792–1806), der schon 1804 den Titel „Kaiser von Österreich" angenommen hatte, legte auf Verlangen Napoleons 1806 die römische Kaiserkrone nieder. Das Heilige Römische Reich deutscher Nation war damit am Ende.
Preußen, das sich seit dem Frieden von Basel neutral verhalten hatte, forderte den Abzug der französischen Truppen rechts des Rheins und die Auflösung des Rheinbundes. Napoleon reagierte darauf mit der Eröffnung des vierten Koalitionskrieges, der zur Besetzung Berlins und zum Anschluß der norddeutschen Staaten an den Rheinbund führte. Nun blieb England der Hauptgegner des napoleonischen Frankreich.

Kontinentalsperre

Den Gedanken an eine militärische Invasion Englands hatte Napoleon fallenlassen müssen, weil Frankreich zur See unterlegen war. Statt dessen faßte er den Plan, England durch einen Wirtschaftskrieg zu besiegen, indem er den europäischen Kontinent gegen den englischen Handel sperrte. Auf Grund dieser im Dezember 1806 in Berlin verkündeten Kontinentalsperre wurden alle englischen Waren beschlagnahmt, zum Teil öffentlich verbrannt, und Schiffe, die aus England kamen, aufgebracht. Die Verbündeten und die abhängigen Staaten mußten sich der Blockade anschließen, die nur funktionieren konnte, wenn alle europäischen Staaten ihre Häfen und Küsten sperrten. Die Ausschaltung englischer Konkurrenz begünstigte zwar die französischen Manufakturen – auch diejenigen von Krefeld oder Aachen –, aber an der Atlantik- und an der Mittelmeerküste litt man unter der Kontinentalsperre, so daß Napoleon den

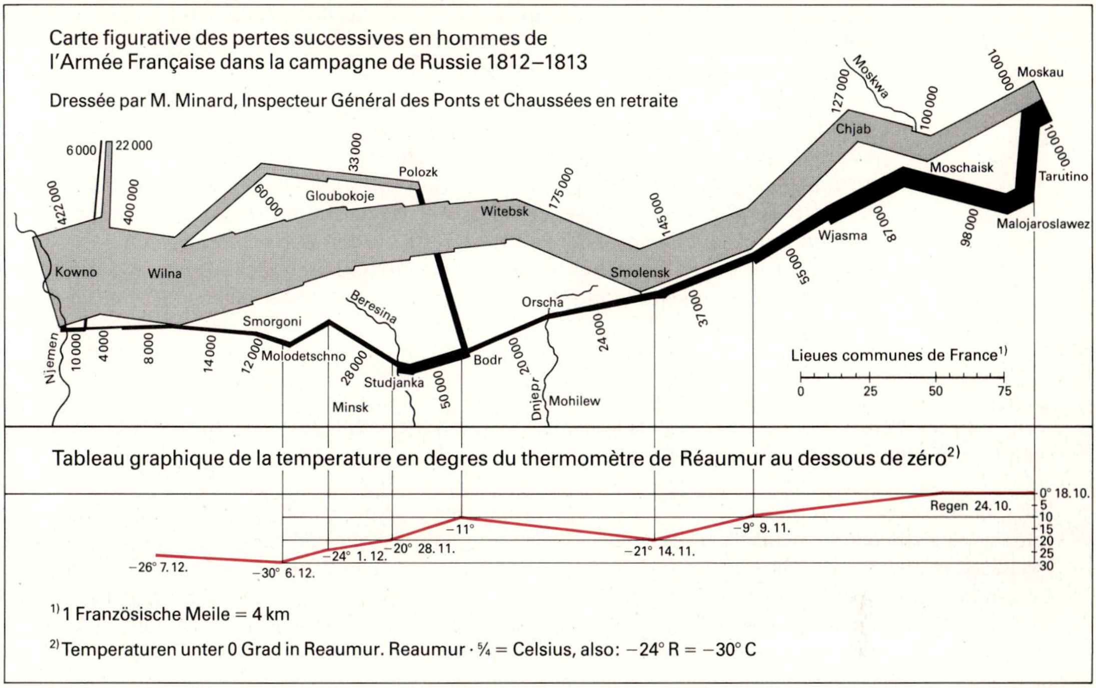

146 Die Verluste der „Grande Armee“ Napoleons I. im Rußlandfeldzug 1812–1813. Schaubild nach der graphischen Darstellung des französischen Ingenieurs Charles Joseph Minard (1781–1870). Grau: der Feldzug bis zur Einnahme Moskaus; schwarz: der Rückzug. Am 24. Juni 1812 überschritt Napoleon mit der Großen Armee den Njemen, nach der Darstellung Minards mit 422 000 Mann. Nur 10 000 Mann kehrten am 11. Dezember desselben Jahres an den Ausgangspunkt zurück.
Ziehen Sie Rückschlüsse aus den jeweiligen Zahlen der Armeestärke auf den Verlauf des Feldzuges. – Vergleichen Sie die Verluste der „Großen Armee“ mit denen der Schreckensherrschaft (▷ Kap. III. 3.2., M 114).

hart betroffenen Häfen sogar einen begrenzten Handel mit Kolonialwaren erlauben mußte, auf denen allerdings hohe Zölle lagen. Obwohl sie nie lückenlos funktionierte, belastete die Sperre die Bevölkerung und die Wirtschaft des europäischen Festlandes. Und um Lücken in der Blockade zu schließen, war Napoleon immer wieder zu weiteren Besetzungen und Annexionen gezwungen. Das Imperium war auf dem Gipfel und Wendepunkt seiner Macht angekommen.

Das Ende

Bei dem Versuch, Spanien durch Besetzung in das napoleonische System und die Blockade einzubeziehen, löste die französische Armee 1808 einen erbitterten Kleinkrieg – Guerilla – der einheimischen Bevölkerung aus, der schließlich von einer englischen Armee unterstützt wurde. Die Erfolglosigkeit der französischen Armee in Spanien erschütterte den Ruf der Unbesiegbarkeit Napoleons. Österreich erhob sich erneut und kämpfte einen verlustreichen Krieg, der ebenfalls von einer starken nationalen Strömung getragen war. Auch Rußlands Interessen litten unter der Kontinentalsperre, da Frankreich nicht in der Lage war, den englischen Markt und englische Produkte zu ersetzen und die französischen Luxusprodukte die russische Handelsbilanz belasteten. Als der Zar die Sperre brach, entschloß sich Napoleon, das Land zu besetzen.

Mit dem bisher größten Heer Europas, zu dem alle Vasallenstaaten große Kontingente stellen mußten, fiel Napoleon im Juni 1812 in Rußland ein. Die Weite des Landes und der Einbruch des Winters führten das Heer trotz der Eroberung Moskaus in eine Katastrophe. Als der Zusammenbruch offensichtlich war, schloß sich Preußen im Februar 1813, Österreich ein halbes Jahr später, der Koalition gegen Napoleon an. Die Niederlage gegen die alliierten Truppen in der „Völkerschlacht bei Leipzig“ im Oktober 1813

besiegelte das Ende des napoleonischen Imperiums außerhalb Frankreichs. Im März 1814 schließlich marschierten die Verbündeten in Paris ein, zwangen Napoleon zur Abdankung und verbannten ihn auf die Insel Elba.
Die durch über 20jährigen Krieg verursachten Verluste an Menschenleben und an wirtschaftlichen Belastungen hatten auch in Frankreich die nationale Begeisterung gedämpft, so daß die Ausschaltung Napoleons eher als Erleichterung empfunden wurde. Die Bourbonen kehrten zurück, ein Bruder Ludwigs XVI. wurde als Ludwig XVIII. (1814–1824) König. Das Zeitalter der Restauration begann, nur kurz unterbrochen durch die Episode der Hundert Tage, in denen Napoleon von Elba zurückkehrte und erneut zu herrschen versuchte. Seine Niederlage bei Waterloo 1815 bedeutete das Ende und seine endgültige Verbannung nach St. Helena.

147 **Aufbau von Satellitenstaaten.** Brief Napoleons an seinen Schwager Joachim Murat (1767–1815), den künftigen Großherzog von Berg und Kleve:

Paris, 15. März 1806.
In der Anlage finden Sie die Proklamation, die Sie zwei Tage, nachdem Sie die Herzogtümer Kleve und Berg in Besitz genommen haben, anschlagen lassen werden, also am 23. oder 24. des Monats. Der Titel, den Sie bei allen Ihren Amtshandlungen führen werden, lautet: Joachim, Prinz und Großadmiral von Frankreich, Herzog von Berg und Kleve. Lassen Sie sofort die Wappen von Bayern und von Preußen entfernen, und ersetzen Sie diese im Herzogtum Berg vorläufig durch das von Berg, im Herzogtum Kleve durch das von Kleve. Ich lasse Ihnen unverzüglich das Wappen zugehen, das Sie führen sollen. Lassen Sie aber nirgends französische Wappen anbringen. Bei keiner Ihrer Handlungen dürfen Sie weiterhin den Namen Murat führen.
Napoleon

Geschichte in Quellen (Bd. 4). S. 584

Welche politischen Absichten werden deutlich?

148 **Grand Empire oder Vereinigtes Europa?**

a) Das Grand Empire. In einem Brief an seinen Außenminister Charles Maurice de Talleyrand (1797–1807) schreibt Napoleon am 3. März 1806:
Herr Talleyrand, ich sende Ihnen Ihre Korrespondenz zurück. Ich habe alles behalten, was sich auf den Organisationsplan des Grand Empire bezieht. Je mehr ich von dem lese, was Sie mir zu diesem Projekt vorschlagen, desto klarer sehe ich, daß noch nichts reif ist. Es fehlen mir noch viele Angaben. Es wäre leicht, sich diese zu beschaffen. Alquier[1] in Neapel und Dauchy[2] in Venedig könnten die nötigen Nachforschungen ohne großes Aufheben anstellen. In beiden Ländern gibt es Lehen, die mit den Souveränen fallen; jedes Jahr erlöschen einige. Ich habe die Absicht, mich aller zu bemächtigen, um sie als Belohnung an meine Offiziere vergeben zu können. Zu diesem Zweck käme noch hinzu, daß diese Lehen in der Hand von Franzosen für den neuen König eine Umgebung bildeten, wofür seine militärische Macht nicht ausreichend wäre. [...]
Napoleon

Geschichte in Quellen (Bd. 4). S. 583 f.

1) Gesandter in Neapel
2) Konsul in Venedig

b) Aus der Verfassung des Königreichs Westfalen, 1807. Als Napoleon seinen Bruder Jérôme zum König von Westfalen machte, schickte er ihm eine Verfassung für das neue Königreich.
Art. 10: Das Königreich von Westfalen wird von einer Verfassung beherrscht werden, die die Gleichheit aller Untertanen vor dem Gesetz und die freie Religionsausübung garantiert.
Art. 11: Die Stände der Länder, aus denen sich das Königreich Westfalen zusammensetzt, und alle politischen Korporationen und Privilegien dieser Korpo-

rationen, Städte und Provinzen sind abgeschafft.

Art. 12: Alle individuellen Privilegien sind abgeschafft.

Art. 13: Alle Abhängigkeit, von welcher Art und Weise auch immer, ist abgeschafft, alle Einwohner des Königreichs Westfalen genießen die gleichen Rechte.

Art. 14: Der Adel kann in seiner alten Struktur weiterbestehen, aber ohne irgendein ausschließliches Anrecht auf eine bestimmte Funktion oder Würde zu besitzen. Er trägt auch in gleicher Weise zu den öffentlichen Leistungen bei.

Art. 15: Die Statuten der Abteien, Klöster und Adelsstifte werden abgeändert, so daß es jedem Untertan möglich ist, um Eintritt nachzusuchen.

Art. 16: Die Steuern sind in allen Teilen des Königreiches die gleichen. Die Grundrente wird 5% des Einkommens nicht übersteigen.

Art. 17: Das Münzsystem und das System der Maße und Gewichte, das jetzt in Frankreich üblich ist, wird auch in Westfalen eingeführt.

V. Wittmütz: Die Französische Revolution. S. 71

c) Ein vereinigtes Europa unter französischer Hegemonie? Auf Sankt Helena äußerte sich Napoleon über die Veränderung Europas rückblickend am 11. November 1816:

Einer meiner größten Gedanken war die geographische Agglomeration, die Konzentration derselben Völker, welche Revolutionen und Politik zerstreut und zerkleinert haben. Man zählt in Europa, wenn auch zerstreut, mehr als dreißig Millionen Franzosen, fünfzehn Millionen Spanier, fünfzehn Millionen Italiener, dreißig Millionen Deutsche. Ich hätte gern aus jedem dieser Völker ein ganzes gemacht und sogar einen nationalen Körper. Es wäre schön gewesen, mit einem solchen Nationengefolge in die Nachwelt zu schreiten und in den Segen der Jahrhunderte. Ich hielt mich eines solchen Ruhmes für würdig.

Nach einer solchen summarischen Vereinfachung, [bemerkte der Kaiser] wäre es wohl möglich gewesen, sich mit der Chimäre [Trugbild] des schönen Ideals der Zivilisation zu beschäftigen: Bei einem solchen Stand der Dinge hätte man mehr Aussichten gehabt, die Einheit der Gesetzbücher, der Prinzipien, der Meinungen, der Gefühle, der Ansichten und der Interessen zu erreichen. Und dann vielleicht, dank dem überall leuchtenden Licht, würde es erlaubt sein für die große europäische Familie, von dem Eifer des amerikanischen Kongresses oder jener griechischen Amphiktionien[1] zu träumen; und welche Perspektive von Kraft, Größe, Genuß und Blüte tut sich auf, welch großartiges und prachtvolles Schauspiel!

Geschichte in Quellen (Bd. 4). S. 589

1) Kultischer Zusammenschluß griechischer Städte im Altertum.

Vergleichen Sie die verschiedenen Aspekte napoleonischer Eroberungspolitik, die aus den drei Texten ersichtlich sind. Beachten Sie dabei den Zeitpunkt der Abfassung.

18. Vergleichen Sie Napoleons Hegemonialstreben über Europa mit dem anderer Herrscher oder Mächte im Lauf der europäischen Geschichte der letzten drei Jahrhunderte (z. B. Ludwigs XIV., Hitlers).

6. Gleichheit – Theorie und Praxis

In den philosophischen Entwürfen der Aufklärung mit ihren Forderungen nach Freiheit, Gleichheit und Menschenrechten hatte die praktische Gleichstellung von Frauen, Juden oder Farbigen eine untergeordnete Rolle gespielt. So dürfen auch Menschenrechtserklärungen und revolutionäre Schlagworte nicht darüber hinwegtäuschen, daß es auch nach 1789 große gesellschaftliche Gruppen gab, deren bürgerliche Gleichstellung nie ernsthaft ins Auge gefaßt oder nur zögernd nachgeholt wurde. Oft wurden nach endlosen Debatten zwar Grundsatzentscheidungen getroffen, jedoch keine Maßnahmen zur praktischen Verwirklichung beschlossen.

6.1. Frauen in der Revolution

Frauen im öffentlichen Leben

Im öffentlichen Leben, ob weltlich oder geistlich, hatte man den Frauen vor 1789 keine aktive Rolle eingeräumt. Sie waren ihrem Vater oder ihrem Mann untertan und auf seinen Schutz angewiesen. Ihre Aufgabe bestand im wesentlichen in der leiblichen Versorgung der Familie. Auch die Philosophen der Aufklärung fanden wenig daran auszusetzen, daß der Wirkungsbereich der Frau auf das eigene Haus oder Geschäft beschränkt war. In der Französischen Revolution meldeten sich Frauen erst zu Wort, als ihr Zuständigkeitsbereich berührt wurde, und das hieß in Frankreich, als das Brot knapp und teuer wurde – später auch die Seife für die Waschfrauen – und sie in Paris und anderen Städten vor den Läden oft vergeblich Schlange stehen mußten (▷ Kap. III. 2.2.). Da, wo Hunderte oder Tausende von Frauen sich als Betroffene erlebten, begannen sie ihren Unmut zu äußern und wurden von revolutionären Politikern als Macht entdeckt, die man einsetzen konnte. So beteiligten sie sich am Sturm auf die Bastille, vor allem aber am Zug nach Versailles im Oktober 1789, als sie die nach Paris eingeholte königliche Familie: König, Königin und Kronprinz bezeichnenderweise ihren Bäcker, ihre Bäckerin und ihren Bäckerjungen nannten. An den Unruhen und Brotaktionen der Krise von 1792/93 hatten Frauen besonderen Anteil.

Frauen im Arbeitsleben

Vor allem in den Städten gab es viele Frauen, die als Wäscherinnen oder als Heimarbeiterinnen im Textilgewerbe ihren Unterhalt verdienten oder das Familieneinkommen ergänzten und daher die Auswirkungen politischer und wirtschaftlicher Entwicklungen auch als Arbeiterinnen verspürten. Diese Frauen hatten die Aufhebung der Zünfte in der ersten Revolutionsphase als eine Verbesserung ihrer Arbeitsmöglichkeiten begrüßt. In negativer Weise änderte die Revolution die Lebensbedingungen von zahlreichen Frauen, die als Bedienstete des Adels arbeitslos wurden, als dieser emigrierte. Auch die Auflösung der Klöster brachte Zehntausende von Frauen ins zivile Leben mit seinen Freiheiten und Nöten. Der Krieg, insbesondere nach der levée en masse, zwang eine große Zahl von Frauen, ihren und ihrer Kinder Lebensunterhalt allein zu verdienen. Gleichzeitig gab es allerdings auch mehr Frauenarbeitsplätze bei der Versorgung der Armee und bei sozialen Diensten.

Politisch aktive Frauen

Alle diese Frauen engagierten sich indessen wenig für eine Gleichberechtigung der Frauen; dazu waren sie zu sehr mit ihren Alltagssorgen beschäftigt und auch zu wenig gebildet. Politisch aktiver waren Frauen, bei denen es in normalen Zeiten zum täglichen Brot reichte und die ausreichend lesen und schreiben konnten. Solche Frauen gingen auch eigene Wege, um ihre Rechte und die Möglichkeiten politischer Beteiligung zu erweitern. Eine wesentliche Rolle spielten dabei Klubs und Zeitschriften. Besonders in den Provinzen entstanden einige reine Frauenklubs, während die politischen Klubs in Paris im allgemeinen Männerklubs waren, zu denen auch Frauen Zugang hatten. In manchen dieser Klubs konnten sie an den Debatten teilnehmen, in anderen nur zuhören. Der bekannteste unter den reinen Frauenklubs in Paris war die „Pariser Gesellschaft der revolutionären Republikanerinnen“ zwischen Mai und September 1793, die 200 bis 300 Mitglieder zählte und unter anderem für den Kriegs-

149 „Patriotischer Frauenclub". Gouache, Paris 1791. Der Text darunter lautete: „[...] Man versammelte sich zweimal wöchentlich, die Präsidentin verlas die Sitzungsprotokolle des Nationalkonvents, dessen Beschlüssen man Beifall oder Kritik zollte. Aus Wohltätigkeitseifer veranstalteten die Damen unter sich eine Sammlung und verteilten den Erlös an hilfsbedürftige Familien guter Patrioten."

dienst der Frauen eintrat. Tatsächlich kämpften einzelne Frauen in den Revolutionsarmeen mit.

Wie in den gemischten Klubs erreichten die Frauen selbst in den Sektionsversammlungen der Sansculotten kein volles Stimmrecht. Denn Sansculotten und Jakobiner hielten am herkömmlichen Frauen- und Familienbild fest und änderten auch das Güter- und Privatrecht nur wenig zugunsten der Frauen. Im Oktober 1793 wurden die Frauenklubs aufgelöst und Frauen, die den Girondisten nahestanden, hingerichtet. Im Frühjahr 1794 schloß der Konvent Frauen von politischen Versammlungen aus. Nach den letzten sozialen Unruhen von 1795 wurden viele Frauen verfolgt. Am Ende der Entwicklung stand die patriarchalische Eheregelung des Code Napoleon.

150 **Erklärung der Rechte der Frau und Bürgerin.** Im September 1791 widmete Olympe de Gouges der Königin die folgende Erklärung, von der sie wünschte, daß die Nationalversammlung sie verabschiede.

Präambel

Die Mütter, die Töchter, die Schwestern, Vertreterinnen der Nation, verlangen als Nationalversammlung konstituiert zu werden. In Anbetracht dessen, daß Unkenntnis, Vernachlässigung oder Mißachtung der Rechte der Frau die alleinigen Ursachen öffentlichen Unbills und der Verderbtheit der Regierenden sind, haben sie beschlossen, in einer feierlichen Erklärung die natürlichen, unveräußerlichen und heiligen Rechte der Frau darzulegen. [...]

Art. I Die Frau wird frei geboren und bleibt dem Manne ebenbürtig in allen Rechten. Unterschiede im Bereiche der Gesellschaft können nur im Gemeinwohl begründet sein.

Art. IV Freiheit und Gerechtigkeit beruhen darauf, daß dem andern abgegolten wird, was ihm zusteht. So stößt die Frau bei der Wahrnehmung ihrer natürlichen Rechte nur an die ihr von der Tyrannei des Mannes gesetzten Grenzen; diese müssen durch die von Natur und Vernunft diktierten Gesetze neu gezogen werden.

Art. VI Das Gesetz soll Ausdruck des Willens aller sein; alle Bürgerinnen und Bürger sollen persönlich oder über ihre Vertreter zu seiner Entstehung beitragen, für alle sollen die gleichen Bedingungen Geltung haben.

Art. X Niemand darf wegen seiner Meinung, selbst in Fragen grundsätzlicher Natur, Nachteile erleiden.

Die Frau hat das Recht, das Schafott zu besteigen, gleichermaßen muß ihr das Recht zugestanden werden, eine Rednertribüne zu besteigen, sofern sie nicht in Wort und Tat die vom Gesetz garantierte öffentliche Ordnung stört.

Art. XI Die freie Gedanken- und Meinungsäußerung ist eines der kostbarsten Rechte der Frau, gewährleistet diese Freiheit doch auch die gesetzliche Vaterschaft. Jede Bürgerin kann demnach ohne Einschränkung sagen: „Ich bin die Mutter eines Kindes, das von Euch stammt“, ohne daß ein barbarisches Vorurteil sie dazu zwänge, die wahren Umstände geheimzuhalten. [...]

Art. XIII Zum Unterhalt der öffentlichen Kräfte und Einrichtungen tragen Frau und Mann im gleichen Umfange bei. Zu Fron und lästigen Pflichten wird die Frau ohne Unterschied beigezogen und muß deshalb bei der Zuteilung von Stellungen und Würden, in niedern wie in höheren Ämtern sowie im Gewerbe, ebenso berücksichtigt werden.

Art. XIV Die Bürgerinnen und Bürger haben das Recht, sich persönlich oder durch ihre Vertreter über die Notwendigkeit öffentlicher Abgaben ein Bild zu machen. Die Bürgerinnen können allerdings nur ihre Zustimmung geben, wenn sie in gleichem Maße nicht nur an Vermögenswerten, sondern auch an der öffentlichen Verwaltung beteiligt werden sowie an der Festsetzung von Höhe, Veranlagung, Entrichtung und Dauer der Steuer mitwirken.

Olympe de Gouges: Schriften. Hrsg. von Monika Dillier/V. Mostowlansky/R. Wyss. Basel-Frankfurt 1980. S. 40–44

a) Zählen Sie die Rechte auf, die Frauen nicht gewährt wurden.
b) Wie ist diese Ungleichbehandlung der Frauen in der Politik zu erklären?

151 Olympe de Gouges (= Marie Aubry), 1755 in Montauban geboren, trat in Paris als Theaterautorin und politische Schriftstellerin hervor. Unter ihren Stücken befaßte sich auch eines mit dem Thema der Negersklaverei. Ab 1789 war sie politisch aktiv, kam mit dem Philosophen Condorcet in Kontakt, der zu Beginn der Revolution ebenfalls für politische Rechte der Frauen eingetreten war. Sie begründete eine republikanische Frauengesellschaft. Nachdem sie Robespierre öffentlich kritisiert hatte, wurde sie am 4. November 1793 hingerichtet.

152 **Politik ist Männersache.** Nach der Auflösung aller Frauenklubs durch den Konvent am 30. Oktober 1793 erklärte der Jakobiner Chaumette protestierenden Frauen:

Seit wann ist es den Frauen gestattet, ihr Geschlecht abzuschwören und sich zu Männern zu machen? Seit wann ist es Gebrauch, sie die fromme Sorge ihres Haushaltes, die Wiege ihrer Kinder verlassen zu sehen, um auf die öffentlichen Plätze zu kommen, von der Tribüne herab Reden zu halten, in die Reihe der Truppen zu treten, mit einem Worte Pflichten zu erfüllen, welche die Natur dem Manne allein zugeteilt hat? – Die Natur hat zu dem Manne gesagt: Sei Mann! Die Wettrennen, die Jagd, der Ackerbau, die Politik und die Anstrengungen aller Art sind dein Vorrecht! Sie hat zu dem Weibe gesagt: Sei Weib! Die Sorge für deine Kinder, die Details des Haushaltes, die süße Unruhe der Mutterschaft, das sind deine Arbeiten! Unkluge Frauen, warum wollt ihr Männer werden? Sind die Menschen nicht genug geteilt? Was bedürft ihr mehr? Im Namen der Natur, bleibt, was ihr seid; und weit entfernt, uns um die Gefahren eines so stürmischen Lebens zu beneiden, begnügt euch damit, sie uns im Schoße unserer Familien vergessen zu machen, indem ihr unsere Augen ruhen lasset auf dem entzückenden Schauspiel unserer durch eure zärtliche Sorge glücklichen Kinder.

R. Ferrari/A. Kuhn/W. Wirtz-Weinrich: Frauen fordern ihre Rechte (1789–1795), in: Helga Grubitzsch/H. Cyrus/E. Haarbusch (Hrsg.): Grenzgängerinnen. Revolutionäre Frauen im 18. und 19. Jahrhundert. Weibliche Wirklichkeit und männliche Phantasien. Düsseldorf 1985. S. 278

Beschreiben Sie das Weltbild dieser Erklärung und nehmen Sie dazu Stellung.

153 Familienrechtliche Bestimmungen des Code civil, 1804

Von der Ehe

Art. 144: Der Mann kann vor vollendetem achtzehnten, das Weib vor zurückgelegtem fünfzehnten Jahre keine Ehe eingehen.

Art. 148: Kein Sohn darf vor zurückgelegtem fünfundzwanzigsten und keine Tochter vor erfülltem einundzwanzigsten Jahre ohne Einwilligung beider Eltern heiraten. Sind die Eltern diesfalls uneinig, so ist die Einwilligung des Vaters hinreichend.

Art. 151: Eheliche Kinder, die das im 148. Artikel bestimmte Alter der Volljährigkeit erreicht haben, sind verbunden, ehe sie heiraten, sich den Rat ihres Vaters und ihrer Mutter oder, wenn Vater und Mutter tot oder unfähig sind, ihren Willen zu erklären, den Rat ihrer Großväter und Großmütter durch ein ehrerbietiges Gesuch förmlich zu erbitten.

Art. 153: Nach vollendetem dreißigsten Jahre darf man, wenn die Einwilligung auf das erste ehrerbietige Gesuch nicht erfolgt, einen Monat nachher zur Ehe schreiten.

Von den wechselseitigen Rechten und Pflichten der Ehegatten

Art. 212: Die Ehegatten sind sich einander Treue, Hilfe und Beistand schuldig.

Art. 213: Der Ehemann ist seiner Ehegattin Schutz und die Gattin ihrem Manne Gehorsam schuldig.

Art. 214: Die Ehefrau ist verbunden, bei dem Manne zu wohnen und ihm überall hinzufolgen, wo er sich niederzulassen für gut findet. Der Mann ist schuldig, sie aufzunehmen und ihr alle Lebensbedürfnisse nach seinem Vermögen und Stande zu reichen.

Art. 215: Die Frau kann ohne ausdrückliche Genehmigung ihres Mannes sich nicht vor Gericht stellen, selbst dann nicht, wenn sie eine Handelsfrau ist oder mit ihrem Manne außer der Gütergemeinschaft oder in geteilten Gütern lebt.

Art. 216: Die Genehmigung des Mannes ist jedoch nicht erforderlich, wenn die Frau in Kriminal- oder Polizeisachen in Untersuchung geraten ist.

Art. 217: Selbst eine außer der Gütergemeinschaft oder in getrennten Gütern lebende Ehefrau kann nichts verschenken, veräußern, verpfänden noch auf irgendeine Art unentgeltlich oder durch wechselseitigen Vertrag erwerben, wenn nicht der Ehemann bei der Verhandlung selbst mitgewirkt oder seine Einwilligung schriftlich erklärt hat.

Von der Ehescheidung

Art. 229: Der Mann kann wegen eines von seiner Frau begangenen Ehebruchs auf Ehescheidung klagen.

Art. 230: Die Frau aber ist wegen eines von ihrem Manne begangenen Ehebruchs auf Ehescheidung zu klagen nur dann befugt, wenn er sich eine Beischläferin in dem Hause gehalten hat, das beide Ehegatten bewohnen.

Von der väterlichen Gewalt

Art. 371: Ein Kind ist in jedem Alter seinen Eltern Achtung und Ehrerbietung schuldig.

Art. 372: Es bleibt unter ihrer Gewalt bis zu seiner Volljährigkeit oder Emanzipation.

Art. 373: Während der Ehe übt diese Gewalt der Vater allein aus.

Art. 375: Ein Vater, der besonders wichtige Ursachen hat, mit dem Betragen seines Kindes unzufrieden zu sein, kann sich folgender Züchtigungsmittel bedienen.

Art. 376: Ist das Kind noch nicht in das sechszehnte Jahr seines Alters getreten, so kann es der Vater auf einige Zeit, jedoch nicht länger als auf einen Monat in Gewahrsam bringen lassen. Der Präsident des Bezirksgerichts hat deshalb auf Verlangen des Vaters einen Verhaftungsbefehl zu erlassen.

Code civil des Français. Paris 1804. Reprint Paris 1974. Deutsch: Napoleons I. bürgerliches Gesetzbuch. Hrsg. von C. D. Erhard. Dessau-Leipzig 1808

Diskutieren Sie die Frage, ob die Bestimmungen des Code civil als fortschrittlich zu bezeichnen sind.

6.2. Religiöse Minderheiten: Juden und Protestanten

Erste Schritte im Ancien Régime

Zu den Gruppen, die in der Gesellschaft des Ancien Régime einen minderen Status hatten, gehörten die Protestanten und vor allem die Juden. Die Lage der Juden war nicht einheitlich. Sie war vergleichsweise günstig für die spanischen und portugiesischen Juden in der Region von Bordeaux, die als ausländische Kaufleute galten. Die Juden im Elsaß und in Lothringen dagegen waren zahlreichen Einschränkungen unterworfen, etwa bei Zuzug und bei der Heiratserlaubnis. Da sie weder Grundbesitz erwerben noch Landwirtschaft betreiben durften, blieben sie auf ambulanten Handel, auf Geldverkehr und Heeresversorgung angewiesen. Eine kleine gemischte Gruppe von Juden, die nur geduldet war, lebte auch in Paris.

Die öffentliche Diskussion um eine Verbesserung der Lage der Juden verstärkte sich, als die königliche Regierung im Jahre 1787 ein Toleranzedikt für die Protestanten erließ (▷ S. 58). Schließlich erhielt eine Regierungskommission den Auftrag, eine Reform der Situation für die Juden auszuarbeiten. Zwei Jahre später offenbarten die Beschwerdehefte für die Generalstände in der Bevölkerung Frankreichs eine überwiegend ablehnende Haltung den Juden gegenüber. Immerhin konnten die Juden von Bordeaux wenigstens an den Wahlen zu den Generalständen teilnehmen, während einige Protestanten sogar in die Generalstände gewählt wurden. Auf seiner berühmten Darstellung des Ballhausschwurs (▷ Farbtafel 3) hat David im Vordergrund neben dem katholischen Geistlichen Henri Grégoire sowie einem Kartäusermönch auch den protestantischen Pastor Rabaut Saint-Etienne abgebildet. Von einer angemessenen Repräsentation dieser Minderheiten konnte dennoch nicht die Rede sein.

Folgen der Erklärung der Menschen- und Bürgerrechte

Mit der Abschaffung des Privilegien- und Feudalsystems und mit der Erklärung der Menschen- und Bürgerrechte im August 1789 entstand eine veränderte Situation, und die Frage war nun, ob diese neue Rechtslage auch auf die Juden angewendet werden konnte. Die Juden selbst traten mit Petitionen und Delegationen an die Nationalversammlung heran, und zu ihrer Unterstützung legte Abbé Grégoire einen ausführlich begründeten Gesetzesentwurf vor, der den Juden Kultfreiheit, Gewerbefreiheit, Niederlassungsrecht und die Befreiung von besonderen Abgaben gewähren sollte.

Im Dezember 1789, als es darum ging, ob die Protestanten nach der neuen Gemeindeverfassung in öffentliche Ämter zugelassen werden sollten, diskutierte die Nationalversammlung nicht nur die politischen Rechte von Protestanten, sondern auch diejenigen von Juden und von Angehörigen verachteter Berufe wie Schauspieler und Henker, denen nach wie vor das kirchliche Begräbnis verweigert wurde. Während die Protestanten am 24. Dezember endgültig zu öffentlichen Ämtern zugelassen wurden, mußten die elsässischen Juden noch fast zwei Jahre auf ihre bürgerliche Gleichberechtigung warten. Denn in der Nationalversammlung fürchteten vor allem die elsässischen Abgeordneten eine völlige Gewerbefreiheit der Juden. So beschloß die Nationalversammlung erst nach dem Ende ihrer Verfassungsberatungen im September 1791, auch den elsässischen Juden grundsätzlich die Möglichkeit des Aktivbürgerrechts einzuräumen. Den portugiesischen Juden in Bordeaux war bereits im Januar 1790 die Gleichstellung bestätigt worden.

Da die Abgeordneten nicht die konkreten Auswirkungen der Aufhebung der jüdischen Sonderstellung als Körperschaft mit eigenen Rechten und Pflichten diskutierten oder die jüdischen Kreditforderungen regelten, wurde die Emanzipation zu einem langwierigen Prozeß. In der Zeit der Schreckensherrschaft brachte die Verfolgung der Religionsgemeinschaften den Juden zusätzliche Schwierigkeiten. Erst danach gelang es ihnen allmählich, aus den Ghettos herauszukommen, bis schließlich Napoleon Verfassung und Rechtsstellung der jüdischen Bevölkerung als gleichberechtigte Bürger einheitlich ordnete.

154 **Situation der Juden vor 1789.** Abbé Henri Grégoire (1750–1831), Abgeordneter der Geistlichen in den Generalständen, brachte 1789 in der Nationalversammlung einen Antrag zugunsten der Emanzipation der Juden ein.

Gemeinsame Wünsche der Juden der drei Provinzen (Elsaß, Lothringen, Metz):

Daß die Juden, nachdem sie künftig von Schutzgebühren befreit sind, alle Lasten tragen und nach den gleichen Steuerlisten besteuert werden wie die übrigen Bürger, denen sie assimiliert sein werden.

Daß sie die Möglichkeit haben, Künste und Handwerke auszuüben, Gebäude zu erwerben, Grundstücke zu bepflanzen und sich in allen Provinzen niederzulassen, ohne gezwungen zu sein, sich in besonderen Stadtvierteln zu versammeln.

Daß sie ihren Kult ausüben können, ihre Rabbiner, ihre Gemeindevertreter und ihre Gemeinschaften behalten können.

Besondere Wünsche der elsässischen Juden:

Daß es ihnen wenigstens zwölf Jahre lang erlaubt sein soll, christliche Angestellte zu haben, um die Juden in den landwirtschaftlichen Arbeiten zu unterstützen und zu lenken; daß sie die Freiheit haben, sich zu verheiraten, eine Freiheit, die man eingeschränkt hatte; daß es einer jeden Amtsperson verboten sein soll, erniedrigende Beiwörter gegenüber den Juden in Plädoyers, Akten und Bezeichnungen zu verwenden.

Besondere Wünsche der Juden von Metz:

Befreiung von der Pension in Höhe von 20000 Livres, die der Familie des Herzogs von Brancas als Schutzgebühr bezahlt werden.

Recht, an der Allmende der Orte teilzuhaben, wo sie sich niederlassen werden.

Besondere Wünsche der Juden in Lothringen:

Daß sie Synagogen haben können, doch ohne äußerliche Kennzeichnung oder Ausschmückung, die ein Gotteshaus anzeigt. [...] Daß sie in den Schulen und Universitäten zugelassen werden. [...]

Henri Grégoire: Motion en faveur des Juifs, 1789, in: H. Grégoire: Oeuvres. Bd. IX. Nendeln 1977. S. 272 ff. Übers. von A. Moser

a) Versuchen Sie, aus diesen Wünschen und Forderungen die Lebenswirklichkeit der Juden in Ostfrankreich zu rekonstruieren.

b) Erklären Sie die Ursachen für die Sonderstellung der Juden.

155 **Dekret über die Gleichberechtigung der Juden.**
Die Nationalversammlung beschließt am 28. September 1791:

In der Erwägung, daß die notwendigen Voraussetzungen dafür, ein französischer Bürger zu sein, durch die Verfassung festgelegt sind und daß jeder, der diese Voraussetzungen erfüllt und sich durch die Leistung des Bürgereides zur Erfüllung aller von der Verfassung ihm auferlegten Pflichten bereit erklärt, ein Recht auf sämtliche Vorteile hat, die sie zusichert, widerruft die Nationalversammlung alle in ihre früheren Dekrete aufgenommenen Benachteiligungen, Vorbehalte und Ausnahmebestimmungen bezüglich der jüdischen Personen, die den Bürgereid leisten; dieser gilt als Verzicht auf alle in der Vergangenheit zu ihren Gunsten beschlossenen Privilegien und Befreiungen.

W. Grab: Die Französische Revolution. S. 93 f.

6.3. Die Negersklaven in den Kolonien

Sklaverei in den Kolonien

Das französische Kolonialreich, das am Ende des englisch-französischen Kolonialkrieges im Frieden von Paris 1763 stark zusammengeschmolzen war, umfaßte damals im wesentlichen noch die Antilleninseln Martinique, Guadeloupe und den französischen Teil von Santo Domingo. Im Jahre 1789 lebten in ihm etwa 40000 Weiße, 30000 freie Farbige und 480000 Negersklaven. Rechtsgrundlage für die Sklaverei war bis zur Revolution der „Code noir" aus dem Jahre 1685, der die Sklaven den Sachwerten zuordnete und ihre Unterwerfung mit einem harten Strafensystem sichern sollte.

Die Sklavenwirtschaft war Ergebnis des Dreieckshandels im Atlantik: Schiffe fuhren

156 Abschaffung der Sklaverei. Aus einer lavierten zeitgenössischen Zeichnung. Verkündung des Dekrets im Konvent am 7. Februar 1792.
Untersuchen Sie die Darstellung auf ihre Ideologie hin.

von französischen Hafenstädten wie Nantes oder Bordeaux mit Waren an die afrikanische Küste, von dort mit Negersklaven zu den Antillen, und von den Antillen kehrten sie mit Kolonialprodukten nach Frankreich zurück. Nantes und Bordeaux verdankten ihren Reichtum nicht zuletzt diesem Handel mit „Ebenholz", wie die Sklaven genannt wurden.

Abschaffung der Negersklaverei

Nach englischem Vorbild war schon Anfang 1788 in Paris eine „Gesellschaft der Freunde der Neger" gegründet worden, welche die Öffentlichkeit gegen Sklaverei und Sklavenhandel beeinflussen wollte. Es war eine ziemlich elitäre Gesellschaft, wie sich an der Mitgliedschaft von Condorcet, La Fayette, Brissot, Mirabeau und später Grégoire zeigte. Ihr Einfluß führte dazu, daß Finanzminister Necker bei der Eröffnung der Generalstände im Mai 1789 von der Möglichkeit der Einschränkung der staatlichen Förderung des Sklavenhandels und der Sklaverei überhaupt sprach. Aber erst die Verfassunggebende Nationalversammlung befaßte sich mit dem Problem der Emanzipation, als sie die Repräsentation der Bevölkerung der Kolonien in der Natio-

Emanzipation: wörtlich die „Entlassung aus der Hand", bezog sich im römischen Recht auf die Freilassung eines Sklaven oder die Entlassung des erwachsenen Sohnes aus der väterlichen Gewalt. In der Neuzeit ist damit die Entlassung oder Selbstbefreiung von Teilen einer Bevölkerung aus politischer oder sozialer Bevormundung gemeint. Der Begriff gewinnt seit der Aufklärung, der Auflösung des Ständestaates und der Verkündung von Bürger- und Menschenrechten in Amerika und Frankreich an Bedeutung. Ideologische Voraussetzung für die Forderung nach Emanzipation ist der Glaube an die grundsätzliche Gleichheit der Menschen unbeschadet ihrer individuellen Verschiedenheit und damit an ihre Fähigkeit, sich aus überlieferter oder „selbstverschuldeter Unmündigkeit" (Kant) zu befreien.
Der durch die wirtschaftliche Entwicklung, insbesondere durch die Industrialisierung bewirkte soziale Wandel, die Anhebung des Lebensstandards und der Bildung der Massen führte zu emanzipatorischen Bestrebungen immer neuer Teile der Bevölkerung.

nalversammlung erörterte. Dabei war strittig, ob der Berechnung der Sitze für die weißen Siedler die freien Farbigen und die Sklaven hinzugezählt werden sollten. Die freien Farbigen, die eine diskriminierte Zwischenklasse in den Kolonien bildeten, schickten eine Delegation, um die Erklärung der Menschen- und Bürgerrechte auch für sich in Anspruch zu nehmen. Doch das Zensussystem im Mutterland lieferte die Argumente für die Abstufungen in der Kolonialgesellschaft und für die Rechtfertigung der Sklaverei. Im Kolonialausschuß der Nationalversammlung dominierten die Vertreter der Siedler und des Kolonialhandels, und schließlich überließ die Nationalversammlung eine Neuregelung den Kolonialversammlungen der Weißen und bestätigte deren Eigentum an den Sklaven. In der großen, mehrtägigen Kolonialdebatte vom Mai 1791 wurde daher die Sklaverei nicht angetastet, doch beschloß die Nationalversammlung die Gleichstellung derjenigen Farbigen, deren Eltern schon Freie waren. Dieser erste Schritt zur Sklavenbefreiung wurde allerdings vier Monate später, am letzten Sitzungstag, wieder aufgehoben. Nur in Frankreich selbst sollten Farbige politische Rechte erhalten.
Als sich die Sklaven in den Kolonien erhoben, erkannte die Gesetzgebende Nationalversammlung zunächst die politischen Rechte der freien Farbigen an. Danach schickte der Konvent Kommissare in die Kolonien. Sie versprachen den Negersklaven bei ihrer Auseinandersetzung mit den weißen Siedlern die Freiheit und suspendierten den Code noir. Als der Konvent am 4. Februar 1794 die Sklaverei abschaffte, bestätigte er diese Entwicklung.

157 Die Freilassung der Negersklaven in den Kolonien. Medaillon mit den Inschriften „Die Menschenrechte" und „Die Freiheit der Unfreien". Die Werkzeuge der Unterdrückung, Säbel, Gewehr und Joch, liegen auf dem Boden. Der weiße Franzose zeigt freundlich auf die Menschenrechte, die Französin reicht dem halbnackten Indianer das Jackett des zivilisierten Menschen.
Äußern Sie sich zu der Einstellung des Zeichners.

158 Bürger- und Menschenrechte für Farbige?

a) Kolonialdebatte der Nationalversammlung im Mai 1791

Abbé Grégoire: Was ist das doch für ein seltsamer Widerspruch: nachdem wir die Freiheit für Frankreich verkündet haben, machen wir uns im gleichen Atemzug zu den Unterdrückern Amerikas [d. h. der französischen Kolonien in Amerika]. Ich stelle folgenden Gegenantrag zu dem vorgeschlagenen Dekret: Die Nationalversammlung erklärt, daß die Farbigen und freien Neger, sofern sie Besitz haben und Steuern zahlen, alle in der Verfassung garantierten Rechte genießen.

Dupont de Nemours[1]: Was stellt man den Bürgerrechten der Farbigen entgegen? Ansprüche von kindischer Eitelkeit, den Wunsch nämlich, in den Kolonien einen Adelstitel mehr zu erhalten, denn die Kolonien haben sich so weit von euren Prinzipien entfernt, daß es dort noch immer sieben Adelsklassen gibt wie die sieben Chöre der Engel und Erzengel. [...]

Abbé Maury[2]: [...] Wir haben gehört, daß die Pflanzer, aufgeschreckt durch die Drohungen der Farbigen, das Ausland um Beistand bitten könnten; England, das auf diese Debatte vielleicht mehr Einfluß nimmt, als uns lieb ist, würde ihnen nur zu gern die Arme öffnen. [...] Ich hoffe, daß uns allen das Unglück erspart bleibt, Frankreich zu einer zweitrangigen Macht absinken zu sehen. Ja, meine Herren Reformer, wenn Sie pro Jahr mehr als 200 Millionen Francs Einkünfte aus den Kolonien verlieren; wenn die Kaufleute von Bordeaux und Marseille durch den Verlust von mehr als 400 Millionen, die die Kolonien dem französischen Handel schulden, vor dem Bankrott stehen; wenn Sie keinen Handel mit den Kolonien mehr haben, um Ihre Manufakturen mit Rohstoffen zu versorgen, um Ackerbau und Schiffahrt aufrechtzuerhalten, um Ihre Wechsel zu begleichen und Ihre Luxusbedürfnisse zu befriedigen, ich sage es laut, meine Herren Reformer, die Sie schon so viele Ketzereien auf dem Gewissen haben – das Königreich wäre unrettbar verloren!
Die Weißen, die man uns als verabscheuungswürdig hinstellt, sind in Wahrheit das einzige echte Band zwischen den Kolonien und der Metropole; an dem Tag, an dem sie nicht mehr von Weißen bewohnt und regiert werden, wird Frankreich keine Kolonien mehr haben; diese werden bevölkert sein von Negern und Mulatten, die schon deshalb keine Franzosen sein können, weil sie noch nie französischen Boden betreten haben. Die Insulaner, deren wirkliche Heimat Afrika ist, werden im reichsten Land der Welt Hungers sterben, wenn sie sich dem Chaos, der Anarchie und der unausrottbaren Trägheit ihres Charakters überlassen.

Robespierre: Ihr redet dauernd von der Erklärung der Menschenrechte und den Prinzipien der Freiheit, und ihr glaubt selbst so wenig daran, daß ihr die Sklaverei zum Verfassungsartikel erhoben habt. (Heftiges Murren). Das Hauptinteresse der Nation besteht darin, daß wir frei bleiben und daß wir nicht mit eigener Hand die Grundlagen unserer Freiheit zerstören. Sollen die Kolonien doch untergehen, wenn ihre Erhaltung uns unser Glück, unseren Ruhm, unsere Freiheit kostet. Ich wiederhole: sollen die Kolonien doch untergehen, wenn die Kolonialherren uns durch Drohungen zwingen wollen, das zu beschließen, was ihren Interessen am meisten entspricht. Ich erkläre im Namen der Versammlung, im Namen derjenigen Mitglieder der Versammlung, die die Verfassung nicht umstürzen wollen, im Namen der gesamten Nation, die frei sein will, daß wir den Abgeordneten der Kolonien weder die Nation noch die Kolonien noch die gesamte Menschheit zum Opfer bringen werden. (Starker, langanhaltender Beifall, dazwischen Buhrufe und Pfiffe).

Hans Christoph Buch: Die Scheidung von San Domingo. Berlin 1976. S. 43 ff.

b) Die Abschaffung der Negersklaverei. Dekret des Konvents vom 4. Februar 1794 (16. Pluviôse des Jahres II):

Der Nationalkonvent erklärt die Sklaverei der Neger in allen Kolonien für abgeschafft. Demzufolge dekretiert er, daß alle Menschen ohne Unterschied der Hautfarbe, die in den Kolonien ihren Wohnsitz haben, französische Bürger sind und sämtliche durch die Verfassung garantierten Rechte genießen. Der Nationalkonvent beauftragt den Wohlfahrtsausschuß, ihm unverzüglich einen Bericht über die notwendigen Maßnahmen vorzulegen, um die Durchführung des vorliegenden Dekrets sicherzustellen.

W. Grab: Die Französische Revolution. S. 222

1) Nationalökonom, Royalist; emigrierte in die USA
2) Wortführer der Gegenrevolutionäre in der Konstituante

a) Erörtern Sie die drei Positionen in der Debatte.
b) Stellen Sie fest, wann die Sklaverei im Britischen Empire, wann in den Vereinigten Staaten von Amerika abgeschafft wurde.

19. Stellen Sie die Schwierigkeiten zusammen, die sich bei der Verwirklichung der Gleichheitsidee in bezug auf Frauen, religiöse Minderheiten und Farbige ergaben. Diskutieren Sie die Problematik in ihrem historischen Zusammenhang.
20. Wie stellt sich die Problematik für uns heute dar?

7. Französische Revolution – „Diskussion ohne Ende"?

Die Beurteilung der Französischen Revolution ist bis heute je nach politischem Standort und ideologischer Ausrichtung umstritten geblieben. Von einer Übereinstimmung in dieser „Diskussion ohne Ende" (Titel eines Buches) ist man weit entfernt. Geführt wird sie hauptsächlich in westlichen Ländern von Historikern verschiedener wissenschaftlicher und politischer Überzeugung, aber auch unter sozialistischen Historikern wird die Revolution kontrovers diskutiert. Besonders ausgeprägt ist die Meinungsvielfalt unter den Franzosen, zumal die Französische Revolution in Frankreich stets ein Politikum geblieben ist. Jede politische Richtung interpretiert die vielschichtigen Ereignisse von 1789 bis 1799 in ihrem Sinne, im Sinne des Glaubens oder Zweifels am politischen und sozialen Fortschritt, an Emanzipation oder an den Werten eines konservativen Christentums, an nationalistischen oder sozialistischen Gesellschaftsentwürfen. Es ist hier besonders schwer, Wissenschaft von politisch-ideologischem Bekenntnis zu scheiden. Das wiederum ist von den Erfahrungen der Generation nicht zu trennen, der die Historiker jeweils angehören. So wird man den Versuch, gesellschaftspolitische Ideale (oder Utopien?) mit allen Mitteln durchzusetzen, nach der Diktatur Stalins und ähnlichen Beispielen grausamer Unterdrückung im Namen sozialen Fortschritts anders beurteilen als vorher. Die im konservativen Deutschland weitverbreitete Abneigung gegen die Französische Revolution, die im Nationalsozialismus ihren Höhepunkt fand, ist nach den Erfahrungen nationalsozialistischer Unmenschlichkeit einer im Prinzip positiven Einstellung gewichen. In den 60er Jahren unseres Jahrhunderts gewann der Begriff „Revolution" als fortschrittsträchtige politisch-soziale Umwälzung bei der Studentengeneration Frankreichs, der Bundesrepublik und anderer westlicher Länder überraschend neue Faszination. Die Hoffnung, „die Revolution" könne zu einer friedlichen, gewaltfreien und möglichst klassenlosen Gesellschaft führen, schwand in den späten siebziger und den achtziger Jahren zwar dahin; doch war die Herankunft der 200. Wiederkehr der Französischen Revolution 1989 Anlaß, das Ereignis und den Sinn seiner Feier erneut kontrovers zu diskutieren und eine breite Öffentlichkeit außerhalb der Fachwissenschaft daran teilnehmen zu lassen. Französische Revolution: Diskussion ohne Ende?

159 An der Französischen Revolution scheiden sich die Geister.

Der Historiker François Furet schreibt 1978:

Ein Historiker, der Studien über die Merowinger oder den Hundertjährigen Krieg treibt, braucht sich nicht jeden Augenblick als Forscher zu legitimieren [...] Ein Historiker, dessen Studienobjekt die Französische Revolution ist, muß dagegen mehr als nur seine Kompetenz beweisen. Er muß Farbe bekennen. Er muß zuerst sagen, von welchem Standort aus er spricht, was er denkt, was er sucht. Und die Ausrichtung seiner Arbeit steht fest, noch ehe er zu schreiben beginnt: Sie wird bestimmt durch seine Meinung, jene Form von Urteil, wie sie über die Merowinger nicht verlangt wird, die aber über die Jahre 1789 oder 1793 unerläßlich ist. Er muß diese Meinung nur aussprechen, und alles ist gesagt, schon ist er Royalist, Liberaler oder Jakobiner. Allein dieses Losungswort verleiht seiner Geschichte Bedeutung, Rang, Legitimation [...]
Es gibt folglich von der Französischen Revolution eine royalistische Geschichte, eine liberale Geschichte, eine jakobinische Geschichte, eine anarchistische oder extrem liberale Geschichte, und diese Liste ist weder exklusiv – denn diese Richtungen stehen nicht alle im Widerspruch zueinander – noch ist sie einschränkend: Als Mutter der politischen Kultur, in der wir geboren sind, gestattet die Revolution alle Nachforschungen über ihre Abstammung. Aber jede dieser geschichtlichen Darstellungen, die sich seit zweihundert Jahren gegenüberstehen und aufheben, und dies im Namen des Ursprungs dieses Zwiespalts, haben in Wirklichkeit

einen gemeinsamen Boden: Bei ihnen allen geht es um eine Geschichte der Identität. Für einen Franzosen der zweiten Hälfte des 20. Jahrhunderts gibt es daher keinen Blick auf die Französische Revolution mit *fremden* Augen. In einer so vertrauten Landschaft ist das Verfahren eines Ethnologen nicht möglich. Das Ereignis ist im politischen Bewußtsein unserer Zeit noch immer so fundamental, so tyrannisch, daß jegliche diesbezügliche geistige „Distanz“ sofort einem feindlichen Verhältnis gleichgesetzt wird - als wäre eine Beziehung der Identifizierung, sei es aus akzeptierter oder abgelehnter Kindschaft, unvermeidbar [...]

[...] Die Historiographie sollte [...] nicht mehr nur Farbe bekennen, sondern auch ihre Begriffe klarstellen. Die Geschichte hat allgemein aufgehört, jenes Wissen zu sein, bei dem die „Tatsachen“ angeblich für sich selbst sprechen, wenn sie nur gemäß den Regeln der Zunft ermittelt wurden. Sie muß das Problem nennen, das sie analysieren will, die Gegebenheiten, die sie benutzt, die Hypothesen, mit denen sie arbeitet, und die Schlüsse, zu denen sie kommt. [...]

François Furet: 1789 - Vom Ereignis zum Gegenstand der Geschichtswissenschaft. Frankfurt a. M. 1980. S. 8, 18, 21. (Französische Ausgabe 1978. Neuauflage 1989 unter dem Titel: 1789 - Jenseits des Mythos.)

a) Beschreiben Sie das von Furet angesprochene Problem der Objektivität für den Historiker.
b) Warum stellt sich das Problem besonders für den französischen Historiker der Französischen Revolution?
c) Nennen Sie Abschnitte der deutschen Geschichte, für die Ähnliches gilt.

160 Der Freiheitsbaum. Aquarell J. W. v. Goethes von 1792. Goethe begleitete den Herzog von Sachsen-Weimar auf dem Feldzug gegen das revolutionäre Frankreich und erlebte die Kanonade von Valmy mit.

161 „Der Zenith des französischen Ruhms“. Karikatur des englischen Zeichners James Gillray von 1793.
Beschreiben Sie die unterschiedlichen Einstellungen der beiden Zeichner.

162 Thomas Jefferson über den Terror der Jakobiner.

Am 3. Januar 1793 schreibt Jefferson (▷ Kap. III. 1.1., M 56) in einem Brief:

Das Experiment [nämlich die Verfassung von 1791 mit dem König im Besitz der Exekutive] scheiterte vollständig, und es hätte, wäre es verfolgt worden, die Wiederherstellung des Despotismus mit sich gebracht. Das wußten die Jakobiner, wie auch, daß die Ausmerzung dieses Amtes von absoluter Notwendigkeit war. [...] In dem Kampf, der sich als notwendig erweisen sollte, verloren viele schuldige Menschen - ohne gerichtliches Verfahren - ihr Leben, mit ihnen auch einige Unschuldige. Diese betraure ich, und einige von ihnen werde ich bis zu dem Tage meines Todes beweinen [...] Aber ich betrauere sie so, wie ich es getan hätte, wären sie auf dem Schlachtfeld gefallen. Es war notwendig, die Waffe des Volkes zu gebrauchen, eine Maschine, die nicht ganz so blind ist wie Kugeln und Granaten, aber doch blind in einem gewissen Grade. Ein paar seiner wahren Freunde fand durch die Hand des Volkes das Schicksal von Feinden. Aber die Zeit und die Nachwelt werden ihr Andenken retten und vor der Vergessenheit bewahren, während ihre Nachfahren gerade die Freiheit genießen werden, für die sie nie gezögert hätten, ihr Leben zu opfern. Die Freiheit der ganzen Welt hing von dem Ausgang dieses Kampfes ab, und wurde je ein Preis errungen mit so wenig unschuldigem Blut? Meine Empfindungen sind durch den Tod einiger der Märtyrer dieser Sache tief verwundet, aber ich würde lieber die halbe Welt verwüstet sehen, als daß diese Sache gescheitert wäre; [...].

Selected Writings. T. Jefferson. S. 521 f. Übers. von P. Hartig

a) Bringen Sie die aus den beiden Bildern und dem Text ersichtlichen Betrachtungsweisen mit der Herkunft ihrer Verfasser und dem Zeitpunkt ihrer Entstehung in Zusammenhang.
b) Nehmen Sie zum letzten Satz Jeffersons Stellung. Wie könnte man erklären, daß Jefferson sich in dieser Weise äußert?

163 Forschungs- und Diskussionsstand anläßlich der 200-Jahr-Feier 1989:

Ein Glück, daß es das neutrale Wort „bicentenaire" gibt, das offenläßt, ob man die Revolution feiert oder ihrer nur gedenkt, ob man das ganze Jahrzehnt bis zum Staatsstreich Napoleons im November 1799 ins Auge faßt oder nur den Beginn, 1789, und hier wieder, ob man den 5. Mai (Eröffnung der Versammlung der Generalstände in Versailles), den 14. Juli (Erstürmung der Bastille), den 26. August (Erklärung der Menschenrechte) oder andere Daten in den Mittelpunkt rückt. Man hat sich auf diese drei Tage geeinigt, damit aber das grundsätzliche Problem nicht aus der Welt geschafft. Denn die französische Öffentlichkeit ist gespaltener denn je; hatte man noch vor zehn Jahren, nach dem Erscheinen von François Furets *Penser la révolution française* (deutsch 1980 unter dem Titel: 1789 – *Vom Ereignis zum Gegenstand der Geschichtswissenschaft*) glauben können, die Revolutionsgeschichte sei inzwischen ein „kalter" Gegenstand, dem man sich unbefangen nähern könne, so erweist sie sich nun von neuem als ein heißes Eisen.

[...]

François Furet und Denis Richet [...] wenden sich, ähnlich wie [...] die [...] angloamerikanische Revolutionsforschung, gegen die plakative Grundthese von der Revolution als einem eindeutigen Akt der Befreiung vom Feudalismus, an der in Westeuropa wie in den sozialistischen Staaten allzu lange festgehalten wurde. Angesichts von Quellenstudien, die nachweisen, daß die „Bourgeoisie" eine traditionsbewußte „Notabelnschicht tendenziell aristokratischer Amts-, Renten-und Grundbesitzer" war, hat sich diese Position auch in den Augen historisch-materialistisch orientierter Forscher (wie Michel Vovelle und Walter Grab) als unhaltbar erwiesen. Anstelle der These von einem Vorgriff auf revolutionäre Strategien der 1848er oder der Oktoberrevolution 1917 herrscht heute die Vorstellung von einer uneinheitlichen Gemengelage, in der das Neue nur mühsam, oft gegen die eigene Klasse, durchgesetzt werden konnte. Doch besteht weiterhin ein deutlicher Unterschied in der moralischen Bewertung der Fakten: Während Furet „schon" vor zehn Jahren die Revolution für beendet erklärte und ihr jede fortdauernde Wirksamkeit absprach, sehen andere Forscher (nicht nur die eben genannten) republikanische und aufklärerische Grundwerte der Gegenwart nach wie vor durch den revolutionären Prozeß

initiiert. Vovelle, der aus seiner Verehrung für Robespierre keinen Hehl macht, begreift die Revolution als das unvollendete Projekt der Moderne.
[...]
Inzwischen ist jedoch ein zweiter Streit ausgebrochen über die Frage, wie die dunklen Seiten der Revolution, die Terrorherrschaft, die Niederschlagung der Aufstände in Lyon oder in der Vendée, zu beurteilen seien. Keine neue Frage, soweit sie die absurde Verrechnung der Opfer betrifft. Trotz seiner Bewunderung für Napoleon war es schon Goethe voll bewußt, daß nicht die Revolution, sondern Bonaparte die halbe Welt in Stücke gerissen hat, und Friedrich Sieburg, nicht gerade ein Anhänger Robespierres, hat die unermeßlichen Zahlen der napoleonischen Kriegsopfer aufgeführt, die jene der Terrorherrschaft so weit übersteigen. Im jüngsten französischen Historikerstreit geht es freilich um mehr, um die Frage, ob die Französische Revolution die erste moderne Strategie zur totalitären Bezwingung der Massen darstellt, ob sie die Aufklärung verkehrt und beendet habe, ob die Konterrevolutionäre in der Vendée als Widerstandskämpfer analog zu denen der Résistance[1] zu werten seien, so daß Revolution und Faschismus, wenn nicht gleichgesetzt, so doch in eine fatale Nähe zueinander gerückt werden. [...]
Erbittert über die Grausamkeiten der Generäle Turreau und Carnot und ihrer Truppen, bezeichnet Pierre Chaunu die Revolution insgesamt als „Krebsgeschwür" und greift zum direkten Vergleich mit Hitler, Stalin und den Roten Khmer[2]. [...]

Klaus Herding: Begräbnis oder Apotheose?, in: Merkur 8/1988. S. 697 ff.

1) Französischer Widerstand im Untergrund gegen die deutsche Besatzung 1940–1945
2) Radikale kommunistische Partei in Kambodscha, die in den 80er Jahren die Gesellschaft durch massenweise Ermordung aller unliebsamen Gruppierungen verbessern wollte.

a) Stellen Sie die wichtigsten kontroversen Thesen zusammen.
b) Nehmen Sie, unter Berücksichtigung des Textzusammenhanges, Stellung zu den Formulierungen „das unvollendete Projekt der Moderne" und „Krebsgeschwür". Beachten Sie auch M 162.

164 Eine Revolution von vielen oder Modell für alle?

a) Eine atlantische Revolution. Der französische Historiker Jacques Godechot 1963:

Europa erfuhr von der Revolution in Amerika durch die Presse, durch die Diskussionen, in den Salons, durch die Worte der aus Amerika zurückgekehrten Soldaten, durch die Propaganda schließlich [...]
Die neuen amerikanischen Verfassungen wurden gierig verschlungen, sie wurden mindestens fünf Mal zwischen 1776 und 1786 auf Französisch veröffentlicht [...] Der Akt, mit dem das Volk seine verfassunggebende Gewalt ausübte, indem es eine Verfassung schuf, hat die Franzosen tief beeindruckt [...]
Der Einfluß der amerikanischen Revolution blieb nicht auf akademische Diskussionen beschränkt. In mehreren Ländern ließ sie die Parteien aufeinander prallen und provozierte eine Reihe von Revolutionen „am laufenden Band".
Von 1770 bis 1883: amerikanische Revolution [...] 1780–1783 revolutionäre Wirren in Irland und England [...] 1783–1787 Revolution in den Vereinigten Provinzen [Niederlande ...] 1787–1790 Revolution in den österreichischen Niederlanden (Belgien) [...] 1768 und 1782 demokratische Revolutionen in Genf [...] 1787–1815 Französische Revolution [...] 1788–1794 polnische Revolution [...] 1792–1795 erneutes Aufflammen der belgischen Revolution mit Hilfe Frankreichs [...] 1792–1801 Revolution im Rheinland mit Hilfe der französischen Armee [...] 1795 Einmarsch der französischen Truppen in Holland, Revolution [...] 1795–1797 erfolgreiches Aufflammen der Revolution in Genf [...] 1796–1799 Revolution in verschiedenen italienischen Staaten [...] 1798–1799 Revolution in der Schweiz [...] 1810–1825 die Invasion in Spanien hat die Revolution in den spanischen Kolonien in Amerika zur Folge [...]
Wie sollte man nicht annehmen, daß diese Revolutionen Teil ein und derselben Gesamtheit darstellen? Kann man sie nicht mit den Ausdrücken „Revolution am laufenden Bande", „Okzidentale Revolution", „Atlantische Revolution" charakterisieren?
Manche Historiker haben erklärt, daß die gesellschaftlichen Strukturen in den Vereinigten Staaten, England, den Niederlanden, der Schweiz und Frankreich sehr verschieden seien und daß folglich die Revolutionen, die in diesen unterschiedlichen Ländern ausgebrochen sind, nicht einer einheitlichen Bewegung angehören konnten. Was die verschiedenen Regionen Westeuropas anbelangt, wird man davon ausgehen können, daß eine jede ihre Individualität hat, die einer jeden Revolution einen spezifi-

schen Rhythmus gegeben hat, eine besondere Gangart, aber daß in ihrer Gesamtheit die sozialen Strukturen Westeuropas einander sehr nahe sind und daß unter ihnen nicht mehr Unterschiede bestehen wie zwischen den sozialen Strukturen der verschiedenen Provinzen Frankreichs [...]

Jacques Godechot: Les Revolutions (1770–1799). Paris 1963. S. 103 f., 265 f. Übers. von A. Moser

b) Die Französische Revolution als Modell. Die Philosophin und Soziologin Hannah Arendt 1974:

Schließlich war es die Französische und nicht die Amerikanische Revolution, die die Welt in Brand setzte, und so hat denn auch das Wort „Revolution" von den Ereignissen in Frankreich ohne jede Beziehung zu dem, was die „gründenden Väter" in Amerika taten und erreichten, seine Assoziationen und Bedeutungsqualitäten bezogen. Und dies gilt merkwürdigerweise für Amerika nicht weniger als für alle anderen Länder der Welt; auch in Amerika, das doch seine eigene Revolution gehabt hat, orientiert sich das historische und politische Revolutionsverständnis zumeist ausschließlich an dem französischen Modell. [...] Daß gerade in Amerika, mehr noch als in Europa, die gelehrte Welt die Neigung hat, die Amerikanische Revolution im Sinne der Französischen zu interpretieren bzw. das an ihr zu kritisieren, was so offensichtlich mit keiner der Lektionen übereinstimmt, die man aus der Französischen Revolution gelernt hat, mutet in der Tat oft seltsam an. Aber schließlich ist auch dies nur ein verhältnismäßig harmloser Teilaspekt der traurigen Wahrheit, daß die Französische Revolution, die in der Katastrophe endete, Weltgeschichte gemacht hat, während die Amerikanische Revolution, trotz ihrer wahrhaft triumphalen Erfolge über eine gleichsam lokale Bedeutung kaum hinausgekommen ist.

Für das letztere ist vor allem unser eigenes Jahrhundert mit seinen zahlreichen Revolutionen und Bürgerkriegen das sprechendste Beispiel. Sie alle sind in Bildern gesehen worden, die im Lauf der Französischen Revolution zuerst auftauchten, in Begriffen verstanden, die von den Zuschauern dieser Revolution geprägt worden waren und infolgedessen im Sinne der Hegelschen historischen Notwendigkeit interpretiert wurden. Was nun die Revolutionäre des zwanzigsten Jahrhunderts selbst betrifft, so darf man wohl sagen, daß nichts ihnen ferner lag als das leidenschaftliche Interesse an Staatsformen, das für die Amerikanische Revolution so charakteristisch und auch in den Anfangsstadien der Französischen Revolution noch so sehr lebendig ist. Erst als die Männer der Französischen Revolution mit dem ihnen unerwarteten Anblick der Massen, die in der Amerikanischen Revolution ja eigentlich überhaupt keine Rolle gespielt haben, weil sie dort einfach noch nicht existierten, konfrontiert wurden, riefen sie mit Robespierre: »La République? La Monarchie? Je ne connais que la question sociale.« [Die Republik? Monarchie? Ich kenne nur die soziale Frage.] Aber das war auch genau der Moment, in dem sie zusammen mit den Institutionen und Verfassungen, von denen noch Saint-Just[1)] meinte, daß sie „die Seele der Republik sind", die Revolution selbst verloren.

Hannah Arendt: Über die Revolution. München 1963. S. 68 f.

1) Louis de Saint-Just, 1767–1794, Mitglied des Wohlfahrtsausschusses, neben Robespierre Theoretiker der Revolutionsregierung

a) Überlegen Sie, wieweit die Bedeutung der Französischen Revolution als Epochenereignis durch die Thesen Godechots relativiert wird.
b) Inwiefern ist die Französische Revolution für Hannah Arendt ein Modell?
c) Erläutern Sie ihren letzten Satz.

Lesen Sie noch einmal die Einleitung (S. 5 f.) und prüfen Sie nach, ob dieses Buch den dort erhobenen Ansprüchen gerecht wird.

Literatur zur Vertiefung

I. Die Revolution des Denkens im Zeitalter der Vernunft und der Aufklärung.

G. Funke (Hrsg.): Die Aufklärung. Stuttgart 1963. – Sammlung wissenschaftlicher Essays.

P. Hazard: Die Herrschaft der Vernunft. Hamburg 1949.

P. Hazard: Die Krise des europäischen Geistes. Hamburg 1939. – Beide Texte sind ausführliche Darstellungen der Geistes- und Ideengeschichte.

H. Möller: Vernunft und Kritik. Deutsche Aufklärung im 17. und 18. Jahrhundert. Frankfurt 1986. – Ein auf Deutschland beschränktes Gesamtbild, das vor allem auch gesellschaftliche Entwicklungen berücksichtigt.

J. Schmidt (Hrsg.): Aufklärung und Gegenaufklärung in der europäischen Literatur. Philosophie und Politik von der Antike bis zur Gegenwart. Darmstadt 1989. – Aufsätze unter universalhistorischem Blickwinkel.

F. Valjavec: Geschichte der abendländischen Aufklärung. Wien/München 1961. – Breit angelegtes Gesamtbild der europäischen Entwicklung. R. Vierhaus (Hrsg.): Wissenschaften im Zeitalter der Aufklärung. Göttingen 1985. – Aufsätze u. a. zur Theologie, Philosophie, Rechtswissenschaft, Staatswissenschaft, Geschichtswissenschaft, Mathematik in Deutschland.

II. Die Amerikanische Revolution 1763–1789

W. P. und A. M. Adams (Hrsg.): Die Amerikanische Revolution. Neubearbeitung. München (dtv) 1987. – Quellentexte mit ausführlichen Einleitungen.

H. Dippel: Die Amerikanische Revolution 1763–1787. Frankfurt (Suhrkamp) 1985. – Knapper Überblick mit besonderer Hervorhebung der sozialen Auseinandersetzungen.

H.-Chr. Schröder: Die Amerikanische Revolution. München (Beck) 1982. – Abgewogene Gesamtdarstellung mit ausführlichen Problemerörterungen.

III. Die Französische Revolution und Europa 1789–1815

Überblicks- und Gesamtdarstellungen

L. Bergeron/F. Furet/R. Kosellek: Das Zeitalter der europäischen Revolution 1780–1848. Frankfurt (Fischer Weltgeschichte Bd. 26). 18. Aufl. 1987. – Darstellung von Einzelereignissen und Strukturen: Die Französische Revolution im europäischen Rahmen.

F. Furet/D. Richet: Die Französische Revolution. Frankfurt (Fischer) 1987. – Die Autoren trennen zwischen der Revolution des Bürgertums und der Jakobinerdiktatur, deren Modellcharakter nach dem marxistischen Ansatz sie in Frage stellen.

W. Markov: Die Napoleon-Zeit. Geschichte und Kultur des Grand Empire. Stuttgart (Kohlhammer) 1985. – Illustrierte Kulturgeschichte.

R. R. Palmer: Das Zeitalter der demokratischen Revolution. Eine vergleichende Geschichte Europas und Amerikas von 1760 bis zur Französischen Revolution. Frankfurt (Athenaion) 1970. – Einordnung der Französischen Revolution in einen weiteren Rahmen: Betonung der atlantischen Perspektive dieser Revolution.

R. Reichardt (Hrsg.): Die Französische Revolution. Freiburg (Ploetz) 1988. – Chronologische und systematische Darstellung für eine breitere Leserschaft. Grundprobleme der Revolution wie Recht und Verfassung, Frauen und Familie, Kirche, Kultur, Wirkung auf Europa. Textbeispiele und Abbildungen mit Interpretation.

E. Schulin: Die Französische Revolution. München (Beck) 1988. – Wichtiger Überblick über Historiographie, Verlauf und Vorgeschichte der Revolution.

F. Sieburg: Im Licht und Schatten der Freiheit. Frankreich 1789–1848. Bilder und Texte. Stuttgart (Deutsche Verlagsanstalt) 3. Aufl. 1979. – Populäre Darstellung der drei Revolutionen von 1789, 1830, 1848. Reich bebildert.

A. Soboul: Die Große Französische Revolution. Ein Abriß ihrer Geschichte (1789–1799). Frankfurt (Athenäum) 1988. – Sozialgeschichte der Revolution in marxistischer Sicht von einem der besten Kenner der Französischen Revolution.

J. Tulard: Frankreich im Zeitalter der Revolutionen 1789–1851. Stuttgart (Deutsche Verlagsanstalt) 1989. – Sozialgeschichtliche Darstellung und Beschreibung der beiden großen politischen Lager in Frankreich von der Revolution bis heute sowie des Aufstiegs des Bürgertums.

J. Tulard: Napoleon oder der Mythos des Retters. Berlin (Ullstein) 1982. – Wichtigste neuere Biographie, zugleich Forschungsbericht und Übersicht über Quellen und Literatur.

M. Vovelle: Die Französische Revolution. Soziale Bewegungen und Umbruch der Mentalitäten. Frankfurt (Fischer) 3. Aufl. 1987. – Abriß der Ereignisse und der Historiographie sowie Einführung in das Problem der Mentalitäten.

Einzelstudien, Zeitzeugnisse, Dokumente und Romane

D. Arasse. Die Guillotine. Die Macht der Maschine und das Schauspiel der Gerechtigkeit. Reinbek (Rowohlt) 1988. – Bewußtseinsgeschichte: Die Guillotine als humanitärer Fortschritt, als Symbol der Schreckensherrschaft, als politisches Instrument und als makabres Spektakel.

H. Berding/E. François/H.-P. Ullmann: Deutschland und Frankreich im Zeitalter der Französischen Revolution. Frankfurt (Suhrkamp) 1989. – Aufsätze über sozialen Wandel, Bevölkerung, Wirtschaft, Staat, Gesellschaft, Kultur und Mentalitäten.

J.-P. Bertaud: Alltagsleben während der Französischen Revolution. Freiburg (Ploetz) 1989. – Die Folgen der Revolution für Frauen und Männer, für Randgruppen und die verschiedenen sozialen Schichten.

O. Blane: Der letzte Brief. Die Schreckensherrschaft der Französischen Revolution in Augenzeugenberichten. Wien (Zsolnay) 1988. – Darstellung der Gefängnisverhältnisse und Briefauszüge von Verurteilten.

F. Bluch: Frankreich zur Zeit Ludwigs XVI.. Leben und Kultur am Vorabend der Revolution. Stuttgart (Reclam) 1989.

F. Eberle, T. Stammen (Hrsg.): Die Französische Revolution in Deutschland. Zeitgenössische Texte deutscher Autoren. Augenzeugen, Pamphletisten, Publizisten, Dichter und Philosophen. Stuttgart (Reclam) 1989.

P. Fischer (Hrsg.): Reden der Französischen Revolution. München (dtv) 1989.

A. France: Die Götter dürsten. Reinbek (Rowohlt) 1987. – Roman über die Schreckenszeit.

M. Gallo: Robespierre. Stuttgart (Klett-Cotta) 1989. – Psychologische Studie.

Chris E. Paschold/A. Gier (Hrsg.): Die Französische Revolution. Ein Lesebuch mit zeitgenössischen Berichten und Dokumenten. Stuttgart (Reclam) 1989.

O. de Gouges: Schriften. Frankfurt (Stroemfeld/Roter Stern) 1980. – Texte einer der bekanntesten Frauenrechtlerinnen der Revolutionszeit.

W. Grab (Hrsg.): Die Debatte um die Französische Revolution. München (Nymphenburger) 1975. – Aufsätze renommierter Historiker zu kontroversen Themen.

W. Grab (Hrsg.): Die Französische Revolution. Eine Dokumentation. München (Nymphenburger) 1973. – Textsammlung mit Schwerpunkt auf den Jahren 1789–1793.

W. Grab: Die Französische Revolution. Aufbruch in die moderne Demokratie. Stuttgart (Parkland) 1989.

A. Grosser: Vernunft und Gewalt. Die Französische Revolution und das deutsche Grundgesetz heute. München (Hanser) 1989. – Vergleich der nationalen Identität und des Geschichtsbewußtseins in beiden Ländern.

H. G. Haasis: Morgenröte der Republik. Die linksrheinischen deutschen Demokraten 1789–1849. Frankfurt (Ullstein) 1984. – Kommentierte Textsammlung.

A. I. Hartig (Hrsg.): J. P. Marat. Ich bin das Auge des Volkes. Ein Porträt in Reden und Schriften. Berlin (Wagenbach) 1987. – Biographischer Abriß und Texte.

I. Hartig (Hrsg.): Geburt der bürgerlichen Gesellschaft: 1789. Frankfurt (Suhrkamp) 1979. – Aufsätze zur Geschichtsschreibung und zur Revolution der Bauern 1789.

H. G. Haupt: Sozialgeschichte Frankreichs seit 1789. Frankfurt (Suhrkamp) 1989.

E. Hinrichs: Ancien Régime und Revolution. Frankfurt (Suhrkamp) 1989.

W. von Hippel (Hrsg.): Freiheit, Gleichheit, Brüderlichkeit? Die Französische Revolution im deutschen Urteil. München (dtv) 1989. – Reaktionen auf die Revolution von Klopstock bis Thomas Mann.

S. Kestenholt: Die Gleichheit vor dem Schafott. Porträts französischer Revolutionärinnen. Neuwied (Luchterhand) 1988.

E. Kleßmann (Hrsg.): Deutschland unter Napoleon in Augenzeugenberichten. München (dtv) 2. Aufl. 1982.

G. Landauer (Hrsg.): Briefe aus der Französischen Revolution. Frankfurt (Insel) 1988.

G. Lefebvre: 1789. Das Jahr der Revolution. München (dtv) 1989. – Darstellung eines bedeutenden Revolutionshistorikers aus den 30er Jahren.

W. Markov, K. M. Middell (Hrsg.): Die Französische Revolution. Bilder und Berichte 1789–1799. Berlin (Propyläen) 1989.

W. Markov (Hrsg.), A. Soboul: Französische Revolution und Volksbewegung: die Sansculotten. Die Sektionen von Paris im Jahre II. Frankfurt (Suhrkamp) 1989. – Standardwerk zur Rolle der Pariser Sansculotten 1793/94.

W. Markov: Revolution im Zeugenstand. Frankreich 1789–1799. Bd. 1: Aussagen und Analysen. Bd. 2: Gesprochenes und Geschriebenes. Frankfurt (Fischer) 1987. – Kommentierte zeitgenössische Textauszüge und grundlegende Dokumente.

L.-S. Mercier: Paris am Vorabend der Revolution. Entdeckung einer Weltstadt. Karlsruhe (Amadis) 1967. – Zeitgenössische, sehr lebendige Beschreibung des Alltags der großen und kleinen Leute.

J. Michelet: Die Frauen der Revolution. Frankfurt (Insel) 1984. – Neuauflage des wegweisenden Werkes des bedeutendsten Historikers aus dem Jahre 1854.

C. Pernoud/S. Flaissier (Hrsg.): Die Französische Revolution in Augenzeugenberichten. München (dtv) 1988. – Quellen mit Erläuterungen.

S. Petersen: Die Große Revolution und die Kleinen Leute. Französischer Alltag 1789/95. Kommentare, Dokumente, Bilder. Köln (Pahl-Rugenstein) 1988.

S. Petersen: Marktweiber und Amazonen. Frauen in der Französischen Revolution. Köln (Pahl-Rugenstein) 1987. – Kurze Darstellung und Texte zur Lage der Frauen vor und während der Revolution.

G. Rudé: Die Massen in der Französischen Revolution. München (Oldenbourg) 1961. – Wichtige Untersuchung zum Verhalten der revolutionären Volksmenge und zu ihrer Anatomie.

W. Schulze: Der 14. Juli 1789. Biographie eines Tages. Stuttgart (Klett-Cotta) 1989. – Vorgeschichte, Zuspitzung und Ablauf des 14. Juli. Nachwirkungen, Rezeption und Symbolgehalt dieses Tages.

R. Sédillot: Hat sich die Revolution gelohnt? Göttingen (Steidl) 1989. – Versuch einer kritischen Bilanz.

F. Sieburg: Napoleon. Die Hundert Tage. Stuttgart (Deutsche Verlagsanstalt) 1981. – Gut geschriebene Darstellung dieser Episode.

F. Sieburg: Robespierre. Eine Biographie. Stuttgart (Deutsche Verlagsanstalt) 1987. – Literarisch anspruchsvolle Biographie von 1935.

A. de Tocqueville: Der alte Staat und die Revolution. München (dtv Klassik) 1989. – Klassische soziologische Untersuchung von 1856, betont die Kontinuität zwischen Ancien Régime und Revolution.

C. Wethekam: Tignasse. Kind der Revolution. München (dtv) 1980. – Jugendbuch. Roman um einen Pariser Gassenjungen, der in der Revolutionsarmee aufwächst und den Vendée-Krieg miterlebt.

Register

Kursiv gesetzte Seitenzahlen verweisen auf Abbildungen, **halbfett** gesetzte Seitenzahlen auf Grundbegriffe.

Personenregister

Sachregister